Geschichte · Politik

Unterrichtseinheiten für ein Curriculum

Herausgegeben von Günter C. Behrmann, Karl-Ernst Jeismann, Erich Kosthorst, Siegfried Quandt, Hans Süssmuth.

Erich Kosthorst · Karl Teppe

Die Teilung Deutschlands und die Entstehung zweier deutscher Staaten

MATERIALHEFT

15410

Ferdinand Schöningh, Paderborn

Bildnachweis:

Die Karikaturen von H. E. Köhler auf S. 12, 52, 82, 85 und 111 sind mit freundlicher Genehmigung des Harald Boldt Verlages, Boppard, dem Band „Wer hätte das von uns gedacht“, [3]1961, 180 S., 85 Karikaturen, Ln. DM 24,— entnommen.

Fotos: Verlagsarchiv Schöningh

Durchgesehene und erweiterte Auflage 1978

Herstellung: Ferdinand Schöningh, Paderborn.

ISBN 3-506-15410-9

Inhalt

Die in Klammern gesetzten Ziffern bezeichnen Zusatzaufgaben (Addita); siehe dazu die Hinweise im Arbeitsheft.

Quellen zur I. Arbeitsphase

Nr. 1

Zur Entschließung zur Erweiterung der Souveränität der DDR durch die UdSSR

Die einstimmig angenommene Entschließung des Bundestages vom 7. April 1954 lautete:

Der Deutsche Bundestag erklärt, daß das deutsche Volk sich niemals mit der Spaltung Deutschlands abfinden und die Existenz zweier deutscher Staaten hinnehmen wird. Er wiederholt die Feststellung, daß das kommunistische Regime in der sowjetisch besetzten Zone Deutschlands nur durch Gewalt existiert und keine Vertretung des deutschen Volkes ist. Die Bundesregierung als die einzige demokratisch und frei gewählte deutsche Regierung ist allein berechtigt, für alle Deutschen zu sprechen.
An dieser oft bekundeten Stellungnahme hat sich durch die Erklärung der Regierung der Sowjetunion vom 25. März 1954 nichts geändert.

(Aus: Verhandlungen des Deutschen Bundestages, 2. Wahlperiode 1953, Bd. 19, S. 795 f.)

(Nr. 2)

Vertrag zwischen der Bundesrepublik Deutschland und der Union der Sozialistischen Sowjetrepubliken

Die Hohen Vertragschließenden Parteien
in dem Bestreben, zur Festigung des Friedens und der Sicherheit in Europa und in der Welt beizutragen, [...]
sind wie folgt übereingekommen:

Artikel 1
Die Bundesrepublik Deutschland und die Union der Sozialistischen Sowjetrepubliken betrachten es als wichtiges Ziel ihrer Politik, den internationalen Frieden aufrechtzuerhalten und die Entspannung zu erreichen.
Sie bekunden ihr Bestreben, die Normalisierung der Lage in Europa und die Entwicklung friedlicher Beziehungen zwischen allen europäischen Staaten zu fördern und gehen dabei von der in diesem Raum bestehenden wirklichen Lage aus.

Artikel 2
Die Bundesrepublik Deutschland und die Union der Sozialistischen Sowjetrepubliken werden sich in ihren gegenseitigen Beziehungen sowie in Fragen der Gewährleistung der europäischen und der internationalen Sicherheit von den Zielen und Grundsätzen, die in der Charta der Vereinten Nationen niedergelegt sind, leiten lassen. Demgemäß werden sie ihre Streitfragen ausschließlich mit friedlichen Mitteln lösen und übernehmen die Verpflichtung, sich in Fragen, die die Sicherheit in Europa und die internationale Sicherheit berühren, sowie in ihren gegenseitigen Beziehungen gemäß Artikel 2 der Charta der Vereinten Nationen der Drohung mit Gewalt oder der Anwendung von Gewalt zu enthalten.

Artikel 3
In Übereinstimmung mit den vorstehenden Zielen und Prinzipien stimmen die Bundesrepublik Deutschland und die Union der Sozialistischen Sowjetrepubliken in der Erkenntnis überein, daß der Friede in Europa nur erhalten werden kann, wenn niemand die gegenwärtigen Grenzen antastet.
— Sie verpflichten sich, die territoriale Integrität aller Staaten in Europa in ihren heutigen Grenzen uneingeschränkt zu achten;
— sie erklären, daß sie keine Gebietsansprüche gegen jemand haben und solche in Zukunft auch nicht erheben werden;
— sie betrachten heute und künftig die Grenzen aller Staaten in Europa als unverletzlich, wie sie am Tage der Unterzeichnung dieses Vertrages verlaufen, einschließlich der Oder-Neiße-Linie, die die Westgrenze der Volksrepublik Polen bildet, und der Grenze zwischen der Bundesrepublik Deutschland und der Deutschen Demokratischen Republik.

Ratifizierung durch den Bundestag am 17. Mai 1972

Nr. 3

Vertrag über die Grundlagen der Beziehungen zwischen der Bundesrepublik Deutschland und der Deutschen Demokratischen Republik

Die Hohen Vertragschließenden Seiten
eingedenk ihrer Verantwortung für die Erhaltung des Friedens,
in dem Bestreben, einen Beitrag zur Entspannung und Sicherheit in Europa zu leisten,
in dem Bewußtsein, daß die Unverletzlichkeit der Grenzen und die Achtung der territorialen

Integrität und der Souveränität aller Staaten in Europa in ihren gegenwärtigen Grenzen eine grundlegende Bedingung für den Frieden sind, in der Erkenntnis, daß sich daher die beiden deutschen Staaten in ihren Beziehungen der Androhung oder Anwendung von Gewalt zu enthalten haben,
ausgehend von den historischen Gegebenheiten und unbeschadet der unterschiedlichen Auffassungen der Bundesrepublik Deutschland und der Deutschen Demokratischen Republik zu grundsätzlichen Fragen, darunter zur nationalen Frage, geleitet von dem Wunsch, zum Wohle der Menschen in den beiden deutschen Staaten die Voraussetzungen für die Zusammenarbeit zwischen der Bundesrepublik Deutschland und der Deutschen Demokratischen Republik zu schaffen,
sind wie folgt übereingekommen:

Artikel 1

Die Bundesrepublik Deutschland und die Deutsche Demokratische Republik entwickeln normale gutnachbarliche Beziehungen zueinander auf der Grundlage der Gleichberechtigung.

Artikel 2

Die Bundesrepublik Deutschland und die Deutsche Demokratische Republik werden sich von den Zielen und Prinzipien leiten lassen, die in der Charta der Vereinten Nationen niedergelegt sind, insbesondere der souveränen Gleichheit aller Staaten, der Achtung der Unabhängigkeit, Selbständigkeit und territorialen Integrität, dem Selbstbestimmungsrecht, der Wahrung der Menschenrechte und der Nichtdiskriminierung.

Artikel 3

Entsprechend der Charta der Vereinten Nationen werden die Bundesrepublik Deutschland und die Deutsche Demokratische Republik ihre Streitfragen ausschließlich mit friedlichen Mitteln lösen und sich der Drohung mit Gewalt oder Anwendung von Gewalt enthalten.
Sie bekräftigen die Unverletzlichkeit der zwischen ihnen bestehenden Grenze jetzt und in der Zukunft und verpflichten sich zur uneingeschränkten Achtung ihrer territorialen Integrität.
[...]

Artikel 6

Die Bundesrepublik Deutschland und die Deutsche Demokratische Republik gehen von dem Grundsatz aus, daß die Hoheitsgewalt jedes der beiden Staaten sich auf sein Staatsgebiet beschränkt. Sie respektieren die Unabhängigkeit und Selbständigkeit jedes der beiden Staaten in seinen inneren und äußeren Angelegenheiten. [...]

Artikel 8

Die Bundesrepublik Deutschland und die Deutsche Demokratische Republik werden ständige Vertretungen austauschen. Sie werden am Sitz der jeweiligen Regierung errichtet.
Die praktischen Fragen, die mit der Einrichtung der Vertretungen zusammenhängen, werden zusätzlich geregelt.

Artikel 9

Die Bundesrepublik Deutschland und die Deutsche Demokratische Republik stimmen darin überein, daß durch diesen Vertrag die von ihnen früher abgeschlossenen oder sie betreffenden zweiseitigen und mehrseitigen internationalen Verträge und Vereinbarungen nicht berührt werden. [...]

Ratifizierung durch den Bundestag am 11. Mai 1973

Nr. 4
Brief zur deutschen Einheit

Die Bundesregierung übergab anläßlich der Vertragsunterzeichnung im sowjetischen Außenministerium folgenden Brief:

Sehr geehrter Herr Minister,
im Zusammenhang mit der heutigen Unterzeichnung des Vertrages zwischen der Bundesrepublik Deutschland und der Union der Sozialistischen Sowjetrepubliken beehrt sich die Regierung der Bundesrepublik Deutschland festzustellen, daß dieser Vertrag nicht im Widerspruch zu dem politischen Ziel der Bundesrepublik steht, auf einen Zustand des Friedens in Europa hinzuwirken, in dem das deutsche Volk in freier Selbstbestimmung seine Einheit wiedererlangt.
Genehmigen Sie, Herr Minister, die Versicherung meiner ausgezeichneten Hochachtung.
Walter Scheel

(Nach der Unterzeichnung der Verträge mit der UdSSR und der DDR dem Außenministerium der UdSSR und dem Ministerrat der DDR zugestellt.)

Nr. 5

Bundeskanzler Willy Brandt am 14. Januar 1970 vor dem Bundestag:

Im Begriff der Nation sind geschichtliche Wirklichkeit und politischer Wille vereint. Nation umfaßt und bedeutet mehr als gemeinsame Sprache und Kultur, als Staats- und Gesellschaftsordnung. Die Sprache gründet sich auf das fortdauernde Zusammengehörigkeitsgefühl der Menschen eines Volkes. Niemand kann leugnen, daß es in diesem Sinne eine deutsche Nation gibt und geben wird, soweit wir vorauszudenken vermögen. [. . .] Beide Staaten haben ihre Verpflichtung zur Wahrung der Einheit der deutschen Nation. Sie sind füreinander nicht Ausland.

(Aus: Verhandlungen des Deutschen Bundestages. 6. Wahlperiode, Bd. 71, S. 840, 846)

(Nr. 6)

Kuratorium Unteilbares Deutschland zum 17. Juni 1974:

Vor 25 Jahren ist im Grundgesetz das Ziel der Bundesrepublik Deutschland gesetzt worden: Einheit und Freiheit der Deutschen in freier Selbstbestimmung zu vollenden. Dieser unveränderten Zielsetzung entspricht die Pflicht, die demokratische und soziale Wirklichkeit der Bundesrepublik Deutschland zu gestalten, daß sie für alle Deutschen zukunftweisend ist . . .
Die Deutschen müssen für ihre nationale Selbstverwirklichung mit friedlichen Mitteln unentwegt tätig sein. Gegenüber staatlicher Trennung muß die Einheit der Nation als Grundlage für die Selbstbestimmung gewahrt werden.
Auf der Basis des Grundlagenvertrages, nachdem er für Befürworter wie für Kritiker gilt, muß nunmehr versucht werden, das Beste für alle Deutschen aus der neuen Situation zu machen.
Es gilt, die gemeinsame Kultur und Sprache zu pflegen. Es gilt, vor allem, menschliche Beziehungen zu erhalten und Schritt für Schritt zu erweitern [. . .]

Nr. 7

Der französische Religionswissenschaftler Ernest Renan zum Begriff „Nation"

Eine Nation ist eine große Gemeinschaft, die sich gründet auf das Bewußtsein der Opfer, die man gebracht hat und noch zu bringen bereit ist; auf die Übereinstimmung, den klar ausgesprochenen Wunsch, das gemeinschaftliche Leben weiterzuführen [. . .] Eine Nation ist, was eine Nation sein will [. . .] Die Existenz einer Nation ist ein Tag für Tag fortgesetztes Plebiszit.

(Aus: Ernest Renan, Qu'est-ce qu'une nation ?, Paris 1882)

(Nr. 8)

Josef W. Stalin über den Begriff „Nation"

Eine Nation ist eine historisch entstandene stabile Gemeinschaft von Menschen, entstanden auf der Grundlage der Gemeinschaft der Sprache, des Territoriums, des Wirtschaftslebens und der sich in der Gemeinschaft der Kultur offenbarenden psychischen Wesensart [. . .] Es muß hervorgehoben werden, daß keines der angeführten Merkmale, einzeln genommen, zur Begriffsbestimmung der Nation ausreicht. Mehr noch: Fehlt nur eines dieser Merkmale, so hört die Nation auf, eine Nation zu sein.

(Aus: Nationale Frage und Marxismus [1913], Stalin, Werke, Bd. 2, S. 276)

(Nr. 9)

Walter Ulbricht (als Staatsratsvorsitzender der DDR und 1. Sekretär des Zentralkomitees der SED) auf die Frage nach der Existenz einer deutschen Nation (Februar 1968):

Das ist eine sehr interessante Frage. Ich möchte antworten: Jawohl, es gibt eine deutsche Nation! Diese deutsche Nation wurde jedoch im Ergebnis des Krieges des faschistischen deutschen Imperialismus von den Westmächten gespalten. Seitdem der westdeutsche Separatstaat gebildet wurde und durch die Pariser Verträge vom deutschen Staatsverband losgelöst worden ist, gibt es zwei Staaten deutscher Nation: im östlichen Teil Deutschlands einschließlich der Hauptstadt der DDR, Berlin, lebt das Staatsvolk der Deutschen Demokratischen Republik, und im Westen lebt das Staatsvolk der westdeutschen Bundesrepublik.

(Aus: Neues Deutschland vom 16. Februar 1968)

Nr. 10

Kurt Hager (Mitglied des SED-Politbüros) 15. März 1973:

Im Gefolge harter Klassenkämpfe, die Teil der weltweiten Auseinandersetzung zwischen Sozialismus und Imperialismus sind, im Prozeß der sozialistischen Revolution und des Aufbaus der sozialistischen Gesellschaft entwickelt sich auch in der DDR ein neuer Typ der Nation, die sozialistische Nation. Damit wird in der DDR die nationale Frage im Sinne der historischen Mission der Arbeiterklasse gelöst. Die sozialistische Nation in der DDR steht in unüberbrückbarem Gegensatz zur alten, in der BRD fortbestehenden kapitalistischen Nation. In der BRD wird eine demagogische nationalistische Propaganda um eine „einheitliche deutsche Nation“ betrieben. Die Beschwörung „gemeinsamer“ Traditionen, die Strapazierung des unwissenschaftlichen Begriffs der „einheitlichen Kulturnation“, die Aufforderung, alle „seelischen und geistigen Kräfte“ für den Erhalt der Nation zu mobilisieren, bis eine Lösung „in Freiheit“ möglich sei — das alles sind Versuche, die Fiktion einer einheitlichen Nation aufrechtzuerhalten, den Gegensatz zwischen Sozialismus und Kapitalismus zu verwischen, den objektiven Prozeß der sich in der DDR entwickelnden sozialistischen Nation zu leugnen und ideologischen Einfluß auf die Werktätigen der DDR zu gewinnen.

(Aus einem Grundsatzreferat K. Hagers auf der „Internationalen wissenschaftlichen Konferenz des ZK der SED aus Anlaß des 125. Jahrestages des Manifests der Kommunistischen Partei.“ Zitiert nach: Keesing's Archiv der Gegenwart, 1973, 17728A)

(Nr. 11a)

Bundesrepublik Deutschland und Deutsche Demokratische Republik

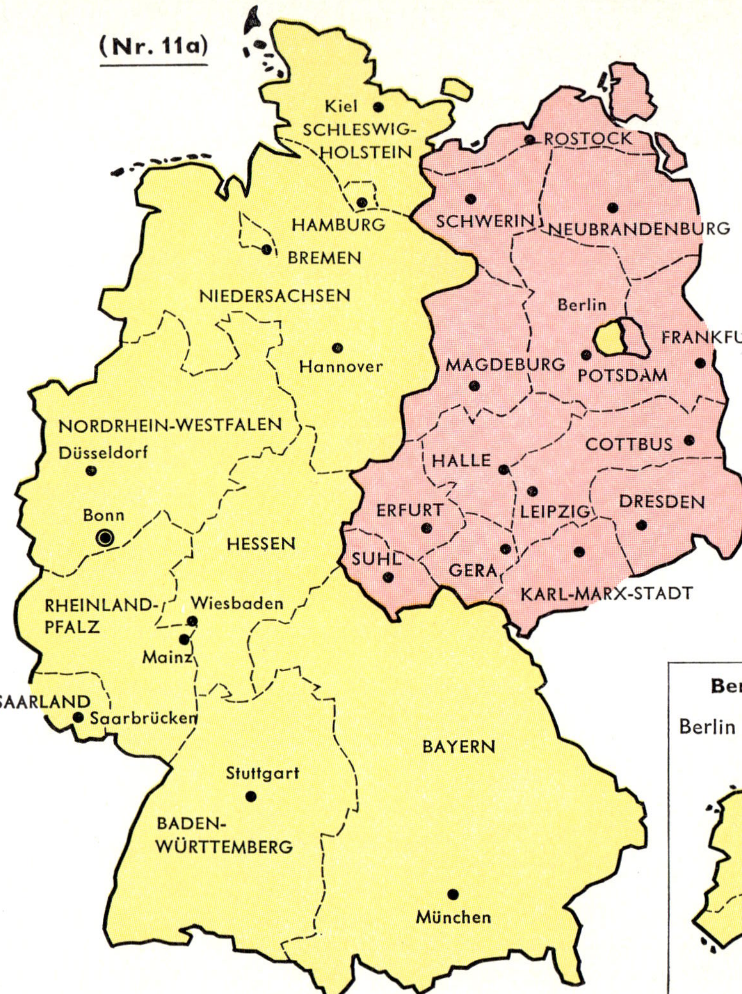

Berlin – Sektoreneinteilung

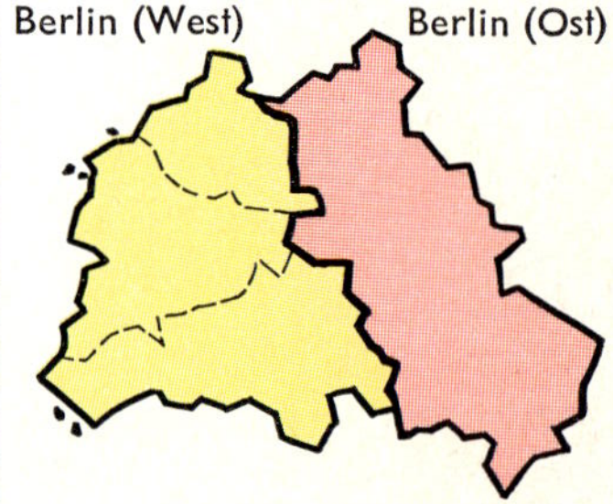

(Nr. 11b)

Bundesrepublik Deutschland

(Stand 31.12.1973)

Bundesländer	**Fläche** qkm	**Einwohner** in Mill.	je qkm
Schleswig-Holstein	15,678	2,580	165
Hamburg	753	1,752	2 326
Niedersachsen	47,405	7,259	153
Bremen	404	0,729	1 804
Nordrhein-Westfalen	34,054	17,246	506
Hessen	21,112	5,584	264
Rheinland-Pfalz	19,838	3,701	187
Baden-Württemberg	35,750	9,239	258
Bayern	70,547	10,853	154
Saarland	2,567	1,112	433
Berlin (West)	480	2,048	4 267
Bundesrepublik Deutschland	248,587	62,101	250

Deutsche Demokratische Republik

(Stand 31.12.1973)

Bezirke	**Fläche** in qkm	**Einwohner** in Mill.	je qkm
Rostock	7 074	0,866	122
Schwerin	8 672	0,594	69
Neubrandenburg	10 793	0,632	59
Potsdam	12 572	1,129	90
Frankfurt/Oder	7 185	0,688	96
Cottbus	8 262	0,871	105
Magdeburg	11 525	1,305	113
Halle	8 771	1,902	217
Erfurt	7 348	1,251	170
Gera	4 004	0,740	185
Suhl	3 856	0,552	143
Dresden	6 738	1,856	275
Leipzig	4 966	1,467	295
Karl-Marx-Stadt	6 009	2,009	834
Berlin (Ost)	403	1,089	2 702
Deutsche Demokratische Republik	108 178	16,951	157

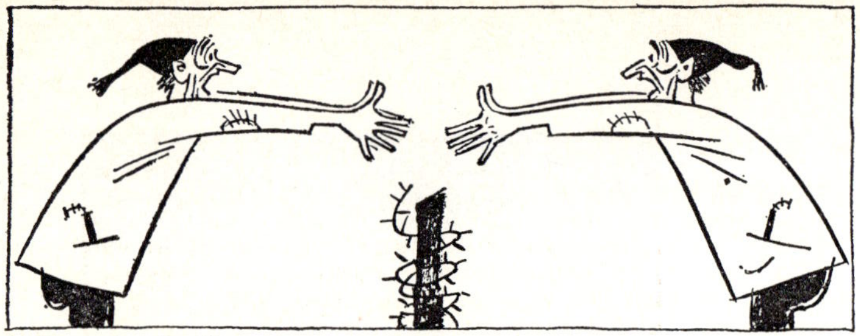

1945: „Bruder!“

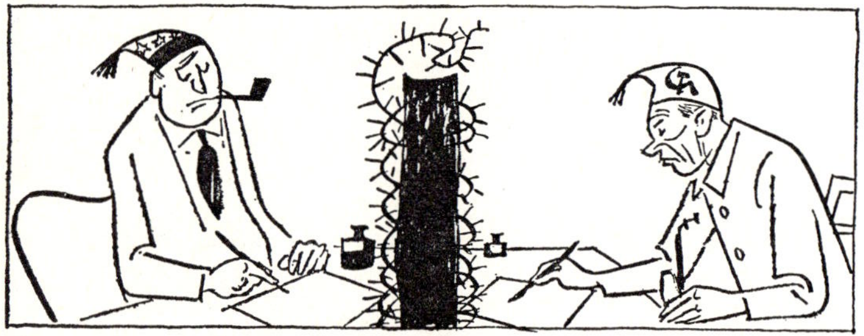

1955: „Mein lieber Vetter!“

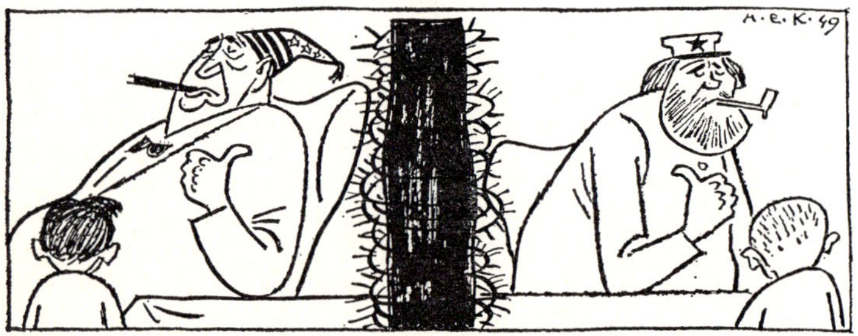

1965: „Ach ja, — wir haben irgendeinen entfernten Verwandten im Ausland . . .“

(Nr. 11c)

Mahnmal „Unteilbares Deutschland“ auf dem Servatiiplatz in Münster (Westf.)

◁ (Nr. 11d)

(Aus: H. E. Köhler und W. E. Süskind, Wer hätte das von uns gedacht. Jugendjahre der Bundesrepublik Deutschland. Harald Boldt Verlag, Boppard [3]1961, S. 9)

Quellen zur II. Arbeitsphase

Nr. 12

Das Potsdamer Abkommen Mitteilung über die Berliner Konferenz der Drei Mächte

I.

Am 17. Juli trafen sich der Präsident der Vereinigten Staaten von Amerika, Harry S. Truman, der Vorsitzende des Rates der Volkskommissare der Union der Sozialistischen Sowjetrepubliken, Generalissimus J. W. Stalin, und der Premierminister Großbritanniens, Winston S. Churchill sowie Herr Clement R. Attlee auf der von den drei Mächten beschickten Berliner Konferenz. Sie wurden begleitet von den Außenministern der drei Regierungen, W. M. Molotow, Herrn D. F. Byrnes und Herrn A. Eden, den Stabschefs und anderen Beratern. [. . .]

Die Konferenz schloß am 2. August 1945. Es wurden wichtige Entscheidungen und Vereinbarungen getroffen. Es fand ein Meinungsaustausch über eine Reihe anderer Fragen statt. Die Beratung dieser Probleme wird durch den Rat der Außenminister, der durch diese Konferenz geschaffen wurde, fortgesetzt.

Präsident Truman, Generalissimus Stalin und Premierminister Attlee verlassen diese Konferenz, welche das Band zwischen den drei Regierungen fester geknüpft und die Rahmen ihrer Zusammenarbeit und Verständigung erweitert hat, mit einer erneuerten Überzeugung, daß ihre Regierungen und Völker, zusammen mit anderen Vereinten Nationen, die Schaffung eines gerechten und dauerhaften Friedens sichern werden.

II.

Die Einrichtung eines Rates der Außenminister

A. Die Konferenz erreichte eine Übereinkunft über die Errichtung eines Rates der Außenminister, welche die fünf Hauptmächte vertreten, zur Fortsetzung der notwendigen vorbereitenden Arbeit zur friedlichen Regelung und zu Beratungen anderer Fragen, welche nach Übereinstimmung zwischen den Teilnehmern in dem Rat der Regierungen von Zeit zu Zeit an den Rat übergeben werden können. [. . .]

3a. Als eine vordringliche und wichtige Aufgabe des Rates wird ihm aufgetragen, Friedensverträge für Italien, Rumänien, Bulgarien, Ungarn und Finnland aufzusetzen, um sie den Vereinten Nationen vorzulegen und Vorschläge zur Regelung der ungelösten territorialen Fragen, die in Verbindung mit der Beendigung des Krieges in Europa entstehen, auszuarbeiten. Der Rat wird zur Vorbereitung einer friedlichen Regelung für Deutschland benutzt werden, damit das entsprechende Dokument durch die für diesen Zweck geeignete Regierung Deutschlands angenommen werden kann, wenn eine solche Regierung gebildet sein wird. [. . .]

III.

Über Deutschland

Alliierte Armeen führen die Besetzung von ganz Deutschland durch, und das deutsche Volk fängt an, die furchtbaren Verbrechen zu büßen, die unter der Leitung derer, welche es zur Zeit ihrer Erfolge offen gebilligt hat und denen es blind gehorcht hat, begangen wurden. Auf der Konferenz wurde eine Übereinkunft erzielt über die politischen und wirtschaftlichen Grundsätze der gleichgeschalteten Politik der Alliierten in bezug auf das besiegte Deutschland in der Periode der alliierten Kontrolle.

Das Ziel dieser Übereinkunft bildet die Durchführung der Krim-Deklaration über Deutschland. Der deutsche Militarismus und Nazismus werden ausgerottet und die Alliierten treffen nach gegenseitiger Vereinbarung in der Gegenwart und in der Zukunft auch andere Maßnahmen, die notwendig sind, damit Deutschland niemals mehr seine Nachbarn oder die Erhaltung des Friedens in der ganzen Welt bedrohen kann.

Die Alliierten sind nicht gewillt, das deutsche Volk zu vernichten oder in die Sklaverei zu stürzen. Die Alliierten haben vor, dem deutschen Volk eine Möglichkeit zu geben, sich vorzubereiten, um zukünftig die Wiederherstellung seines Lebens auf einer demokratischen und friedlichen Grundlage zu verwirklichen. Wenn die eigenen Anstrengungen des deutschen Volkes unablässig auf die Erreichung dieses Zieles gerichtet sein werden, wird es ihm möglich sein, zu gegebener Zeit einen Platz unter den freien und friedlichen Völkern der Welt einzunehmen. Der Text dieser Übereinkunft lautet:

Politische und wirtschaftliche Grundsätze, deren man sich bei der Behandlung Deutschlands in der Anfangsperiode der Kontrolle bedienen muß:

A. Politische Grundsätze

1. Entsprechend der Übereinkunft über das Kontrollsystem in Deutschland wird die höchste Regierungsgewalt in Deutschland durch die Oberkommandierenden der Streitkräfte der Sozialistischen Sowjetrepubliken, der Vereinigten Staaten von Amerika, des Vereinigten Königreichs und der Französischen Republik, welche in ihrer Eigenschaft als Mitglieder des Kontrollrats handeln, jeder in seiner Besatzungszone nach den Leitsätzen seiner entsprechenden Regierung sowie gemeinsam in den ganz Deutschland betreffenden Fragen ausgeübt.

2. Soweit dieses praktisch durchführbar ist, muß die Behandlung der deutschen Bevölkerung in ganz Deutschland gleich sein.

3. Die Ziele der Besetzung Deutschlands, durch welche der Kontrollrat sich leiten lassen soll, sind:

I. Völlige Abrüstung und Demilitarisierung Deutschlands und die Liquidierung der gesamten deutschen Industrie, welche für eine Kriegsproduktion benutzt werden kann, oder deren Überwachung. [. . .]

II. Das deutsche Volk ist zu überzeugen, daß es eine militärische Niederlage erlitten hat und daß es sich nicht der Verantwortung entziehen kann für das, was es auf sich geladen hat, indem seine eigne mitleidslose Kriegsführung und der fanatische Widerstand der Nazis das deutsche Wirtschaftsleben zerstört und Chaos und Elend unvermeidlich gemacht haben.

III. Die nationalsozialistische Partei mit ihren angeschlossenen Gliederungen und Unterorganisationen ist zu vernichten; alle nationalsozialistischen Ämter sind aufzulösen; es sind Sicherheiten dafür zu schaffen, daß sie in keiner Form wieder auferstehen können; jeder nazistischen Propaganda ist vorzubeugen.
IV. Die endgültige Umgestaltung des deutschen politischen Lebens auf demokratischer Grundlage und eine eventuelle friedliche Mitarbeit Deutschlands am internationalen Leben sind vorzubereiten. [...]

9. Die Verwaltung Deutschlands muß in Richtung auf eine Dezentralisation der politischen Struktur und der Entwicklung einer örtlichen Selbstverwaltung durchgeführt werden. Zu diesem Zwecke:
I. Die lokale Selbstverwaltung wird in ganz Deutschland nach demokratischen Grundsätzen, und zwar durch Wahlausschüsse (Räte), so schnell wie es mit der Wahrung der militärischen Sicherheit und den Zielen der militärischen Besatzung vereinbar ist, wiederhergestellt.
II. In ganz Deutschland sind alle demokratischen politischen Parteien zu erlauben und zu fördern mit der Einräumung des Rechtes, Versammlungen einzuberufen und öffentliche Diskussionen durchzuführen.
III. Die Abgeordneten- und Wahlgrundsätze sollen in den provinzialen Bezirks- und Landesverwaltungen, so schnell wie das durch die erfolgreiche Anwendung dieser Grundsätze in der örtlichen Selbstverwaltung gerechtfertigt werden kann, eingeführt werden.
IV. Bis auf weiteres wird keine zentrale deutsche Regierung errichtet werden. Jedoch werden einige wichtige zentrale deutsche Verwaltungsabteilungen errichtet werden, an deren Spitze Staatssekretäre stehen, und zwar auf den Gebieten des Finanzwesens, des Transportwesens, des Verkehrswesens, des Außenhandels und der Industrie. Diese Abteilungen werden unter der Leitung des Kontrollrates tätig sein.
10. Unter Berücksichtigung der Notwendigkeit zur Erhaltung der militärischen Sicherheit wird die Freiheit der Rede, der Presse und der Religion gewährt. Die religiösen Einrichtungen sollen respektiert werden. Die Schaffung Freier Gewerkschaften, gleichfalls unter Berücksichtigung der Notwendigkeit zur Erhaltung der militärischen Sicherheit, wird gestattet werden.

B. Wirtschaftliche Grundsätze

11. Mit dem Ziele der Vernichtung des deutschen Kriegspotentials ist die Produktion von Waffen, Kriegsausrüstung und Kriegsmitteln, ebenso die Herstellung aller Typen von Flugzeugen und Seeschiffen zu verbieten und zu unterbinden. Die Herstellung von Metallen und Chemikalien, der Maschinenbau und die Herstellung anderer Gegenstände, die unmittelbar für die Kriegswirtschaft notwendig sind, ist streng zu überwachen und zu beschränken, entsprechend dem genehmigten Stand der friedlichen Nachkriegsbedürfnisse Deutschlands, um die in dem Punkt 15 angeführten Ziele zu befriedigen. Die Produktionskapazität, entbehrlich für die Industrie, welche erlaubt sein wird, ist entsprechend dem Reparationsplan, empfohlen durch die interalliierte Reparationskommission und bestätigt durch die beteiligten Regierungen, entweder zu entnehmen oder, falls sie nicht entnommen werden kann, zu vernichten.

12. In praktisch kürzester Frist ist das deutsche Wirtschaftsleben zu dezentralisieren mit dem Ziel der Vernichtung der bestehenden übermäßigen Konzentration der Wirtschaftskraft, dargestellt insbesondere durch Kartelle, Syndikate, Trusts und andere Monopolvereinigungen.

13. Bei der Organisation des Wirtschaftslebens in Deutschland ist die Hauptaufmerksamkeit auf die Entwicklung der Landwirtschaft und der Friedensindustrie für den inneren Bedarf (Verbrauch) zu richten.

14. Während der Besatzungszeit ist Deutschland als ein einziges wirtschaftliches Ganzes zu betrachten. Mit diesem Ziel ist eine gemeinsame Politik durchzuführen hinsichtlich:
a) der Erzeugung und der Verteilung der Produkte der Bergbau- und der verarbeitenden Industrie,
b) der Landwirtschaft, Forstwirtschaft und der Fischerei,
c) der Löhne, der Preise und der Rationierung,
d) des Import- und Exportprogramms für Deutschland als Ganzes,
e) der Währung und des Bankwesens, der zentralen Besteuerung und der Zölle,
f) der Reparationen und der Beseitigung des militärischen Industriepotentials,
g) des Transport- und Verkehrswesens.
Bei der Durchführung dieser Politik sind im

Bedarfsfalle die verschiedenen örtlichen Bedingungen zu berücksichtigen.

15. Es ist eine alliierte Kontrolle über das deutsche Wirtschaftsleben zu errichten, jedoch nur in den Grenzen, die notwendig sind:

a) zur Erfüllung des Programms der industriellen Abrüstung und Demilitarisierung, der Reparationen und der erlaubten Aus- und Einfuhr,

b) zur Sicherung der Warenproduktion und der Dienstleistungen, die zur Befriedigung der Bedürfnisse der Besatzungsstreitkräfte und der verpflanzten Personen in Deutschland notwendig sind, und die für die Erhaltung eines mittleren Lebensstandards in Deutschland, der den mittleren Lebensstandard der europäischen Länder nicht übersteigt, wichtig sind (Europäische Länder bedeuten alle europäischen Länder mit Ausnahme des Vereinigten Königreichs und der Sowjetunion),

c) zur Sicherung — in der Reihenfolge, die der Kontrollrat festsetzt — einer gleichmäßigen Verteilung der wesentlichsten Waren unter den verschiedenen Zonen, um ein ausgeglichenes Wirtschaftsleben in ganz Deutschland zu schaffen und die Einfuhrnotwendigkeit einzuschränken,

d) zur Überwachung der deutschen Industrie und aller wirtschaftlichen und finanziellen internationalen Abkommen einschließlich der Aus- und Einfuhr mit dem Ziel der Unterbindung einer Entwicklung des Kriegspotentials Deutschlands und der Erreichung der anderen genannten Aufgaben.

e) zur Überwachung aller deutschen öffentlichen oder privaten wissenschaftlichen Forschungs- oder Versuchsanstalten, Laboratorien usw., die mit einer Wirtschaftstätigkeit verbunden sind.

16. Zur Einführung und Unterstützung der wirtschaftlichen Kontrolle, die durch den Kontrollrat errichtet worden ist, ist ein deutscher Verwaltungsapparat zu schaffen. Den deutschen Behörden ist vorzuschlagen, in möglichst vollem Umfange die Verwaltung dieses Apparates zu fordern und zu übernehmen. Auf diese Weise ist dem deutschen Volk klarzumachen, daß die Verantwortung für diese Verwaltung und deren Versagen auf ihm ruhen wird. Jede deutsche Verwaltung, die dem Ziel der Besatzung nicht entsprechen wird, wird verboten.

17. Es sind unverzüglich Maßnahmen zu treffen zur:

a) Durchführung der notwendigen Instandsetzungen des Verkehrswesens,
b) Hebung der Kohlenerzeugung,
c) weitestmöglichen Vergrößerung der landwirtschaftlichen Produktion und
d) Durchführung einer beschleunigten Instandsetzung der Wohnungen und der wichtigsten öffentlichen Einrichtungen.

18. Der Kontrollrat hat entsprechende Schritte zur Verwirklichung der Kontrolle und der Verfügung über alle deutschen Guthaben im Auslande zu übernehmen, welche noch nicht unter die Kontrolle der alliierten Nationen, die an dem Kriege gegen Deutschland teilgenommen haben, geraten sind.

19. Nach der Bezahlung der Reparationen sind dem deutschen Volke genügend Mittel zu belassen, um ohne eine Hilfe von außen zu existieren. Bei der Aufstellung des Haushaltsplanes Deutschlands sind die nötigen Mittel für die Einfuhr bereitzustellen, die durch den Kontrollrat in Deutschland genehmigt worden ist. Die Einnahmen aus der Ausfuhr der Erzeugnisse der laufenden Produktion und der Warenbestände dienen in erster Linie der Bezahlung dieser Einfuhr. Die hier erwähnten Bedingungen werden nicht angewandt bei den Einrichtungen und Produkten, die in den Punkten 4a und 4b der Übereinkunft über die deutschen Reparationen erwähnt worden sind.

IV.
Reparationen aus Deutschland

In Übereinstimmung mit der Entscheidung der Krim-Konferenz, daß Deutschland gezwungen werden sollte, in größtmöglichem Ausmaß für die Verluste und die Leiden, die es den Vereinten Nationen verursacht hat, und wofür das deutsche Volk der Verantwortung nicht entgehen kann, Ausgleich zu schaffen, wurde folgende Übereinkunft über Reparationen erreicht:

1. Die Reparationsansprüche der UdSSR sollen durch Entnahmen aus der von der UdSSR besetzten Zone in Deutschland und durch angemessene deutsche Auslandsguthaben befriedigt werden.

2. Die UdSSR wird die Reparationsansprüche Polens aus ihrem eigenen Anteil an den Reparationen befriedigen.

3. Die Reparationsansprüche der Vereinigten Staaten, des Vereinigten Königreiches und der anderen zu Reparationsforderungen berechtigten Länder werden aus den westlichen Zonen und den entsprechenden deutschen Auslandsguthaben befriedigt werden.

4. In Ergänzung der Reparationen, die die UdSSR aus ihrer eigenen Besatzungszone erhält, wird die UdSSR zusätzlich aus den westlichen Zonen erhalten:
a) 15 Prozent derjenigen verwendungsfähigen und vollständigen industriellen Hauptausrüstung, vor allem der metallurgischen, chemischen und Maschinen erzeugenden Industrien, soweit sie für die deutsche Friedenswirtschaft unnötig sind und aus den westlichen Zonen Deutschlands im Austausch für einen entsprechenden Wert an Nahrungsmitteln, Kohle, Pottasche, Zink, Holz, Tonprodukten, Petroleumprodukten und solchen anderen Waren entnommen werden soll, über die noch eine Vereinbarung getroffen werden mag.
b) 10 Prozent derjenigen industriellen Hauptausrüstung, die für die deutsche Friedenswirtschaft unnötig ist und aus den westlichen Zonen zu entnehmen und auf Reparationskonto an die Sowjetregierung zu übertragen ist ohne Bezahlung oder Gegenleistungen irgendwelcher Art.
Die Entnahmen der Ausrüstung, wie sie oben in a) und b) vorgesehen sind, sollen gleichzeitig erfolgen.

5. Der Umfang der aus den westlichen Zonen zu entnehmenden Ausrüstung, der auf Reparationskonto geht, muß spätestens innerhalb sechs Monaten von jetzt ab bestimmt sein.

6. Die Entnahme der industriellen Hauptausrüstung soll sobald wie möglich beginnen und innerhalb von zwei Jahren, gerechnet vom Zeitpunkt der in § 5 spezifizierten Bestimmung, abgeschlossen sein. Die Auslieferung der in § 4a genannten Produkte soll so schnell wie möglich beginnen, und zwar in durch Vereinbarung bedingten Teillieferungen seitens der Sowjetunion, und innerhalb von fünf Jahren von dem erwähnten Datum ab erfolgen. Die Bestimmung des Umfanges und der Art der industriellen Hauptausrüstung, die für die deutsche Friedenswirtschaft unnötig ist und der Reparation unterliegt, soll durch den Kontrollrat gemäß den Richtlinien erfolgen, die von der alliierten Kontrollkommission für Reparationen, unter Beteiligung Frankreichs, festgelegt sind, wobei die endgültige Entscheidung durch den Kommandierenden der Zone getroffen wird, aus der die Ausrüstung entnommen werden soll.

7. Vor der Festlegung des Gesamtumfanges der der Entnahme unterworfenen Ausrüstung sollen Vorschußlieferungen solcher Ausrüstung erfolgen, die als zur Auslieferung verfügbar bestimmt werden in Übereinstimmung mit dem Verfahren, das im letzten Satz des § 6 vorgesehen ist.

8. Die Sowjetregierung verzichtet auf alle Ansprüche bezüglich der Reparationen aus Anteilen an deutschen Unternehmungen, die in den westlichen Besatzungszonen in Deutschland gelegen sind. Das gleiche gilt für deutsche Auslandsguthaben in allen Ländern mit Ausnahme der weiter unten in § 9 gekennzeichneten Fälle.

9. Die Regierungen der USA und des Vereinigten Königreichs verzichten auf ihre Ansprüche im Hinblick auf Reparationen hinsichtlich der Anteile an deutschen Unternehmungen, die in der östlichen Besatzungszone in Deutschland gelegen sind. Das gleiche gilt für deutsche Auslandsguthaben in Bulgarien, Finnland, Ungarn, Rumänien und Ost-Österreich.

10. Die Sowjetregierung erhebt keine Ansprüche auf das von den alliierten Truppen in Deutschland erbeutete Gold. [. . .]

IX.
Polen

[. . .]
Die drei Mächte nehmen zur Kenntnis, daß die Polnische Provisorische Regierung der Nationalen Einheit in Übereinstimmung mit den Beschlüssen der Krim-Konferenz der Abhaltung freier und ungehinderter Wahlen, die sobald wie möglich auf der Grundlage des allgemeinen Wahlrechts und der geheimen Abstimmung durchgeführt werden sollen, zugestimmt hat, wobei alle demokratischen und antinazistischen Parteien das Recht zur Teilnahme und zur Aufstellung von Kandidaten haben und die Vertreter der alliierten Presse volle Freiheit genießen sollen, der Welt über die Entwicklung der Ereignisse in Polen vor und während der Wahlen zu berichten.

b) Bezüglich der Westgrenze Polens wurde folgendes Abkommen erzielt:
In Übereinstimmung mit dem bei der Krim-Konferenz erzielten Abkommen haben die Häupter der drei Regierungen die Meinung der Polnischen Provisorischen Regierung der Nationalen Einheit hinsichtlich des Territoriums im Norden und Westen geprüft, das Polen erhalten soll. Der Präsident des Nationalen Polens und die Mitglieder der Polnischen Provisorischen Regierung der Nationalen Einheit sind auf der Konferenz empfangen worden und haben ihre Auffassungen in vollem Umfange vorgelegt. Die Häupter der drei Regierungen bekräftigen ihre Auffassung, daß die endgültige Festlegung der Westgrenze Polens bis zu der Friedenskonferenz zurückgestellt werden soll.
Die Häupter der drei Regierungen stimmen darin überein, daß bis zur endgültigen Festlegung der Westgrenze Polens die früher deutschen Gebiete östlich der Linie, die von der Ostsee unmittelbar westlich von Swinemünde und von dort die Oder entlang bis zur Einmündung der westlichen Neiße und die westliche Neiße entlang bis zur tschechoslowakischen Grenze verläuft, einschließlich des Teiles Ostpreußens, der nicht unter die Verwaltung der Union der Sozialistischen Sowjetrepubliken in Übereinstimmung mit den auf dieser Konferenz erzielten Vereinbarungen gestellt wird und einschließlich des Gebietes der früheren Freien Stadt Danzig, unter die Verwaltung des polnischen Staates kommen und in dieser Hinsicht nicht als Teil der sowjetischen Besatzungszone in Deutschland betrachtet werden sollen. [. . .]

XIII.

Ordnungsmäßige Überführung deutscher Bevölkerungsteile

Die Konferenz erzielte folgendes Abkommen über die Ausweisung Deutscher aus Polen, der Tschechoslowakei und Ungarn: Die drei Regierungen haben die Frage in all ihren Aspekten beraten und erkennen an, daß die Überführung der deutschen Bevölkerung oder Bestandteile derselben, die in Polen, Tschechoslowakei und Ungarn zurückgeblieben sind, nach Deutschland durchgeführt werden muß. Sie stimmen darin überein, daß jede derartige Überführung, die stattfinden wird, in ordnungsgemäßer und humaner Weise erfolgen soll. Da der Zustrom einer großen Zahl Deutscher nach Deutschland die Lasten vergrößern würde, die bereits auf den Besatzungsbehörden ruhen, halten sie es für wünschenswert, daß der Alliierte Kontrollrat in Deutschland zunächst das Problem unter besonderer Berücksichtigung der Frage einer gerechten Verteilung dieser Deutschen auf die einzelnen Besatzungszonen prüfen soll. Sie beauftragen demgemäß ihre jeweiligen Vertreter beim Kontrollrat, ihren Regierungen sobald wie möglich über den Umfang zu berichten, in dem derartige Personen schon aus Polen, der Tschechoslowakei und Ungarn nach Deutschland gekommen sind, und eine Schätzung über Zeitpunkt und Ausmaß vorzulegen, zu dem die weiteren Überführungen durchgeführt werden könnten, wobei die gegenwärtige Lage in Deutschland zu berücksichtigen ist. Die tschechoslowakische Regierung, die Polnische Provisorische Regierung und der Alliierte Kontrollrat in Ungarn werden gleichzeitig von obigem in Kenntnis gesetzt und ersucht werden, inzwischen weitere Ausweisungen der deutschen Bevölkerung einzustellen, bis die betroffenen Regierungen die Berichte ihrer Vertreter an den Kontrollausschuß geprüft haben.
[. . .]

Unterzeichnet:
J. Stalin Harry S. Truman C. R. Attlee

(Amtsblatt des Kontrollrates in Deutschland, Ergänzungsblatt Nr. 1, S. 13—20)

(Nr. 13)

Der amerik. Diplomat u. Historiker G. F. Kennan zum amerikanisch-russischen Verhältnis

Die Idee, Deutschland gemeinsam mit den Russen regieren zu wollen, ist ein Wahn. Ein ebensolcher Wahn ist es, zu glauben, die Russen und wir könnten uns eines schönen Tages höflich zurückziehen, und aus dem Vakuum werde ein gesundes und friedliches, stabiles und freundliches Deutschland steigen. Wir haben keine andere Wahl, als unseren Teil von Deutschland — den Teil, für den wir und die Briten die Verantwortung übernommen haben — zu einer Form von Unabhängigkeit zu führen, die so befriedigend, so gesichert, so überlegen ist, daß der Osten sie nicht gefährden kann. Das ist eine gewaltige Aufgabe für Amerikaner. Aber sie läßt sich nicht umgehen; und hierüber, nicht über undurchführbare Pläne für eine gemeinsame Militärregierung, sollten wir uns Gedanken machen.

Zugegeben, daß das Zerstückelung bedeutet. Aber die Zerstückelung ist bereits Tatsache, wegen der Oder-Neiße-Linie. Ob das Stück Sowjetzone wieder mit Deutschland verbunden wird oder nicht, ist jetzt nicht wichtig. Besser ein zerstückeltes Deutschland, von dem wenigstens der westliche Teil als Prellbock für die Kräfte des Totalitarismus wirkt, als ein geeintes Deutschland, das diese Kräfte wieder bis an die Nordsee vorläßt.

[. . .] Wenn wir auch unsere bereits übernommenen Verpflichtungen bei der Kontrollkommission loyal erfüllen sollten, so dürfen wir uns doch über die Möglichkeiten einer Dreimächtekontrolle keine Illusionen machen . . . Im Grunde sind wir in Deutschland Konkurrenten der Russen. Wo es in unserer Zone um wirklich wichtige Dinge geht, sollten wir in der Kontrollkommission keinerlei Zugeständnisse machen."

Es versteht sich — bei solchen Überzeugungen —, daß ich die Arbeit der Konferenz von Potsdam mit Skepsis und Entsetzen verfolgte. Ich kann mich an kein politisches Dokument erinnern, das mich je so deprimiert hätte wie das von Truman unterzeichnete Kommuniqué am Ende dieser wirren und verwirrenden Verhandlungen. Nicht nur weil ich wußte, daß die Idee einer gemeinsamen Viermächtekontrolle, die man jetzt zur Grundlage für die Regierung Deutschlands gemacht hatte, abwegig und undurchführbar sei. Auch die unpräzise Ausdrucksweise, die Verwendung so dehnbarer Begriffe wie „demokratisch", „friedlich", „gerecht" in einem Abkommen mit den Russen lief allem direkt zuwider, was siebzehn Jahre Rußlanderfahrung mich über die Technik des Verhandelns mit der sowjetischen Regierung gelehrt hatten. Die Behauptung zum Beispiel, wir würden zusammen mit den Russen das deutsche Erziehungssystem „nach demokratischen Richtlinien" umformen, ließ Rückschlüsse zu, die nach allem, was wir von der Geisteshaltung der sowjetischen Führer und den damaligen russischen Erziehungsgrundsätzen wußten, völlig ungerechtfertigt waren.

Noch erschreckender las sich die von uns verkündete Absicht, in Zusammenarbeit mit den Russen das deutsche Rechtswesen so umzugestalten, daß es „den Prinzipien der Demokratie, der Urteilsfindung nach Recht und Gesetz und der gleichen Behandlung aller Bürger ohne Ansehen von Rasse, Nationalität oder Religion" entspräche. Für die weitere Behauptung, man werde die politische Tätigkeit „demokratischer Parteien und die dazugehörige Versammlungsfreiheit und öffentliche Diskussion" nicht nur gestatten, sondern „ermutigen", würden mildernde Umstände schwer zu finden sein. Jeder Mensch in Moskau hätte unsern Unterhändlern sagen können, was die sowjetische Führung unter „demokratischen Parteien" verstand. Die Irreführung der Öffentlichkeit in Deutschland und im Westen durch die Verwendung eines solchen Ausdrucks in einem Dokument, das außer von Stalin auch von den Herren Truman und Attlee unterzeichnet war, ließ sich selbst mit allergrößter Naivität nicht entschuldigen.

Was die Reparationen betraf, so schienen mir die Potsdamer Beschlüsse zu diesem Thema nichts als eine weitere Extrapolation der in Teheran eingeleiteten Politik des Wunschdenkens, die nicht anders als mit einem völligen Fehlschlag enden konnte (daß sie das schließlich tat, zeigt General Clays Befehl vom 3. Mai 1946, alle Lieferungen von Reparationsgütern aus der Amerikanischen Zone in den Osten zu stoppen). Ein paar Monate davor hatte ich schon einmal in einem Privatbrief geschrieben, es wäre albern, sich einzubilden, daß wir ein solches Vorhaben gemeinsam mit den Russen verwirklichen könnten. Es würde in den einzelnen Zonen einfach auf ein *Catch-as-catch-can* hinauslaufen. Wir würden an Reparationen gerade so viel erhalten, wie wir in unserer Zone nehmen könnten und wollten, und sonst nichts. Bei den Russen könne man unterstellen, daß sie in ihrem Besatzungsgebiet ganz nach eigenem Belieben verfahren würden, ohne Rücksicht auf irgendwelche Abkommen mit uns. Da ich diese Meinung schon seit 1944 vertreten hatte und die Ereignisse der Zwischenzeit mich immer wieder darin bestärkten, ist leicht zu verstehen, warum ich die hinhaltende Behandlung des Reparationsproblems in Potsdam ohne Begeisterung registrierte.

(Aus: G. F. Kennan, Memoiren eines Diplomaten, Verlag Goverts, Stuttgart [4]1968, S. 262—265)

(Nr. 14)

Gespräch des amerikanischen Sonderbotschafters Hopkins mit Stalin über die Polenfrage

Mr. Hopkins sagte sodann, er werde, wenn der Marschall es ihm erlaube, nun gern die Haltung der Vereinigten Staaten in der Frage Polens erklären. [. . .]

Polen sei ein Symbol geworden, das sich unmittelbar auf die Bereitschaft der Vereinigten Staaten beziehe, auf einer weltweiten Grundlage an den internationalen Angelegenheiten teilzunehmen, und unser Volk müsse überzeugt sein, daß es seine Macht mit derjenigen der Sowjetunion und Großbritanniens vereine, um den internationalen Frieden und die Wohlfahrt der Menschheit zu fördern. Mr. Hopkins fuhr fort, die überwältigende Mehrheit des amerikanischen Volkes glaube daran, daß die Beziehungen zwischen den Vereinigten Staaten und der UdSSR im Geiste der Kooperation gefestigt werden könnten, trotz der ideologischen Unterschiede, und in Anbetracht all dieser begünstigenden Faktoren richte er seine Bitte an den Marschall, bei der Lösung des polnischen Problems zu helfen.

Marschall Stalin erwiderte, er wünsche, Mr. Hopkins möge folgende Faktoren in Erwägung ziehen: Es könne, sagte er, vielleicht merkwürdig erscheinen, daß die Sowjetregierung ein befreundetes Polen wünsche, obwohl dies in gewissen Kreisen der Vereinigten Staaten, übrigens auch von Churchill in seinen Reden, dem Anschein nach anerkannt werde. Im Laufe von 25 Jahren sei Deutschland zweimal über Polen in Rußland eingefallen. Weder die Engländer noch die Amerikaner hätten solche Invasionen erlebt, die kaum erträglich seien und deren Folgen man nicht so leicht vergessen könne. Diese deutschen Invasionen seien, sagte er, nicht einfach Kriegführung, sondern den Einfällen der Hunnen vergleichbar. Deutschland sei zu diesen Einfällen in der Lage gewesen, weil man Polen immer als einen Teil des cordon sanitaire um Sowjetrußland angesehen habe, und die frühere europäische Politik habe auf der Annahme beruht, daß die polnischen Regierungen Rußland feindlich gesinnt sein müßten. Unter diesen Umständen sei Polen entweder zu schwach zum Widerstande gewesen, oder es hätte die Deutschen durchmarschieren lassen. So habe Polen als Vorfeld für die deutschen Angriffe auf Rußland gedient. Polens Schwäche und Feindseligkeit, sagte er, habe zugleich eine erhebliche Schwächung der Sowjetunion bedeutet. Rußland sei daher wesentlich daran interessiert, ein starkes und befreundetes Polen zum Nachbarn zu haben. Die Sowjetunion, sagte er, habe keineswegs die Absicht, sich in die inneren Angelegenheiten Polens zu mischen. Polen werde unter demselben parlamentarischen System leben wie die Tschechoslowakei, Belgien und Holland, und alles Gerede über eine Sowjetisierung Polens sei Unsinn. . . . Tatsächlich hätten die Vereinigten Staaten mehr Grund, eine Weltmacht zu sein, als irgendein anderer Staat. Aus diesem Grunde erkenne er den Vereinigten Staaten als einer Weltmacht durchaus das Recht zu, in der polnischen Frage mitzusprechen, und das Interesse der Sowjetunion an Polen schließe in keiner Weise dasjenige Englands oder Amerikas aus.

(Aus: Robert E. Sherwood, Roosevelt und Hopkins, Verlag Krüger, Hamburg 1950, S. 739—742)

Nr. 15

Auszug aus dem Gespräch des Abgesandten Titos, M. Djilas, mit Stalin vom April 1945

Stalin legte dar, wie er über die besondere Art des Krieges dachte, den wir zur Zeit führten: „Dieser Krieg ist nicht wie in der Vergangenheit; wer immer ein Gebiet besetzt, erlegt ihm auch sein eigenes gesellschaftliches System auf. Jeder führt sein eigenes System ein, so weit seine Armee vordringen kann. Es kann gar nicht anders sein."

(Aus: Milovan Djilas, Gespräche mit Stalin, Verlag S. Fischer Frankfurt 1962, S. 146)

Nr. 16

Aufruf der Kommunistischen Partei Deutschlands

Schaffendes Volk in Stadt und Land!
Männer und Frauen!
Deutsche Jugend!

Jetzt gilt es, gründlich und für immer die Lehren aus der Vergangenheit zu ziehen. Ein ganz neuer Weg muß beschritten werden! Werde sich jeder Deutsche bewußt, daß der Weg, den unser

Volk bisher ging, ein falscher Weg, ein Irrweg war, der in Schuld und Schande, Krieg und Verderben führte. Nicht nur der Schutt der zerstörten Städte, auch der reaktionäre Schutt aus der Vergangenheit muß gründlich hinweggeräumt werden. Möge der Neubau Deutschlands auf solider Grundlage erfolgen, damit eine dritte Wiederholung der imperialistischen Katastrophenpolitik unmöglich wird. Mit der Vernichtung des Hitlerismus gilt es, gleichzeitig die Sache der Demokratisierung Deutschlands, die Sache der bürgerlich-demokratischen Umbildung, die 1848 begonnen wurde, zu Ende zu führen, die feudalen Überreste völlig zu beseitigen und den reaktionären altpreußischen Militarismus mit allen seinen ökonomischen und politischen Ablegern zu vernichten. Wir sind der Auffassung, daß der Weg, Deutschland das Sowjetsystem aufzuzwingen, falsch wäre, denn dieser Weg entspricht nicht den gegenwärtigen Entwicklungsbedingungen in Deutschland. Wir sind vielmehr der Auffassung, daß die entscheidenden Interessen des deutschen Volkes in der gegenwärtigen Lage für Deutschland einen anderen Weg vorschreiben, und zwar den Weg der Aufrichtung eines antifaschistischen, demokratischen Regimes, einer parlamentarisch-demokratischen Republik mit allen demokratischen Rechten und Freiheiten für das Volk. An der gegenwärtigen historischen Wende rufen wir Kommunisten alle Werktätigen, alle demokratischen und fortschrittlichen Kräfte des Volkes zu diesem großen Kampf für die demokratische Erneuerung Deutschlands, für die Wiedergeburt unseres Landes auf!

Die unmittelbarsten und dringendsten Aufgaben auf diesem Wege sind gegenwärtig vor allem: [. . .]

2. Kampf gegen Hunger, Arbeitslosigkeit und Obdachlosigkeit. Allseitige aktive Unterstützung der Selbstverwaltungsorgane in ihrem Bestreben, rasch ein normales Leben zu sichern und die Erzeugung wieder in Gang zu bringen. Völlig ungehinderte Entfaltung des freien Handels und der privaten Unternehmerinitiative auf der Grundlage des Privateigentums. [. . .]

6. Enteignung des gesamten Vermögens der Nazibonzen und Kriegsverbrecher. Übergabe dieses Vermögens in die Hände des Volkes zur Verfügung der kommunalen oder provinzialen Selbstverwaltungsorgane.

7. Liquidierung des Großgrundbesitzes, der großen Güter der Junker, Grafen und Fürsten und Übergabe ihres ganzen Grund und Bodens sowie des lebenden und toten Inventars an die Provinzial- bzw. Landesverwaltungen zur Zuteilung an die durch den Krieg ruinierten und besitzlos gewordenen Bauern. Es ist selbstverständlich, daß diese Maßnahmen in keiner Weise den Grundbesitz und die Wirtschaft der Großbauern berühren werden.

8. Übergabe aller jener Betriebe, die lebenswichtigen öffentlichen Bedürfnissen dienen (Verkehrsbetriebe, Wasser-, Gas- und Elektrizitätswerke usw.) sowie jener Betriebe, die von ihren Besitzern verlassen wurden, in die Hände der Selbstverwaltungsorgane der Gemeinden oder Provinzen bzw. Länder. [. . .]

(Um ein antifaschistisches Deutschland. Berlin 1968)

Nr. 17

Aufruf der Sozialdemokratischen Partei Deutschlands der sowjetischen Besatzungszone Deutschlands (SBZ)

Arbeiter, Bauern und Bürger!
Männer und Frauen!
Deutsche Jugend! [. . .]
Wir sind bereit und entschlossen, hierbei mit allen gleichgesinnten Menschen und Parteien zusammen zu arbeiten. Wir begrüßen daher auf das wärmste den Aufruf des Zentralkomitees der Kommunistischen Partei Deutschlands vom 11. Juni 1945, der zutreffend davon ausgeht, daß der Weg für den Neubau Deutschlands von den gegenwärtigen Entwicklungsbedingungen Deutschlands abhängig ist, und daß die entscheidenden Interessen des deutschen Volkes in der gegenwärtigen Lage die Aufrichtung eines antifaschistischen demokratischen Regimes und einer parlamentarisch-demokratischen Republik mit allen demokratischen Rechten und Freiheiten für das Volk erfordern. . . .

6. Neuregelung des Sozialrechts. Freiheitliche und demokratische Gestaltung des Arbeitsrechts. Einbau der Betriebsräte in die Wirtschaft. Mitwirkung der Gewerkschaften und Verbrauchergenossenschaften bei den Organisationen der Wirtschaft. Ausbau der Sozialversicherung für Kranke, Wöchnerinnen und Mütter, Invalide und Unfallverletzte, Witwen, Waisen, Kriegsversehrte und Arbeitslose. Einbeziehung aller arbeitenden Menschen in die Sozialversicherung.

7. Förderung der Wohnungsfürsorge und des Siedlungswesens. Kommunale Wohnungsauf-

sicht. Anpassung der Mieten und Hypotheken an die durch die Kriegsfolge entstandene Wirtschaftslage. Aufteilung des Großgrundbesitzes zur Beschaffung von Grund und Boden für umsiedlungsbereite Großstädter. [...]

8. Verstaatlichung der Banken, Versicherungsunternehmungen und der Bodenschätze. Verstaatlichung der Bergwerke und der Energiewirtschaft. Erfassung des Großgrundbesitzes und der lebensfähigen Großindustrie und aller Kriegsgewinne für die Zwecke des Wiederaufbaus. Beseitigung des arbeitslosen Einkommens aus Grund und Boden und Mietshäusern. Scharfe Begrenzung der Verzinsung aus mobilem Kapital. Verpflichtung der Unternehmer zur treuhänderischen Leitung der ihnen von der deutschen Volkswirtschaft anvertrauten Betriebe. [...]

Wir wollen vor allem den Kampf um die Neugestaltung auf dem Boden der organisatorischen Einheit der deutschen Arbeiterklasse führen. Wir sehen darin eine moralische Wiedergutmachung politischer Fehler der Vergangenheit, um der jungen Generation eine einheitliche politische Kampforganisation in die Hand zu geben. Die Fahne der Einheit muß als leuchtendes Symbol in der politischen Aktion des werktätigen Volkes vorangetragen werden! Wir bieten unsere Bruderhand allen, deren Losung ist: Kampf gegen den Faschismus, für die Freiheit des Volkes, für Demokratie, für Sozialismus! [...]

(Zitiert nach: Dokumente und Materialien zur Geschichte der deutschen Arbeiterbewegung, Reihe III, Bd. 1, Berlin 1959, S. 28 ff.)

Nr. 18

Aufruf der Christlich-Demokratischen Union Deutschlands der SBZ

Deutsches Volk!

In der schwersten Katastrophe, die je über ein Land gekommen ist, ruft die Partei Christlich-demokratische Union Deutschlands aus heißer Liebe zum deutschen Volk die christlichen, demokratischen und sozialen Kräfte zur Sammlung, zur Mitarbeit und zum Aufbau einer neuen Heimat. Aus dem Chaos von Schuld und Schande, in das uns die Vergottung eines verbrecherischen Abenteurers gestürzt hat, kann eine Ordnung in demokratischer Freiheit nur erstehen, wenn wir uns auf die kulturgestaltenden sittlichen und geistigen Kräfte des Christentums besinnen und diese Kraftquelle unserem Volke immer mehr erschließen. [...]

Das unermeßliche Elend in unserem Volke zwingt uns, den Aufbau unseres Wirtschaftslebens, die Sicherung von Arbeit und Nahrung, Kleidung und Wohnung, ohne jede Rücksicht auf persönliche Interessen und wirtschaftliche Theorien in straffer Planung durchzuführen. Das Notprogramm für Brot, Obdach und Arbeit geht allem voran. Dabei ist es unerläßlich, schon um für alle Zeiten die Staatsgewalt vor illegitimen Einflüssen wirtschaftlicher Machtzusammenballungen zu sichern, daß die Bodenschätze in Staatsbesitz übergehen. Der Bergbau und andere monopolartige Schlüsselunternehmungen unseres Wirtschaftslebens müssen klar der Staatsgewalt unterworfen werden.

Wir bejahen das Privateigentum, das die Entfaltung der Persönlichkeit sichert, aber an die Verantwortung für die Allgemeinheit gebunden bleibt.

Industrie, Handel und Gewerbe sind zu entscheidender Mitarbeit am Wiederaufbau berufen und deshalb planmäßig zu fördern. Wir fordern vollen Schutz und Ausbaumöglichkeit für das selbständige Handwerk, das nach Zerstörung vieler industrieller Unternehmungen vor einer neuen, großen Aufgabe steht.

Eine umfassende ländliche und gärtnerische Siedlung muß unter weitgehender Heranziehung des Großgrundbesitzes einer möglichst großen Zahl von Deutschen den Zugang zu eigener Scholle und zu selbständiger Arbeit eröffnen. Die wirtschaftliche Sicherung eines freischaffenden Bauerntums und die Ansiedlung der Landarbeiter sind ein unerläßlicher Bestandteil jeder dauerhaften Aufbaupolitik und verlangen den stärksten Ausbau des ländlichen Genossenschaftswesens.

Den christlichen und demokratischen Lebensgesetzen in Staat und Gesellschaft entspricht der freie Zusammenschluß aller Schaffenden. Wir begrüßen daher die einheitliche Gewerkschaftsbewegung der Arbeiter und Angestellten zur Wahrung ihrer wirtschaftlichen und sozialen Rechte. Wir erkennen die Kraft an, die von der Arbeiterschaft in das Volksganze einströmt. [...]

(Dokumente der CDU, Bd. 1, Berlin 1956, S. 19 ff.)

Nr. 19

Aufruf aer Liberaldemokratischen Partei Deutschlands

[. . .]

4. Neugestaltung des deutschen Gemeinschaftslebens auf wahrhaft demokratischer Grundlage mit dem Ziele politischer, wirtschaftlicher, sozialer und kultureller Gerechtigkeit.

5. Wiedergewinnung der Freiheit nach innen und außen unter Ablehnung jeder nationalistischen Überheblichkeit. „Niemand ist lediglich ein Bürger des Gemeinwesens, dem er angehört. Das Menschliche erhebt sich aus dem Nationalen und über dasselbe.“

6. Aufrichtige Mitarbeit an der Festigung des friedlichen Zusammenlebens der Völker und Einreihung Deutschlands in die Familie der Nationen.

Beseitigung des Militarismus und Förderung aller Bestrebungen, den Krieg mit seinem Elend und Jammer aus dem Gemeinschaftsleben der Völker zu verbannen, damit das bestimmende ethische Gesetz für sie nicht das Recht der Macht, sondern die Macht des Rechts werde.

7. Schaffung wahrer sozialer Gesinnung.

8. Schutz und Förderung jeder schaffenden Arbeit in Handwerk und Kunst, in Handel, Industrie und Landwirtschaft, in Büro und Werkstatt. Ungehinderter Zusammenschluß zu berufsständischer und gewerkschaftlicher Vertretung.

Die Erhaltung einer einheitlichen deutschen Volkswirtschaft, des Privateigentums und der freien Wirtschaft ist die Voraussetzung für die Initiative und erfolgreiche wirtschaftliche Betätigung. Die Unterstellung von Unternehmungen unter die öffentliche Kontrolle ist nur gerechtfertigt, wenn die betreffenden Betriebe hierfür geeignet und reif sind und wenn ein überwiegendes Interesse des Gesamtwohles dies gebietet. Dies gilt auch für landwirtschaftliche Betriebe einer übertriebenen Größenordnung.

[. . .]

(Berliner Zeitung vom 18. Juli 1945)

Nr. 20

Die Bildung des antifaschistischen Blocks in der sowjetischen Besatzungszone

Am 14. Juli 1945 traten die Vertreter der antifaschistisch-demokratischen Parteien zu einer ersten gemeinsamen Besprechung zusammen.

[. . .]

In einer vom Willen aufrichtiger Zusammenarbeit getragenen Aussprache wurde festgestellt:

[. . .]

Nur durch einen grundlegenden Umschwung im Leben und im Denken unseres ganzen Volkes, nur durch Schaffung einer antifaschistisch-demokratischen Ordnung ist es möglich, die Nation zu retten.

Die Vertreter der vier Parteien beschließen, unter gegenseitiger Anerkennung ihrer Selbständigkeit, die Bildung einer festen Einheitsfront der antifaschistisch-demokratischen Parteien, um mit vereinter Kraft die großen Aufgaben zu lösen. Damit ist ein neues Blatt in der Geschichte Deutschlands aufgeschlagen.

Es wurde ein gemeinsamer Ausschuß gebildet, in den die vier Parteien je fünf Vertreter entsenden. Dieser Ausschuß wird unter wechselndem Vorsitz mindestens zweimal monatlich tagen. Ein Verbindungsbüro wird die gemeinsamen Besprechungen organisieren und für den Austausch des Materials sorgen. [. . .]

Ehrliche Bereitschaft zur Durchführung der Maßnahmen der Besatzungsbehörden und Anerkennung unserer Pflicht zur Wiedergutmachung.

Die Parteien vereinbaren, ein gemeinsames Aktionsprogramm auszuarbeiten.

Den Organisationen der antifaschistisch-demokratischen Parteien in allen Landesteilen, Bezirken, Kreisen und Orten wird empfohlen, sich in gleicher Weise, wie es zentral geschehen ist, zu gemeinsamer Aufbauarbeit zusammenzuschließen.

Berlin, den 14. Juli 1945

(Um ein antifaschistisches Deutschland, Berlin 1968)

Nr. 21

Beschluß über die Konstituierung der Sozialistischen Einheitspartei Deutschlands vom 19./20. April 1946

Am 19. und 20. April 1946 haben der 40. Parteitag der Sozialdemokratischen Partei Deutschlands und der 15. Parteitag der Kommunistischen Partei Deutschlands übereinstimmend die Vereinigung beider Arbeiterparteien beschlossen.

Beide Parteien treten daher am 21./22. April 1946 zu ihrem Vereinigungsparteitag in Berlin zusammen und beschließen:

Die Sozialdemokratische Partei Deutschlands und die Kommunistische Partei Deutschlands konstituieren sich als Sozialistische Einheitspartei Deutschlands.[. . .]

Die Arbeiterklasse wird alle demokratischen und fortschrittlichen Kreise des Volkes einen. Sie ist die konsequenteste demokratische Kraft und der entschiedenste Kämpfer gegen den Imperialismus. Sie ist die Kraft, die unser nationales Unglück überwinden wird.

Die Arbeiterklasse allein hat ein großes geschichtliches Ziel: den Sozialismus.

Ihr gehört daher im Bunde mit den Werktätigen die Zukunft.

Die bitteren Erfahrungen der Vergangenheit lehren, daß die Arbeiterklasse nur dann die Führung im Aufbau der neuen, freien, unteilbaren deutschen Republik haben wird und zur Umgestaltung der gesamten politischen, wirtschaftlichen, kulturellen und geistigen Beziehungen, zum Aufbau des Sozialismus nur schreiten kann, wenn sie die Spaltung in ihren eigenen Reihen überwindet, die Sozialistische Einheitspartei schafft und das ganze werktätige Volk um sich sammelt.

Die Vereinigung der Sozialdemokratischen Partei Deutschlands und der Kommunistischen Partei Deutschlands ist daher das unaufschiebbare Gebot der Stunde!

Von diesen Erwägungen ausgehend wird die Sozialistische Einheitspartei Deutschlands auf dem Boden folgender Grundsätze und Ziele gebildet:

I. Gegenwartsforderungen

1. Bestrafung aller Kriegsschuldigen und Kriegsverbrecher. Beseitigung der Überreste des Hitlerregimes in Gesetzgebung und Verwaltung. Völlige Säuberung des gesamten öffentlichen Lebens, aller Ämter und Wirtschaftsleitungen von Faschisten und Reaktionären.

2. Beseitigung der kapitalistischen Monopole, Übergabe der Unternehmungen der Kriegsschuldigen, Faschisten und Kriegsinteressenten in die Hände der Selbstverwaltungsorgane.

3. Vernichtung des reaktionären Militarismus, Entmachtung der Großgrundbesitzer und Durchführung der demokratischen Bodenreform.

4. Ausbau der Selbstverwaltung auf der Grundlage demokratisch durchgeführter Wahlen. Leitung aller öffentlichen Einrichtungen und der Wirtschaft durch ehrliche Demokraten und bewährte Antifaschisten. Systematische Ausbildung befähigter Werktätiger als Beamte der Selbstverwaltungsorgane, als Lehrer, Volksrichter und Betriebsleiter unter besonderer Förderung der Frauen.

5. Überführung aller öffentlichen Betriebe, der Bodenschätze und Bergwerke, der Banken, Sparkassen und Versicherungsunternehmungen in die Hände der Gemeinden, Provinzen und Länder oder der gesamtdeutschen Regierung. Zusammenfassung der wirtschaftlichen Unternehmungen in Wirtschaftskammern unter gleichberechtigter Mitwirkung der Gewerkschaften und Genossenschaften. Stärkste Förderung des Genossenschaftswesens. Begrenzung der Unternehmergewinne und Schutz der Werktätigen vor kapitalistischer Ausbeutung.

6. Aufbau der Wirtschaft und Sicherung der Währung auf Grund von Wirtschaftsplänen. [. . .]

12. Herstellung der Einheit Deutschlands als antifaschistische, parlamentarisch-demokratische Republik, Bildung einer Zentralregierung durch die antifaschistisch-demokratischen Parteien.

13. Anerkennung der Pflicht zur Wiedergutmachung der durch das Hitlerregime den andern Völkern zugefügten Schäden. Sicherung eines durchschnittlichen europäischen Lebensstandards für das deutsche Volk im Sinne der Potsdamer Konferenz der drei Großmächte.

14. Schärfster Kampf gegen Rassenhetze und jedwede Hetze gegen andere Völker. Friedliches und gutnachbarliches Zusammenleben mit den anderen Nationen.

II. Der Kampf um den Sozialismus

Mit der Verwirklichung der Gegenwartsforderungen ist jedoch das System der kapitalistischen Ausbeutung und Unterdrückung nicht beseitigt und die Anarchie der kapitalistischen Produktionsweise nicht aufgehoben, der Frieden nicht endgültig gesichert.

Das Ziel der Sozialistischen Einheitspartei Deutschlands: die Befreiung von jeder Ausbeutung und Unterdrückung, von Wirtschaftskrisen, Armut, Arbeitslosigkeit und imperialistischer Kriegsdrohung. Dieses Ziel, die Lösung der nationalen und sozialen Lebensfragen unseres Volkes, kann nur durch den Sozialismus erreicht werden.

Die Sozialistische Einheitspartei Deutschlands kämpft für die Verwandlung des kapitalistischen Eigentums an den Produktionsmitteln in gesellschaftliches Eigentum, für die Verwandlung der kapitalistischen Warenproduktion in eine sozialistische, für und durch die Gesellschaft betriebene Produktion. In der bürgerlichen Gesellschaft ist die Arbeiterklasse die ausgebeutete und unterdrückte Klasse. Sie kann sich von Ausbeutung und Unterdrückung nur befreien, indem sie zugleich die ganze Gesellschaft für immer von Ausbeutung und Unterdrückung befreit und die sozialistische Gesellschaft errichtet. Der Sozialismus sichert allen Nationen, allen Menschen die freie Ausübung ihrer Rechte und die Entfaltung ihrer Fähigkeiten. Erst mit dem Sozialismus tritt die Menschheit in das Reich der Freiheit und des allgemeinen Wohlergehens ein. —

Die grundlegende Voraussetzung zur Errichtung der sozialistischen Gesellschaftsordnung ist die Eroberung der politischen Macht durch die Arbeiterklasse. Dabei verbündet sie sich mit den übrigen Werktätigen.

Die Sozialistische Einheitspartei Deutschlands kämpft für diesen neuen Staat auf dem Boden der demokratischen Republik.

Die gegenwärtige besondere Lage in Deutschland, die mit der Zerbrechung des reaktionären staatlichen Gewaltapparates und dem Aufbau eines demokratischen Staates auf neuer wirtschaftlicher Grundlage entstanden ist, schließt die Möglichkeit ein, die reaktionären Kräfte daran zu hindern, mit den Mitteln der Gewalt und des Bürgerkrieges der endgültigen Befreiung der Arbeiterklasse in den Weg zu treten. Die Sozialistische Einheitspartei Deutschlands erstrebt den demokratischen Weg zum Sozialismus, sie wird aber zu revolutionären Mitteln greifen, wenn die kapitalistische Klasse den Boden der Demokratie verläßt.

(Dokumente der SED, Bd. I, Berlin 1951, S. 9 f.)

Nr. 22

W. Leonhard (ehem. Mitarbeiter W. Ulbrichts) zur Gründung der SED

Am nächsten Morgen, am 21. April 1946, vormittags 10 Uhr, begann im Admirals-Palast zu Berlin der Vereinigungsparteitag. Mehr als tausend Delegierte und Hunderte von Gästen strömten in das Gebäude — der erste gemeinsame Parteitag der Kommunisten und Sozialdemokraten! [. . .] Den größten Beifall des gesamten Parteitages erntete Grotewohl mit seiner Erklärung:

„Ich glaube nicht, daß es vermessen ist, und ich glaube auch nicht, daß die sowjetischen Besatzungsbehörden es mir etwa übelnehmen werden, wenn ich an dieser Stelle erkläre, daß die heute geschaffene Sozialistische Einheitspartei mindestens in der sowjetischen Besatzungszone durch ihre riesengroße politische Stärke eine so große Sicherheit für unseren Bestand in der sowjetischen Zone darstellt, daß wir auf die Bajonette der Russen nicht mehr angewiesen sind."

Der tosende, minutenlange Beifall und die begeisterten Zurufe waren ein Ausdruck der Hoffnung, daß mit der Gründung der SED die deutschen Sozialisten bald Herren im eigenen Haus sein würden, um dann auf Grund eigener Tradition einen selbständigen Weg zum Sozialismus zu beschreiten.

Grotewohl betonte besonders die Notwendigkeit der persönlichen Freiheit in der neuen Partei. Die Partei, so sagte er, habe die Aufgabe, „die freie Persönlichkeit zu entwickeln und zu entfalten [. . .] In keiner deutschen Partei lebt wohl die Achtung vor den Lebensrechten der Menschen heißer und stärker als in der Sozialistischen Einheitspartei".

Dann kam der Höhepunkt: Die Abstimmung über das Programm, das Statut und über den Beschluß zur Schaffung der SED. [. . .]

Die SED war gegründet.

Abends kamen alle Delegierten und viele Funktionäre zu einem „frohen Ausklang" im Friedrichstadt-Palast zusammen. Bis auf den letzten Platz war das dreitausend Menschen fassende Gebäude besetzt, und vor den Eingängen standen noch Hunderte von Genossen. Hoffnungsvoll war dieser für uns ereignisreiche Tag zu Ende gegangen. Alles schien für die Verwirklichung unserer Wünsche zu sprechen: die paritätische Besetzung der Leitungen, die mahnenden Worte über Kameradschaft und Vertrauen, die Pieck an die Kommunisten gerichtet hatte, die Beteuerungen Grotewohls über die Freiheit der Persönlichkeit in der neuen Partei, die erste Abstimmung, die einen Bruch mit der üblichen Einstimmigkeit gebracht hatte und von niemandem übel vermerkt worden war; die These vom besonderen deutschen Weg zum Sozialismus, die nun im Programm der SED ihren Niederschlag

gefunden hatte; die Andeutungen Grotewohls über das vielleicht nahe Ende der sowjetischen Besatzung [. . .]
An diesem Abend konnte ich nicht ahnen, daß von den Teilnehmern des Vereinigungsparteitages innerhalb weniger Jahre fast die Häfte aus ihren Funktionen verdrängt, abgesetzt, verleumdet oder einer Säuberung zum Opfer gefallen sein würde. Auch die aktivsten Mitbegründer der SED blieben von diesem Schicksal nicht verschont. [. . .]

(Aus: W. Leonhard, Die Revolution entläßt ihre Kinder, Verlag Kiepenheuer & Witsch, Köln - Berlin 1955, S. 436—441)

(Nr. 23)

Der Händedruck zwischen dem ehemaligen KPD-Funktionär Wilhelm Pieck und dem ehemaligen SPD-Funktionär Otto Grotewohl sollte die Verschmelzung der beiden Parteien und damit die „Einheit der Arbeiterbewegung Deutschlands“ symbolisieren. Im Hintergrund August Bebel und Wilhelm Liebknecht, SPD-Politiker der kaiserlichen Zeit.

Nr. 24

Aus den Ausführungen des in den Westzonen führenden Sozialdemokraten Kurt Schumacher bei einer Zusammenkunft mit Grotewohl, Gniffke und Fechner am 21.2.1946:

Aus der Erfahrung der jüngsten deutschen Geschichte und aus dem ursprünglichen Willen der Massen heraus müßte die Einheitspartei der Arbeitenden aller Berufe und Schichten formiert werden. Daß sich dieses Ziel bisher nicht hat verwirklichen lassen und auch in der heutigen geschichtlichen Situation nicht realisierbar ist, liegt nicht an dem Willen und an den Führern der Partei, sondern an den objektiven, durch keinerlei Anstrengungen aus der Welt zu schaffenden Schwierigkeiten.
Eine Einigung beider Parteien ist bisher noch nirgends in der Welt erfolgt, obwohl in anderen Ländern die traditionellen und dogmatischen Spannungen nicht so stark sind wie in Deutschland. Wäre die Einigung möglich, dann wäre sie uns schon anderswo vorgemacht worden. Die Schwierigkeit liegt nicht darin, daß revolutionäre Prinzipientreue und Intransigenz oder ein größerer Grad von Revolutionarismus der Kommunisten die unübersteigbare Barriere bilden. Die wird vielmehr durch die außenpolitischen Machtverhältnisse und Bindungen errichtet. Die Kommunistische Partei ist unlösbar an eine einzige der Siegermächte, und zwar an Rußland als nationalen und imperialistischen Staat und an seine außenpolitischen Ziele gebunden [. . .]
Die politische Lage in der Ostzone ist dauernden Veränderungen unterworfen. Nach einer relativ großen Freiheit beim Aufbau der politischen Organisation hat jetzt die Periode eines sonst in Deutschland nicht gekannten Zwanges bei der Eroberung der Partei für die Zwecke der Besatzungsmacht eingesetzt. [. . .] Die Kommunistische Partei ist und bleibt eine Partei der Kader, d. h. eine Partei, die eine rücksichtslose Meinungsdiktatur von oben herab verhängt und keine Abweichung von der befohlenen Linie duldet. Es steht außer Frage, daß die Kommunistische Partei den Schritt der Vereinigung als eine Tat der Eroberung ansieht. [. . .]
Ich halte die Führung der KP zudem nicht für vertragstreu und bin der Ansicht, daß alle Zusicherungen, die in den vereinbarten „Grundsätzen und Zielen“ enthalten sind, nur auf die Erreichung des Vereinigungszieles abgestellt sind. — Der Sozialdemokratismus einer solchen Partei würde sich nicht in seinem Inhalt und in seiner Politik ausdrücken, sondern Aushängeschild für die Realitäten einer fremden Machtpolitik sein. — Meines Erachtens ist trotz der zahlen- und ideenmäßigen Überlegenheit der SPD das Gesetz des Handelns an die KPD bzw. an die hinter ihr stehende Macht übergegangen [. . .] Wenn der Zentralausschuß noch weiterhin Schwierigkeiten machen würde, könnte er damit dennoch nicht die Tatsache aus der Welt schaffen, daß die Tage des „Zeitgewinnens“ längst vorüber sind. [. . .] Wir werden euren Weg verfolgen, wir werden den Weg eines jeden einzelnen von euch verfolgen. Ich hoffe, daß er uns nicht allzuweit auseinanderführt.

(Aus: Erich W. Gniffke, Jahre mit Ulbricht, Verlag für Wissenschaft und Politik, Köln 1966, S. 153)

Nr. 25

Aus einer Rede des Mitglieds des Politbüros der SED, Hermann Matern, auf der VII. Gesamtdeutschen Arbeiterkonferenz in Leipzig:

Die Staatsmacht in den Händen zu haben, das ist eine große Sache [. . .] Wir denken nie daran, die Arbeiter- und Bauernmacht wieder aufzugeben. Bei uns lassen wir nicht zu, daß jemand bei den Wahlen kandidiert, der den Kapitalismus wieder aufbauen will. Es geht doch um eine Macht, und die Macht ist keine Kleinigkeit, versteht ihr? Ich kenne keinen Fall in der Geschichte der Arbeiterbewegung, wo die Arbeiterklasse durch die Stimmzettel die Macht erobert hat. Diese Möglichkeit kann und wird im Laufe der Geschichte eintreten, je stärker das sozialistische Lager wird.
Aber anders ist doch die Lage jetzt angesichts der Herrschaft und der ökonomischen und politischen Macht des Monopolkapitals und der Reaktion in Westdeutschland. Da wären wir doch rückständige Menschen, wenn wir zulassen würden, die Macht mit dem Stimmzettel zu verlieren. Was wären wir dann für Politiker und für Arbeiterfunktionäre. Nein, das dürft ihr von uns nicht erwarten. Ihr könnt alles erwarten, aber daß wir sagen, bitte schön, wir treten ab und der Kapitalismus kann die Macht wieder übernehmen — das kommt nicht in Frage. Und wenn wir einmal die Macht gemeinsam erobert haben, sollten wir dann vielleicht erlauben, daß uns die Bourgeoisie und ihre Parteien mit dem Stimmzettel die Macht wieder wegnehmen könnten? Dann wären wir doch Trottel, dann müßten uns die Arbeiter zum Teufel jagen! . . .
Und es gibt bei uns auch keine Partei, die den Standpunkt vertritt, bei uns den Kapitalismus wiederherzustellen. Deshalb gibt es also auch keine Opposition nach bürgerlichen Vorstellungen. Das ist unsere sozialistische Demokratie, und darüber muß man sich klar sein. Wir betrachten alles unter dem Gesichtswinkel: Wie machen wir unsere Volksmacht stärker, um die Macht in Westdeutschland gemeinsam zu erringen.

(Neues Deutschland vom 18. März 1958)

Nr. 26

Die Bodenreform in der sowjetischen Besatzungszone

(Sächsische Verordnung über die landwirtschaftliche Bodenreform vom 10. September 1945)

Entsprechend den Forderungen der werktätigen Bauern nach einer gerechten Bodenverteilung und Liquidierung des feudalen und junkerlichen Grundbesitzes sowie zum Zwecke der Landzuteilung an landlose und landarme Bauern und Landarbeiter, darunter auch an diejenigen deutschen Bauern, die aus anderen Staaten umsiedelten, hat die Landesverwaltung des Bundeslandes Sachsen folgende Verordnung beschlossen:

Artikel 1

1. Die demokratische Bodenreform ist eine unaufschiebbare nationale, wirtschaftliche und soziale Notwendigkeit. Die Bodenreform muß die Liquidierung des feudal-junkerlichen Großgrundbesitzes gewährleisten und der Herrschaft der Großgrundbesitzer im Dorfe ein Ende bereiten, weil diese Herrschaft immer eine Bastion der Reaktion und des Faschismus in unserem Lande darstellte und eine der Hauptquellen der Aggression und der Eroberungskriege gegen andere Völker war. Durch die Bodenreform soll der jahrhundertealte Traum der landlosen und landarmen Bauern und Landarbeiter von der Übergabe des Großgrundbesitzes in ihre Hände erfüllt werden. Somit ist die Bodenreform die wichtigste Voraussetzung der demokratischen Umgestaltung und des wirtschaftlichen Aufstiegs unseres Landes.
Der Grundbesitz soll sich in unserer deutschen Heimat auf feste, gesunde und produktive Bauernwirtschaften stützen, die Privateigentum ihres Besitzers sind.

2. Das Ziel der Bodenreform ist:

a) das Ackerland der bereits bestehenden Bauernhöfe unter 5 ha zu vergrößern,
b) neue, selbständige Bauernwirtschaften für landlose Bauern, Landarbeiter und kleine Pächter zu schaffen,
c) an Umsiedler und Flüchtlinge, die durch die räuberische, hitlerische Kriegspolitik ihr Hab und Gut verloren haben, Land zu vergeben,
d) zur Versorgung der Arbeiter, Angestellten und Handwerker mit Fleisch- und Milchprodukten in der Nähe der Städte Wirtschaften zu schaffen, die der Stadtverwaltung unterstehen, sowie den Arbeitern und Angestellten zum Zwecke des Gemüseanbaues kleine Grundstücke (Parzellen) zur Verfügung zu stellen,

e) die bestehenden Wirtschaften, die Forschungs- und Versuchszwecken bei den landwirtschaftlichen Lehranstalten sowie anderen staatlichen Erfordernissen dienen, zu erhalten und neue zu organisieren.

Artikel 2

1. Zur Durchführung dieser Maßnahmen wird ein Bodenfonds aus dem Grundbesitz gebildet, der unter den Ziffern 2, 3 und 4 dieses Artikels angeführt ist.

2. Folgender Grundbesitz wird mit allen darauf befindlichen Gebäuden, lebendem und totem Inventar, Nebenbetrieben und dem sonstigen Vermögen, unabhängig von der Größe der Wirtschaft, entschädigungslos enteignet:

a) der Grundbesitz der Kriegsverbrecher und Kriegsschuldigen mit allem darauf befindlichen landwirtschaftlichen Vermögen,

b) der Grundbesitz mit allem darauf befindlichen landwirtschaftlichen Vermögen, der den Naziführern und den aktiven Verfechtern der Nazipartei und ihrer Gliederungen sowie den führenden Personen des Hitler-Staates gehörte, darunter allen Personen, die in der Periode der Naziherrschaft Mitglieder der Reichsregierung, der Landesregierungen und des Nazi-Reichstages waren.

3. Gleichfalls wird der gesamte feudal-junkerliche Boden und der Großgrundbesitz mit über 100 ha mit allen Bauten, lebendem und totem Inventar, allen Nebenbetrieben und sämtlichen landwirtschaftlichen Vermögen entschädigungslos enteignet.

(Nr. 27)
Bauern und Landarbeitern wurde kraft solch einer Urkunde im Rahmen der Bodenreform Land zugesprochen.

...R GRUNDBESITZ SOLL SICH IN UNSERER ...TSCHEN HEIMAT AUF FESTE, GESUNDE ... PRODUKTIVE BAUERNWIRTSCHAFTEN ...TZEN, DIE PRIVATEIGENTUM IHRES B...SITZERS SIND."

URKUNDE

Auf Grund der Verordnung der Provinzialverwaltung Brandenburg über die Bodenreform vom 6. Sept. 1945 wird
dem Bauern Wilhelm Schwallow, jun.
wohnhaft in der Gemeinde Börnicke Kreis Osthavelland
ein Grundstück
im Umfang von 11,58 ha. einschließlich Wald
rechtskräftig
zum persönlichen, vererbbaren Eigentum übergeben
Das dem Bauern Schwallow
übergebene Grundstück liegt in der Gemeinde Börnicke
und hat laut dem von der Bodenkommission aufgestellten Verteilungsplan die Nummer
Der Bauer Schwallow erhält das Grundstück
schuldenfrei
Diese Urkunde berechtigt zur Eintragung des Grundstücks in das Grundbuch.

Nauen, den 14. Sept. 1951 Kreis Osthavelland

Der Ministerpräsident Der Rat des Kreises

4. Der dem Staat gehörende landwirtschaftliche Grundbesitz wird ebenfalls in den Bodenfonds der Bodenreform einbezogen, soweit er nicht für Zwecke verwendet wird, die unter der Ziffer 5 dieses Artikels angeführt werden.

(Amtl. Nachrichten der Landesverwaltung Sachsen, Nr. 5, 24.9.1945)

Nr. 28

Der Historiker Ernst Deuerlein zum Enteignungsbefehl Nr. 124 der SMAD

Der am 30. Oktober 1945 verkündete Befehl Nr. 124 der Sowjetischen Militäradministration sprach die entschädigungslose Enteignung des Besitzes des Reiches und des Staates Preußen, der NSDAP, der großen und wichtigen Industrie-, Bergbau- und Handelsfirmen aus. Fast die Hälfte der Industriekapazität der sowjetischen Besatzungszone ging an die Länder bzw. Kreise und Städte über. Die Firmen wurden als „Volkseigene Betriebe" (VEB) weitergeführt. 25 Prozent des Industriebesitzes gingen zur Verwaltung und Ausbeutung unmittelbar an die Russen über. Die Militäradministration errichtete dafür am 5. Juni 1946 „Sowjetische Aktiengesellschaften" (SAG), die zwischen 1946 und 1953 beherrschenden Einfluß auf die Wirtschaft Mitteldeutschlands hatten. Der Befehl Nr. 124 vom 30. Oktober 1945 nahm im Sinne der marxistisch-leninistischen Wirtschaftsauffassung eine Verstaatlichung fast des ganzen Industriepotentials Mitteldeutschlands vor. Ulbricht rechtfertigte diese Maßnahme mit der Erklärung: „Um den Machenschaften der Konzerne einen Riegel vor-

(Nr. 29)

Dies ist eines von den Plakaten, mit denen die SED für ihre Politik zu werben suchte.

zuschieben und sicherzustellen, daß die Betriebe für die Bedürfnisse der Bevölkerung ausgenutzt werden konnten, wurden sie zunächst beschlagnahmt. Die provisorische Verwaltung des beschlagnahmten Gutes wurde vorerst sowjetischen Besatzungsorganen übertragen, die in den Betrieben deutsche Treuhänder einsetzten. Später wurde den Landes- und Provinzialverwaltungen in der sowjetischen Besatzungszone die Treuhandverwaltung und Nutzung dieser Betriebe übertragen [. . .] Der Kampf der deutschen Werktätigen für den Aufbau eines friedlichen Lebens ohne Konzernherren und Kriegsverbrecher hatte damit eine zuverlässige Grundlage erhalten.“

(Aus: DDR 1945—1970. Geschichte und Bestandsaufnahme, hrsg. v. E. Deuerlein, dtv, München [3]1971, S. 37 f.)

Nr. 30

Der Politikwissenschaftler H. P. Schwarz über Elemente der Deutschlandpolitik der Sowjetunion 1945—1949

Insgesamt gesehen zeigte die Sowjetunion ein deutliches Bestreben, sich jederzeit möglichst alle Alternativen offenzuhalten. Vom Anfang der Zusammenarbeit mit den Westmächten an bis zur Gründung der Zonenrepublik im Jahre 1949 war Moskau bemüht, eine Deutschlandlösung im Einvernehmen mit den Siegermächten mindestens nicht zu verbauen [. . .]
Soviel dürfte deutlich geworden sein: von einer zielbewußten, klaren Deutschlandpolitik der Sowjetunion während der Jahre 1945 bis 1949 kann keine Rede sein. Zu offenkundig sind die Widersprüche, zu deutlich die pragmatische Ausrichtung der Ziele nach den jeweiligen Gegebenheiten [. . .]
Es läßt sich nur vermuten, daß auch auf sowjetischer Seite bezüglich der Deutschlandpolitik verschiedene Schulen miteinander rangen, unbeschadet der Tatsache, daß die letzte Entscheidung wohl bei Stalin lag. Nach allgemeinem Eindruck auf deutscher und alliierter Seite war Botschafter Semjonow der Hauptexponent einer gemäßigten, auf Gewinnung auch der nichtkommunistischen Kräfte ausgerichteten Politik. Als Chef der Politischen Abteilung der SMAD und politischer Berater der sowjetischen Oberkommandierenden übte er während der ganzen Periode einen maßgebenden Einfluß aus. Er scheint stets an der Möglichkeit, ganz Deutschland zu bolschewisieren, gezweifelt zu haben und versprach sich wohl auch wenig von der Errichtung eines russischen Satellitenstaates in der Ostzone. Semjonow, der aus dem auswärtigen Dienst hervorgegangen ist, soll — so wurde vermutet — in erster Linie ein Vertrauensmann Berias gewesen sein, der seinerseits wiederum als Exponent einer Außenpolitik vorsichtiger Zurückhaltung galt.
Als Hauptgegner der Politbüro-Gruppe um Beria und Malenkow wurde Shdanow betrachtet. In ihm sieht man allgemein den Hauptvertreter eines höchst aggressiven Kurses sowohl in Europa wie in Deutschland. Sicher war es kein Zufall, daß ihm im September 1947 die Aufgabe übertragen wurde, mit seiner Rede zur Gründung der Kominform die sowjetische Spielart der „Policy of Ambivalence“ endgültig zu liquidieren. In Deutschland war anscheinend Oberst Tulpanow, Chef des Referats Agitation und Propaganda bei der SMAD, der wichtigste Verfechter seiner Linie. Naturgemäß fand die harte Linie auf seiten der SED, die ihren Hauptvertreter von Anfang an in Walter Ulbricht besaß, beim Sekretär der KPdSU die nachhaltigste Unterstützung [. . .]
Versucht man so, die Widersprüche sowjetischer Deutschlandpolitik als Gegensätze im Politbüro und in den Stäben der SMAD zu begreifen, so lassen sie sich freilich wiederum auf sachliche Gegensätze reduzieren. Was sollte die Priorität erhalten? Demontagen und Reparationen, also der Wiederaufbau Rußlands, oder das langfristige Ziel einer Gewinnung der Deutschen? Was bot mehr Aussicht auf Sicherheit und Stärkung der Sowjetmacht: die „Karthago-Politik“ mit Hilfe der Westmächte, zu denen dann freilich langfristig ein halbwegs erträgliches Verhältnis gesucht werden mußte, der Versuch einer Sowjetisierung des Reiches bei sicherem Konflikt mit den Kriegsalliierten, oder eine Wiederaufnahme der Rapallo-Politik? Was war wichtiger — dauerhaft gute Beziehungen mit Frankreich, mit Polen oder mit Deutschland? [. . .]
Wie fast alles, was über die sowjetische Außenpolitik der Periode gesagt werden kann, muß diese Deutung der Vorgänge hypothetisch bleiben [. . .]
In jedem Fall muß eine Interpretation der Vorgänge, die auf die widersprüchliche Unentschiedenheit der sowjetischen Deutschlandpolitik abhebt, die Rückwirkungen von Zügen der Gegen-

spieler auf die Politik des Kreml hoch veranschlagen, sehr viel höher, als dies jene ungleich simplere Annahme tut, derzufolge Stalin seit 1943 konsequent darauf aus war, Deutschland um jeden Preis und so schnell wie möglich kommunistisch zu machen.

(Aus: Hans-Peter Schwarz, Vom Reich zur Bundesrepublik. Politica. Abhandlungen und Texte zur politischen Wissenschaft, Bd. 38. Verlag Luchterhand, Neuwied und Berlin 1966. S. 261, 266 f., 269)

Nr. 31

Direktive an den Oberkommandierenden der Okkupationstruppen der Vereinigten Staaten hinsichtlich der Militärregierung für Deutschland (Direktive JCS 1067) vom April 1945, veröffentlicht am 17. Oktober 1945

1. Zweck und Umfang dieser Direktive [. . .]

Teil I Allgemeine und politische Angelegenheiten

2. Die Grundlage der Militärregierung [. . .]

3. Der Kontrollrat und die Besatzungszonen [. . .]

4. Grundlegende Ziele der Militärregierung in Deutschland

a) Es muß den Deutschen klargemacht werden, daß Deutschlands rücksichtslose Kriegsführung und der fanatische Widerstand der Nazis die deutsche Wirtschaft zerstört und Chaos und Leiden unvermeidlich gemacht haben, und daß sie nicht der Verantwortung für das entgehen können, was sie selbst auf sich geladen haben.

b) Deutschland wird nicht besetzt zum Zwecke seiner Befreiung, sondern als ein besiegter Feindstaat. Ihr Ziel ist nicht die Unterdrückung, sondern die Besetzung Deutschlands, um gewisse wichtige alliierte Absichten zu verwirklichen. Bei der Durchführung der Besetzung und Verwaltung müssen Sie gerecht, aber fest und unnahbar sein. Die Verbrüderung mit deutschen Beamten und der Bevölkerung werden Sie streng unterbinden.

c) Das Hauptziel der Alliierten ist es, Deutschland daran zu hindern, je wieder eine Bedrohung des Weltfriedens zu werden. Wichtige Schritte zur Erreichung dieses Zieles sind die Ausschaltung des Nazismus und des Militarismus in jeder Form, die sofortige Verhaftung der Kriegsverbrecher zum Zwecke der Bestrafung, die industrielle Abrüstung und Entmilitarisierung Deutschlands mit langfristiger Kontrolle des deutschen Kriegspotentials und die Vorbereitungen zu einem späteren Wiederaufbau des deutschen politischen Lebens auf demokratischer Grundlage.

d) Andere alliierte Ziele sind die Durchführung des Reparations- und Rückerstattungsprogramms, Nothilfe für die durch den Naziangriff verwüsteten Länder und die Betreuung und Rückführung der Kriegsgefangenen und Verschleppten der Mitgliedstaaten der Vereinten Nationen.

5. Wirtschaftskontrollen

a) Als Mitglied des Kontrollrats und als Zonenbefehlshaber werden Sie sich von dem Grundsatz leiten lassen, daß der deutschen Wirtschaft in dem Maße Kontrollen auferlegt werden können, als erforderlich ist, um die in der vorstehenden Ziffer 4 aufgezählten Ziele zu erreichen und außerdem soweit sie zum Schutz der Sicherheit und zur Befriedigung des Bedarfs der Besatzungsstreitkräfte und zur Sicherheit der Produktion und Aufrechterhaltung von Lieferungen und Dienstleistungen notwendig sind, um Hungersnot oder Krankheiten und Unruhen, die eine Gefährdung dieser Streitkräfte darstellen würden, vorzubeugen. Sie werden bei der Durchführung des Reparationsprogramms anderweitig nichts unternehmen, was geeignet wäre, die grundlegenden Lebensbedingungen in Deutschland oder in Ihrer Zone auf einem höheren Stand zu halten als in irgendeinem benachbarten Mitgliedstaat der Vereinten Nationen. [. . .]

Teil II Wirtschaftliche Angelegenheiten

Allgemeine Ziele und Kontrollmethoden

16. Sie werden dafür sorgen, daß die deutsche Wirtschaft so verwaltet und kontrolliert wird, daß die in den Ziffern 4 und 5 dieser Direktive enthaltenen Hauptziele erreicht werden. Wirtschaftskontrollen sind nur in dem Maße einzuführen, wie sie zur Erreichung dieser Ziele notwendig sind, vorausgesetzt, daß Sie in vollem Ausmaß die für die Durchführung der industriellen Abrüstung Deutschlands notwendigen Kontrollen einführen. Abgesehen von den für diese Zwecke erforderlichen Maßnahmen werden Sie keine Schritte unternehmen, die (a) zur wirtschaftlichen Wiederaufrichtung Deutschlands führen könnten oder (b) geeignet sind, die deutsche Wirtschaft zu erhalten oder zu stärken. [. . .]

b) im Kontrollrat auf keinen Fall die Errichtung einer zentralisierten Kontrollverwaltung über die deutsche Wirtschaft vorschlagen oder billigen, außer in den Fällen, wo eine solche Zentralisierung der Verwaltung zur Erreichung der in den Ziffern 4 und 5 dieser Direktive aufgeführten Ziele unbedingt notwendig ist. Die Dezentralisierung der Verwaltung darf nicht verhindern, daß im Kontrollrat die weitestgehende Einigkeit über die Wirtschaftspolitik erzielt wird. [...]

31. Als weitere Abrüstungsmaßnahme sollte der Kontrollrat

a) vorläufig alle Forschungstätigkeit verbieten und alle Laboratorien, Forschungsinstitute und ähnliche technische Organisationen schließen, mit Ausnahme derer, die zum Schutz der öffentlichen Gesundheit für notwendig gehalten werden;

b) alle diejenigen Laboratorien und ähnliche Institute abschaffen, deren Arbeit mit dem Aufbau der deutschen Kriegsmaschine im Zusammenhang stand, und diejenigen Laboratorien vorläufig sicherstellen und ihr Personal in Gewahrsam nehmen, die für Ihre technologischen Untersuchungen von Interesse sind, und ihre Einrichtungen danach entfernen oder vernichten; [...]

32. Bis zum Abschluß eines endgültigen Abkommens zwischen den Alliierten über Reparationen und die Kontrolle oder Ausschaltung der für die Kriegsproduktion geeigneten deutschen Industrien soll der Kontrollrat

a) die Produktion von Eisen und Stahl, Chemikalien, Nichteisenmetallen (ausschließlich Aluminium und Magnesium), Werkzeugmaschinen, Rundfunk- und elektrischen Geräten, Kraftfahrzeugen, schweren Maschinen und wichtigen Ersatzteilen für solche, verbieten und verhindern, außer für die in den Ziffern 4 und 5 dieser Direktive angeführten Zwecke;

b) die Wiederherstellung von Anlagen und Ausrüstungen für solche Industrien verbieten und verhindern, außer für die in den Ziffern 4 und 5 dieser Direktive angeführten Zwecke;

c) die Anlagen und Ausrüstungen dieser Industrien zur Übernahme auf Reparationskonto sicherstellen.

Bis zum Abschluß eines Übereinkommens im Kontrollrat werden Sie diese Maßnahmen in Ihrer Zone verwirklichen, sobald Sie Gelegenheit gehabt haben, zu übersehen und festzustellen, welche Produktion für die in den Ziffern 4 und 5 dieser Direktive angeführten Zwecke notwendig ist. [...]

36. Sie werden alle Kartelle und sonstigen privaten Geschäftsabmachungen oder kartellähnliche Organisationen verbieten, einschließlich solcher, die öffentlichen und halböffentlichen Charakter haben, wie zum Beispiel die Wirtschaftsgruppen, die einer Regulierung der Marktverhältnisse, einschließlich der Produktion, der Preise, des exklusiven technischen Erfahrungs- und Verfahrensaustausches und der Zuweisung von Absatzgebieten dienen. Die von diesen Organisationen ausgeübten notwendigen öffentlichen Funktionen sollen so schnell wie möglich von genehmigten öffentlichen Dienststellen übernommen werden.

37. Es ist die Absicht Ihrer Regierung, eine Aufteilung der Besitzrechte und der Kontrollverhältnisse über die deutsche Industrie herbeizuführen. [...]

(Zitiert nach: Europa-Archiv, 3. Jg. [1948], S. 284—294)

Nr. 32

Der amerikan. Präsident Truman an Außenminister Byrnes (5.1.1946):

In Potsdam sahen wir uns fertigen Tatsachen gegenüber und waren durch die Umstände geradezu gezwungen, die Besetzung Ostpolens durch die Russen und die Besetzung Schlesiens östlich der Oder durch Polen gutzuheißen. Es war ein glatter Gewaltakt.

Damals lag uns noch an der russischen Kriegsbeteiligung gegen Japan. Erst nachher stellten wir fest, daß wir Rußland gar nicht gebraucht hätten, und seither haben uns die Russen dort nichts als Kopfschmerzen bereitet.

In Moskau hast Du Dich jetzt hinsichtlich Irans wiederum einer fertigen Tatsache gegenüber gesehen. Ein neuer Gewaltakt. Iran war im Krieg mit uns verbündet. Es war mit Rußland verbündet. Es hat uns gestattet, Waffen, Kriegsmaterial, Lebensmittel usw. im Gewicht von vielen Millionen Tonnen über iranisches Gebiet vom Persischen Golf zum Kaspischen Meer zu transportieren. Ohne diese materielle Hilfe wäre Rußland schmählich geschlagen worden. Trotzdem unterhält es dort Truppen und zettelt im

Gebiet des befreundeten und verbündeten Iran einen Aufstand an.
Ich zweifle keinen Augenblick, daß Rußland in die Türkei einmarschieren will, um sich der Meerengen zum Mittelmeer zu bemächtigen.
Wenn man ihm nicht die eiserne Faust zeigt und die stärkste Sprache spricht, werden wir einen neuen Krieg erleben. Es gibt nur eine Sprache, die die Russen verstehen, nämlich: Wie viele Divisionen habt ihr? Ich glaube, wir sollten uns jetzt auf keine Kompromisse mehr einlassen [. . .]
Ich habe es satt, die Sowjets in Watte zu packen.

(Aus: Harry S. Truman, Memoiren, Bd. I. Scherz Verlag, Bern 1955, S. 600 f.)

Nr. 33

Aus einer Rede des ehem. brit. Premiermin. Winston Churchill im März 1946 in Fulton (Missouri), USA:

Ein Schatten ist auf die Erde gefallen, die erst vor kurzem durch den Sieg der Alliierten hell erleuchtet worden ist. Niemand weiß, was Sowjetrußland und die kommunistische internationale Organisation in der nächsten Zukunft zu tun gedenken oder was für Grenzen ihren expansionistischen und Bekehrungstendenzen gesetzt sind, wenn ihnen überhaupt Grenzen gesetzt sind [. . .]
Von Stettin an der Ostsee bis hinunter nach Triest an der Adria ist ein „Eiserner Vorhang“ über den Kontinent gezogen [. . .] Die von Rußland beherrschte polnische Regierung ist ermächtigt worden, sich in unrechtmäßiger Weise und in gewaltigem Ausmaße in deutsche Angelegenheiten einzumischen und Massenausweisungen von Deutschen anzuordnen, wie man sie bisher noch nicht kannte. Die kommunistischen Parteien, die in allen diesen östlichen Staaten Europas bisher sehr klein waren, sind überall großgezogen worden, sie sind zu unverhältnismäßig hoher Macht gelangt und suchen jetzt überall die totalitäre Kontrolle an sich zu reißen. Fast in jedem Fall herrscht eine Polizeiregierung, und bisher ist mit Ausnahme der Tschechoslowakei noch nirgends die Demokratie eingeführt.
Die Türkei und Iran sind beide höchst beunruhigt über die Forderungen, die an sie gestellt werden, und über den Druck, den die Moskauer Regierung auf sie ausübt.
In Berlin haben die Russen den Versuch unternommen, in ihrer Zone die Kommunistische Partei großzuziehen [. . .] Wenn die Sowjetregierung jetzt durch eigenmächtige Handlungen versucht, in diesen Gebieten ein kommunistisches Deutschland großzuziehen, dann wird dies in den britischen und amerikanischen Zonen ernste Schwierigkeiten zur Folge haben und die geschlagenen Deutschen in die Lage versetzen, sich den Russen oder den westlichen Demokratien anzubieten [. . .] Das ist sicher nicht das befreite Europa, für dessen Aufbau wir gekämpft haben [. . .]
Ich glaube nicht, daß Sowjetrußland den Krieg will. Was es will, das sind die Früchte des Krieges und die unbeschränkte Ausdehnung seiner Macht und die Verbreitung seiner Doktrin. Was wir aber heute, solange noch Zeit vorhanden ist, in Erwägung ziehen müssen, das sind die Mittel zur dauernden Verhütung des Krieges und zur Schaffung von Freiheit und Demokratie in allen Ländern. Nach dem zu schließen, was ich während des Krieges bei unseren russischen Freunden und Verbündeten gesehen habe, bewundern sie nichts so sehr wie die Kraft und Macht, und nichts verachten sie so sehr wie militärische Schwäche.

(Zitiert nach: Archiv der Gegenwart 1946/47. Bad Godesberg, S. 669)

Nr. 34

Interview des franz. Ministerpräsidenten Charles de Gaulle vom 9.9.45

Die französischen Wünsche und Argumente wurden bald nach der Potsdamer Konferenz, am 9. September 1945, von de Gaulle in einem Interview mit der Londoner „Times“ ausführlich dargelegt. Es hieß darin:
„Gemäß den Beschlüssen von Potsdam wurde Deutschland im Osten, nicht aber im Westen amputiert. Der Strom der deutschen Vitalität richtet sich damit nach Westen. Eines Tages könnte sich auch die deutsche Aggressivität gegen Westen wenden. Deshalb muß im Westen eine Regelung gefunden werden, die ein Gegengewicht zu jener im Osten darstellt. Die Schlüsselzonen sind das Rheinland und das Ruhrgebiet. Für jede sollte eine Sonderregelung ausgearbeitet werden. Das Rheinland, das heißt das linke Rheinufer, stellt ein Grenzland dar, das Köln einschließt und sich bis zur Schweizer Grenze ausdehnt [. . .] Die militärische Sicherheit Frankreichs, Belgiens, Hollands und Großbritanniens erfordert die Unterstellung des Rheinlands unter

ihre gemeinsame strategische und politische Kontrolle. Sie erfordert, daß es ein für allemal vom deutschen Staat in solcher Weise abgetrennt wird, daß seine Bewohner wissen, daß ihre Zukunft nicht in Deutschland liegt. Die Aufgabe des Rheinlands durch Frankreich war das Vorspiel zu diesem Kriege.“
Für das Ruhrgebiet forderte de Gaulle eine Internationalisierung durch ein gemeinschaftliches Kontrollregime. In einer Rundfunkansprache am 23. September sprach er von einer dauernden militärischen Besetzung Deutschlands entlang der Rheinlinie durch die Franzosen [. . .]

(Zitiert nach: Thilenius, Die Teilung Deutschlands, Reinbek 1957, S. 130)

Nr. 35

Vorbehalte der französischen Regierung hinsichtlich der auf der Potsdamer Konferenz beschlossenen politischen Grundsätze zur Behandlung Deutschlands (14.9.1945):

Diese Vorbehalte beziehen sich auf die vorgesehene Wiederherstellung einer Zentralregierung in Deutschland, auf die Wiederherstellung der politischen Parteien für ganz Deutschland und auf die Schaffung zentraler Verwaltungsstellen unter der Leitung von Staatssekretären, deren Amtsbereich sich auf das gesamte deutsche Gebiet erstrecken würde. [. . .]
Sie ist der Ansicht, [...] daß eine Teilung Deutschlands in mehrere Staaten, wenn sie die Folge einer natürlichen Entwicklung und nicht einer auferlegten Lösung sein würde, für die Aufrechterhaltung der Sicherheit in Europa günstig wäre.
Aus diesen Gründen bedauert sie, daß der gleiche Abschnitt IX bereits jetzt die Eventualität der Wiederherstellung einer deutschen Zentralregierung, die Schaffung von zentralen Verwaltungsstellen unter deutscher Leitung und die Wiederherstellung politischer Parteien für ganz Deutschland vorsieht, lauter Maßnahmen, die dazu geeignet sind, die deutschen Einheitsbestrebungen neu zu beleben und die Rückkehr zu einer Form des zentralisierten deutschen Staates zu begünstigen. Ganz besonders würde sie es bedauern, wenn die alliierten Behörden bereits jetzt ihre eigene Kontrolle, die nicht präjudiziert, durch diejenige zentraler Verwaltungen unter deutscher Leitung mit Sitz in Berlin ersetzen würde, die wie die erste Kundgebung eines Wiedererstehens des Reiches erscheinen würde.

(Zitiert nach; Dauerlein, Die Einheit Deutschlands, S. 357 f.)

Nr. 36

Charles de Gaulle am 28. Juli 1946:

Deutschland bleibt Deutschland, das heißt, ein großes Volk, konzentriert im Herzen Europas, ein Volk, das sich im Abgrund doch noch seiner Höhepunkte erinnert und das der Dämon des Krieges noch eines Tages dazu verleiten könnte, seine Größe wiederzufinden, wenn man ihm die Möglichkeit gibt, seinen Ehrgeiz mit dem eines anderen Volkes zu verbinden.
Es ist die Aufgabe Frankreichs, zu verhindern, daß Deutschland wieder ein zentralisierter Einheitsstaat, kurz das „Reich“ wird, dessen Bewaffnung und Drang immer die Bedingungen seiner kriegerischen Unternehmungen bildeten.
Jetzt, da der Geist des Friedens sich sehr schüchtern bewegt, da die internationale Zusammenarbeit noch nicht über die Verfahrensstreitigkeiten hinausgekommen ist und es in die Augen fällt, daß sehr viel Zeit noch vergehen muß, bis eine solche internationale Zusammenarbeit verwirklicht wird, vor allem, da es unter den siegreichen Mächten Differenzen gibt, von denen keiner weiß, wohin sie noch führen können, wie sollen wir da zugeben, daß man jetzt politisch oder wirtschaftlich — was bald auf daselbe herauskäme — das Instrument wiederherstellt, welches dasjenige Bismarcks, Wilhelms II. und Hitlers war?
Der Vorschlag Frankreichs ist eine ehrliche, praktische, hinsichtlich Deutschlands menschliche und einfache Lösung, und jeder kennt sie. Die verschiedenen traditionsgebundenen deutschen Einheiten: Preußen, Sachsen, Bayern, Württemberg, Baden, Hessen, Pfalz, Provinz Rheinland, die nordwestlichen Provinzen sollen wiedererstehen, sich selbst verwalten und jede sich auf ihre Rechnung und auf ihre Art und Weise einrichten. Das ungeheure Arsenal der Ruhr soll unter internationale Kontrolle gestellt werden, nicht um die deutsche Bevölkerung des Lebensnotwendigen zu berauben, sondern um unter den Nachbarstaaten die für das wirtschaftliche Leben aller notwendigen Kohle aufzuteilen. Das Saarbecken, dessen Kohle uns durch den Versailler Vertrag übergeben wurde, deren Ausbeutung sich ganz natürlich an den unserer Erz-

bergwerke anschließt, soll in die französische Wirtschaft eingegliedert werden. Polen soll eine Westgrenze bekommen, die den im Osten erlittenen Verlust wiedergutmacht.

(Zitiert nach: Europa-Archiv 1946/47, S. 272)

(Nr. 37)

R. Murphy (polit. Berater der amerikan. Militärregierung in Deutschland) über die französische Politik

Da Frankreich in Potsdam nicht vertreten war, hatte die französische Regierung das Protokoll auch nicht unterschrieben und war infolgedessen an keine seiner Bestimmungen gebunden. So begann die Viermächte-Besatzung ihre Arbeit mit einer verärgerten französischen Regierung, die sich in der Position befand, sämtliche Pläne über Deutschland blockieren zu können. In den nächsten drei Jahren machten die französischen Regierungsvertreter denn auch regen Gebrauch von diesem ihrem einzigartigen Veto. Verschiedene konstruktive anglo-amerikanische Vorschläge wurden von den Franzosen niedergestimmt, und die Folge davon war, daß die Sowjetunion ihre eigenen Vorstellungen über Europa verwirklichte. Es ist die Ironie des Schicksals, daß Stalin, der immer eine französische Beteiligung an der Deutschlandbesetzung bedauert hat, dann der Hauptnutznießer der französischen Politik in den ersten Nachkriegsjahren geworden ist.

(Aus: R. Murphy, Diplomat unter Kriegern, Propyläen Verlag, Berlin 1965, S. 349 ff.)

(Nr. 38)

Der amerik. Militärgouverneur General Clay über die französische Haltung

Vielleicht hätten wir ohne das französische Veto innerhalb der ersten sechs Monate zentrale Verwaltungsstellen für ganz Deutschland schaffen und innerhalb oder außerhalb dieser Einrichtungen mühevoll um eine einheitliche Wirtschaftspolitik ringen können. Bestimmt hätten sich unsere wirtschaftlichen und später unsere politischen Meinungsverschiedenheiten mit der Sowjetregierung auch so ergeben. Ein Deutschland, in dem zentrale Verwaltungsstellen überall ihre Zuständigkeit ausübten, hätten sie möglicherweise weniger leicht gespalten. Ohne deutsche Verwaltungsstellen, die ihre Anweisungen ausführten, konnte die Viermächte-Regierung nicht zum Erfolg führen. Sechs Monate nach Potsdam war das sowjetische Expansions-Programm angelaufen. Das kommunistische Machtstreben in den Satelliten-Staaten nahm an Wucht und Umfang zu. Übereinstimmung in Deutschland war da nicht mehr möglich.

(Aus: Lucius D. Clay, Entscheidung in Deutschland, Verlag der Frankfurter Hefte, Frankfurt/M. o.J., S. 38 f.)

Nr. 39

Rede des amerikanischen Außenministers Byrnes vom 6. September 1946

Ich bin nach Deutschland gekommen, um mich an Ort und Stelle über die mit dem Wiederaufbau Deutschlands verbundenen Probleme zu orientieren und die Ansichten der Regierung der Vereinigten Staaten über einige der vor uns liegenden Probleme mit unseren Vertretern in Deutschland zu besprechen. Wir Amerikaner haben diesen Problemen beträchtliche Zeit und Aufmerksamkeit gewidmet, weil von ihrer erfolgreichen Lösung nicht nur das künftige Wohlergehen Deutschlands, sondern auch das Europas abhängt.

Wir haben wohl oder übel lernen müssen, daß wir alle in einer Welt leben, von der wir uns nicht isolieren können. Wir haben gelernt, daß Frieden und Wohlergehen unteilbar sind und daß Frieden und Wohlergehen in unserem Land nicht auf Kosten des Friedens und Wohlergehens eines anderen Volkes erkauft werden können. [. . .]

Das amerikanische Volk will den Frieden. Es hat schon seit langem nicht mehr von einem strengen oder milden Frieden für Deutschland gesprochen. Darauf kam es auch niemals wirklich an. Was wir wollen, ist ein dauerhafter Friede. Wir werden uns gegen zu harte und von Rachsucht diktierte Maßnahmen wenden, die einem wirklichen Frieden im Wege stehen. Wir werden uns zu milden Maßnahmen widersetzen, welche zum Bruch des Friedens einladen.

Als die Vereinigten Staaten in Potsdam der Entwaffnung und Entmilitarisierung Deutschlands zustimmten und als sie vorschlugen, dafür zu sorgen, daß Deutschland für die Dauer einer Generation entwaffnet und entmilitarisiert bleibt, waren sie sich der auf ihnen und ihren Hauptverbündeten ruhenden Verantwortung für die Aufrechterhaltung und gesetzmäßige Durchführung des Friedens wohl bewußt.

Die Befreiung vom Militarismus wird dem deutschen Volke Gelegenheit geben, seine Kräfte und Fähigkeiten den Werken des Friedens zuzuwenden. Es braucht sie nur zu ergreifen. Sie gibt ihm die Gelegenheit, sich der Achtung und Freundschaft friedliebender Völker würdig zu erweisen und eines Tages einen ehrenvollen Platz unter den Mitgliedern der Vereinten Nationen einzunehmen.

Es liegt weder im Interesse des deutschen Volkes noch im Interesse des Weltfriedens, daß Deutschland eine Schachfigur oder ein Teilnehmer in einem militärischen Machtkampf zwischen dem Osten und dem Westen wird. Zweimal in einer Generation haben der deutsche Militarismus und der Nazismus die Gebiete von Deutschlands Nachbarn verwüstet. Es ist nur recht und billig, daß Deutschland sein Teil dazu beitragen soll, diese Verwüstungen wiedergutzumachen. Die meisten Opfer der Naziaggression waren vor dem Krieg weniger begütert als Deutschland. Deutschland darf nicht erwarten, daß diese Opfer ohne fremde Hilfe die Hauptkosten dieser Naziüberfälle tragen sollen.

Die Vereinigten Staaten sind daher bereit, die in den Potsdamer Beschlüssen über die Entmilitarisierung und die Reparationen niedergelegten Grundsätze in vollem Umfange durchzuführen. Wenn Deutschland jedoch nicht in der in den Potsdamer Beschlüssen vorgesehenen und geforderten Weise als wirtschaftliche Einheit verwaltet wird, müßten an dem von der Alliierten Kontrollkommission genehmigten Industrieniveau Änderungen vorgenommen werden.

Die Grundlage der Potsdamer Beschlüsse war, daß im Rahmen eines kombinierten Entmilitarisierungs- und Reparationsprogramms Deutschlands Kriegspotential durch Ausschaltung und Demontage seiner Kriegsindustrie und durch Verminderung und Beseitigung schwerindustrieller Anlagen herabgesetzt werden sollte. Es war vorgesehen, dies soweit durchzuführen, daß Deutschland ein Industriepotential belassen bliebe, welches ihm die Aufrechterhaltung eines durchschnittlichen europäischen Lebensstandards ohne die Hilfe anderer Länder ermöglicht. Die auf diese Weise zu entfernenden Fabriken sollten als Reparationen an die Alliierten abgeliefert werden. Die aus der russischen Zone zu entfernenden Fabriken sollten der Sowjetunion und Polen zufallen, während die aus den westlichen Zonen zu entfernenden Fabriken teilweise der Sowjetunion, in der Hauptsache jedoch den westlichen Alliierten zufallen sollten. Ferner wurde eine Aufteilung des deutschen Vermögens im Ausland unter den Alliierten vorgesehen.

Nach langen Verhandlungen einigten sich die Alliierten über den Stand, auf den die hauptsächlichsten deutschen Industrien zwecks Durchführung der Potsdamer Beschlüsse herabgesetzt werden sollten. Auf diesen Stand einigte man sich in der Annahme, daß Deutschlands einheimische Hilfsquellen für eine auf gerechter Grundlage erfolgende Verteilung an alle Deutschen in Deutschland zur Verfügung stehen sollten, und daß die für den Verbrauch in Deutschland nicht benötigten Erzeugnisse der Ausfuhr zur Verfügung stehen sollten, um damit die erforderliche Einfuhr zu bezahlen.

Bei Festsetzung des zulässigen Standes der Industrie wurden keinerlei Reparationsleistungen aus der laufenden Produktion vorgesehen. Aus der laufenden Produktion erfolgende Reparationsleistungen würden mit dem nach den Potsdamer Beschlüssen festgesetzten Stand der Industrie völlig unvereinbar sein. Offensichtlich hätte ein höherer Stand der Industrie festgesetzt werden müssen, wenn Reparationen aus der laufenden Produktion beabsichtigt gewesen wären. Der Stand der Industrie, wie er festgesetzt worden ist, reicht nur aus, das deutsche Volk in die Lage zu versetzen, sich selbst zu versorgen und einen Lebensstandard aufrechtzuerhalten, der den durchschnittlichen Lebensverhältnissen in Europa annähernd gleichkommt. Dieser Grundsatz bedeutet erhebliche Härten für das deutsche Volk, aber er verlangt von ihm lediglich, die Härten zu teilen, die der Angriff der Nazis dem Durchschnittseuropäer auferlegt hat.

Dem deutschen Volk wurde jedoch nicht die Möglichkeit genommen, sein Los im Laufe der Jahre durch harte Arbeit zu verbessern. Eine industrielle Entwicklung und industrieller Fortschritt wurden ihm nicht verweigert. Gleich den Völkern anderer verwüsteter Länder sollte das deutsche Volk den Wiederanfang mit einer Friedenswirtschaft machen, die nicht imstande ist, ihm mehr als den durchschnittlichen europäischen Lebensstandard zu gewähren. Dabei sollte ihm nicht das Recht verwehrt werden, mögliche, aufgrund harter Arbeit und einfacher

Lebensweise erworbene Ersparnisse für den Aufbau einer Industrie zu verwenden, die friedlichen Zwecken dient.
Dieses war der Grundsatz der Reparationen, wie Präsident Truman ihm in Potsdam zugestimmt hat. Die Vereinigten Staaten werden nicht ihre Zustimmung geben, daß Deutschland größere Reparationen leisten muß, als in den Potsdamer Beschlüssen vorgesehen wurde.
Die Durchführung der Potsdamer Beschlüsse ist jedoch dadurch behindert worden, daß der Alliierte Kontrollrat nicht die notwendigen Maßnahmen getroffen hat, um es der deutschen Wirtschaft zu ermöglichen, als Wirtschaftseinheit zu arbeiten. Die notwendigen deutschen Zentralverwaltungskörper sind nicht geschaffen worden, obgleich die Potsdamer Beschlüsse sie ausdrücklich verlangten.
Die gerechte Verteilung der lebenswichtigen Güter zwischen den einzelnen Zonen mit dem Ziel, eine ausgeglichene Wirtschaft in ganz Deutschland herbeizuführen und den Einfuhrbedarf zu verringern, ist nicht in die Wege geleitet worden, obgleich die Potsdamer Beschlüsse auch dies ausdrücklich verlangten. Die Vorbereitung einer ausgeglichenen Wirtschaft in ganz Deutschland zur Beschaffung der für die Bezahlung der genehmigten Einfuhr erforderlichen Mittel ist nicht erfolgt, obgleich auch dies die Potsdamer Beschlüsse ausdrücklich verlangten.
Die Vereinigten Staaten sind der festen Überzeugung, daß Deutschland als Wirtschaftseinheit verwaltet werden muß und daß die Zonenschranken, soweit sie das Wirtschaftsleben und die wirtschaftliche Betätigung in Deutschland betreffen, vollständig fallen müssen.
Die jetzigen Verhältnisse in Deutschland machen es unmöglich, den Stand der industriellen Erzeugung zu erreichen, auf den sich die Besatzungsmächte als absolutes Mindestmaß einer deutschen Friedenswirtschaft geeinigt hatten. Es ist klar, daß wir, wenn die Industrie auf den vereinbarten Stand gebracht werden soll, nicht weiterhin den freien Austausch von Waren, Personen und Ideen innerhalb Deutschlands einschränken können. Die Schranken zwischen den vier Zonen Deutschlands sind weit schwieriger zu überwinden als die zwischen normalen unabhängigen Staaten. Die Zeit ist gekommen, wo die Zonengrenzen nur als Kennzeichnung der Gebiete angesehen werden sollten, die aus Sicherheitsgründen von den Streitkräften der Besatzungsmächte besetzt gehalten werden, und nicht als eine Kennzeichnung für in sich abgeschlossene wirtschaftliche oder politische Einheiten.
Das war der Gang der Entwicklung, wie er in den Potsdamer Beschlüssen vorgeschlagen war, und das ist auch der Gang der Entwicklung, den die amerikanische Regierung mit ihrer ganzen Autorität verfolgen wird. Sie hat offiziell ihre Absicht ausgedrückt, die Wirtschaft ihrer eigenen Zone mit einer oder mit allen anderen zu vereinigen, die hierzu bereit sind.
Bis jetzt hat sich nur die britische Regierung bereit erklärt, mit ihrer Zone daran teilzunehmen. Wir begrüßen diese Zusammenarbeit aufs wärmste. Selbstverständlich soll diese Vereinigungspolitik nicht jene Regierungen ausschließen, die heute noch nicht zum Beitritt bereit sind, die Vereinigung steht ihnen zu jeder Zeit frei.
Wir treten für die wirtschaftliche Vereinigung Deutschlands ein. Wenn eine völlige Vereinigung erreicht werden kann, werden wir alles tun, was in unseren Kräften steht, um eine größtmögliche Vereinigung zu sichern. ...
Nun ist es auch Zeit, die Grenzen des neuen Deutschlands festzusetzen. Österreich ist bereits als freies und unabhängiges Land anerkannt worden. Seine zeitweilige und erzwungene Vereinigung mit Deutschland war für beide Länder kein glücklicher Zustand, und die Vereinigten Staaten sind überzeugt, daß es im Interesse beider Länder und des Friedens für Europa liegt, wenn jedes seinen eigenen Weg geht.
In Potsdam wurden, vorbehaltlich einer endgültigen Entscheidung durch die Friedenskonferenz, bestimmte Gebiete, die einen Teil Deutschlands bildeten, vorläufig der Sowjetunion und Polen zugewiesen. Damals waren diese Gebiete von der Sowjetarmee und von der polnischen Armee besetzt. Es wurde uns gesagt, daß die Deutschen aus diesen Gebieten in großer Zahl flüchteten und daß es im Hinblick auf die durch den Krieg hervorgerufenen Gefühle tatsächlich schwierig sein würde, das wirtschaftliche Leben dieser Gebiete wieder in Gang zu bringen, wenn diese nicht als integrale Bestandteile der Sowjetunion beziehungsweise Polens verwaltet würden.
Die Staatsoberhäupter erklärten sich damit einverstanden, bei den Friedensregelungen den Vorschlag der Sowjetregierung hinsichtlich der end-

gültigen Übertragung der Stadt Königsberg und des anliegenden Gebietes an die Sowjetunion zu unterstützen. Sofern die sowjetische Regierung ihre Auffassung diesbezüglich nicht ändert, werden wir an diesem Abkommen festhalten. Was Schlesien und andere ostdeutsche Gebiete anbetrifft, so fand die zu Verwaltungszwecken erfolgte Übergabe dieses Gebietes durch Rußland an Polen vor der Potsdamer Zusammenkunft statt. Die Staatsoberhäupter stimmten zu, daß Schlesien und andere ostdeutsche Gebiete bis zur endgültigen Festlegung der polnischen Westgrenze durch den polnischen Staat verwaltet und zu diesem Zwecke nicht als Teil der russischen Besatzungszone in Deutschland angesehen werden sollten. Wie aus dem Protokoll der Potsdamer Konferenz hervorgeht, einigten sich die Staatsoberhäupter jedoch nicht dahingehend, die Abtretung eines bestimmten Gebietes zu unterstützen.

Rußland und Polen haben schwer durch Hitlers einfallende Armeen gelitten. Durch das Abkommen von Jalta hat Polen an Rußland das Gebiet östlich der Curzon-Linie abgetreten. Polen hat dafür eine Revision seiner nördlichen und westlichen Grenzen verlangt. Die Vereinigten Staaten werden eine Revision dieser Grenzen zugunsten Polens unterstützen. Der Umfang des an Polen abzutretenden Gebietes kann jedoch erst entschieden werden, wenn das endgültige Abkommen darüber getroffen ist.

Die Vereinigten Staaten finden, daß sie Frankreich, in welches Deutschland innerhalb von 70 Jahren dreimal eingefallen ist, seinen Anspruch auf das Saargebiet, dessen Wirtschaft mit Frankreich eng verbunden ist, nicht verweigern können. Natürlich müßte Frankreich, wenn ihm das Saargebiet eingegliedert wird, seine Reparationsansprüche an Deutschland entsprechend ändern.

Von diesen Veränderungen abgesehen, werden die Vereinigten Staaten keine Eingriffe in unbestritten deutsches Gebiet oder eine Aufteilung Deutschlands, die nicht dem echten Willen der Bevölkerung entspricht, unterstützen. Soweit den Vereinigten Staaten bekannt ist, wünscht die Bevölkerung des Ruhrgebiets und des Rheinlandes mit dem übrigen Deutschland vereinigt zu bleiben, und die Vereinigten Staaten werden sich diesem Wunsch nicht widersetzen.

(Zitiert nach: H. Siegler, Dokumentation zur Deutschlandfrage, Hauptband I, Zürich 1961, S. 49—56)

(Nr. 40)

Erklärung des Außenministers der UdSSR, Molotow, über die deutsche Ostgrenze vom 16. September 1946

In seiner Stuttgarter Rede am 6. September sagte Herr Byrnes, daß die Häupter der Regierungen der Vereinigten Staaten von Amerika, Großbritanniens und der Sowjetunion auf der Berliner (Potsdamer) Konferenz übereingekommen sind, Schlesien und andere ehemalige deutsche Ostgebiete Deutschlands der Verwaltung des polnischen Staates zu unterstellen, jedoch nicht die Entscheidung getroffen haben, bei der Friedensregulierung die Übergabe eines konkreten Gebietes an Polen zu unterstützen, und daß der Umfang des Gebietes, das Polen übergeben werden wird, in der endgültigen Regelung bestimmt werden muß.

Man muß zugeben, daß eine derartige Erklärung Zweifel über die Dauerhaftigkeit der jetzigen Westgrenzen Polens hervorrufen kann und daß man daher nicht unterlassen kann, dazu Stellung zu nehmen. In diesem Zusammenhang muß man auf einige Tatsachen eingehen. Vor allem muß an das erinnert werden, was die Berliner Konferenz beschlossen hat. Bekanntlich kamen die Häupter der drei Regierungen auf dieser Konferenz überein, daß die ehemaligen deutschen Gebiete östlich von Swinemünde, der Oder und der Westneiße unter der Verwaltung des polnischen Staates stehen müssen und daß die endgültige Bestimmung der Westgrenze Polens bis zur Friedenskonferenz aufgeschoben werden muß.

Diese Entscheidung war nur eine Erfüllung des Beschlusses der Krimer Dreimächtekonferenz, die ein halbes Jahr früher anerkannt hatte, daß Polen eine wesentliche Gebietsvergrößerung im Norden und Westen erhalten muß. Somit brachte die Berliner Konferenz lediglich das in Erfüllung, was noch mit der Beteiligung Roosevelts auf der Krimer Konferenz in Aussicht genommen worden war, und ihre Entscheidung kann keineswegs als eine zufällige, unter dem Einfluß vorübergehender Umstände getroffene

Entscheidung betrachtet werden. Im Gegenteil, der Beschluß über Verlegung der polnischen Westgrenze an die Oder und Westneiße wurde nach langer Erörterung getroffen, an der sich auch Vertreter der polnischen Regierung beteiligten. Es ist noch hinzuzufügen, daß auch die französische Regierung dieser Entscheidung zustimmte.

Welche große Bedeutung die Berliner Konferenz ihrer Entscheidung hinsichtlich der neuen Westgrenze Polens beimaß, ist aus folgendem ersichtlich: Auf dieser Konferenz wurde auch eine andere Entscheidung getroffen, nämlich die Überführung der deutschen Bevölkerung aus diesem Gebiet, das Polen übergeben wurde, nach Deutschland. Da dies alles bekanntgegeben wurde, erübrigt es sich, auf die Einzelheiten einzugehen. Die Entscheidungen der Berliner Konferenz sind keineswegs nur auf dem Papier geblieben. Gleich nach der Berliner Konferenz begann man, sie in die Tat umzusetzen.

Es ist schon über ein Jahr her, daß die Westgrenze Polens auf der Linie Swinemünde—Oder—Westneiße liegt. Die Verwaltung des gesamten Gebietes östlich dieser Linie liegt schon das zweite Jahr in der Hand der polnischen Regierung. Schon am 20. November 1945 legte der Kontrollrat in Deutschland den Plan der Aussiedlung der deutschen Bevölkerung aus Polen fest. Gemäß diesem Plan schritt man dazu, dreieinhalb Millionen Deutsche aus Polen in die sowjetische und britische Besatzungszone Deutschlands zu übersiedeln. Im Laufe der gesamten folgenden Zeitspanne nahm diese Übersiedlung ohne Unterbrechung bis auf den heutigen Tag ihren Fortgang. Zweieinhalb Millionen Deutsche sind bereits aus Polen auf den Boden Deutschlands übergesiedelt, wobei mehr als die Hälfte in die britische Zone versetzt wurde. Statt der ausgesiedelten Deutschen werden dort Polen aus anderen Gebieten Polens angesiedelt. In die polnischen Westgebiete ist bereits so manche Million Polen übersiedelt.

All das ist den Vertretern der Vereinigten Staaten von Amerika wie auch den Vertretern anderer Länder sehr wohl bekannt. Aus den angeführten Tatsachen ist ersichtlich, welch ernstliche Bedeutung die Regierungen der Vereinigten Staaten, Großbritanniens und der Sowjetunion der Entscheidung betreffs Verlegung der Westgrenzen Polens beimaßen und daß sie keineswegs davon ausgingen, diese Entscheidung in Zukunft einer Revision unterziehen zu lassen.

Der Hinweis darauf, daß die Berliner Konferenz es für nötig erkannt habe, die endgültige Festsetzung der Westgrenze Polens bis zur Friedenskonferenz aufzuschieben, ist natürlich richtig. Formal verhält es sich auch wirklich so. Was aber den Kern der Sache anbelangt, so haben die Regierungen ihre Meinung über die zukünftige Westgrenze geäußert, indem sie Schlesien und die obengenannten Gebiete der Verwaltung der polnischen Regierung unterstellten und außerdem den Plan betreffs Aussiedlung der Deutschen aus diesen Gebieten annahmen. Wem könnte es einfallen, daß diese Aussiedlung der Deutschen lediglich als zeitweiliges Experiment unternommen wurde? Wer die Entscheidung traf, daß die Deutschen ausgesiedelt werden sollen, damit sich dort sogleich Polen aus anderen Gebieten Polens ansiedeln, kann nicht nach einiger Zeit die Durchführung entgegengesetzter Maßnahmen vorschlagen. Selbst der Gedanke, daß mit Millionen Menschen derartige Experimente unternommen werden könnten, ist an sich unwahrscheinlich, abgesehen davon, daß dies eine Grausamkeit sowohl gegen die Polen als auch gegen die Deutschen wäre. All das zeugt davon, daß der von Truman, Attlee und Stalin unterzeichnete Beschluß der Berliner Konferenz die Westgrenzen Polens bereits bestimmt hat und lediglich seiner Formulierung auf der künftigen internationalen Konferenz über den Friedensvertrag mit Deutschland harrt. Die Unterschriften der Häupter der Regierungen genießen eben deshalb so hohe Achtung der Völker, weil alle die unerschütterliche Kraft und moralische Autorität der Beschlüsse, unter die diese Unterschriften gesetzt sind, kennen.

Einzelne Formulierungen in der Rede des Herrn Byrnes über die Westgrenzen Polens können zwar diese oder jene Zweifel betr. der Beständigkeit der Haltung gewisser amerikanischer Kreise hervorrufen, doch ist es andererseits vollkommen klar, daß solche Fragen nicht der Gegenstand irgendwelcher vorübergehender politischer Kalkulation sein können. Den historischen Beschluß der Berliner Konferenz über die Westgrenzen Polens kann niemand erschüttern. Die

Tatsachen zeugen davon, daß dies jetzt schon einfach unmöglich wäre.
Das ist der Standpunkt der Sowjetregierung [. . .]

(Zitiert nach: Keesing's Archiv der Gegenwart, Wien, S. 1931—1955)

Nr. 41

Auszug aus der Kongreßbotschaft Präsident Trumans vom 12.3.1947

Eins der ersten Ziele der Außenpolitik der Vereinigten Staaten ist es, Bedingungen zu schaffen, unter denen wir und andere Nationen uns ein Leben aufbauen können, das frei von Zwang ist. Das war ein grundlegender Faktor im Krieg gegen Deutschland und Japan. Wir überwanden mit unserem Sieg Länder, die anderen Ländern ihren Willen und ihre Lebensweise aufzwingen wollten.
Um die friedliche, ungezwungene Entwicklung der Nationen sicherzustellen, haben die Vereinigten Staaten sich an führender Stelle an der Errichtung der Vereinten Nationen beteiligt. Die Vereinten Nationen sollen dauernde Freiheit und Unabhängigkeit für alle ihre Mitgliedstaaten ermöglichen. Wir werden unser Ziel jedoch nicht verwirklichen, wenn wir nicht bereit sind, den freien Völkern zu helfen, ihre freien Einrichtungen und ihre nationale Integrität gegenüber aggressiven Bewegungen zu erhalten, die ihnen totalitäre Regimes aufzwingen wollen. Das ist nichts weiter als ein offenes Zugeständnis der Ansicht, daß totalitäre Regimes, die freien Völkern durch direkte oder indirekte Aggression aufgezwungen werden, die Grundlagen des internationalen Friedens und damit die Sicherheit der Vereinigten Staaten untergraben.
In einer Anzahl von Ländern waren den Völkern kürzlich gegen ihren Willen totalitäre Regimes aufgezwungen worden. Die Regierung der Vereinigten Staaten hat mehrfach gegen Zwang und Einschüchterung bei der Verletzung des Jalta-Abkommens in Polen, Rumänien und Bulgarien protestiert. Und weiter muß ich feststellen, daß in einer Anzahl anderer Staaten ähnliche Entwicklungen stattgefunden haben.
Im gegenwärtigen Abschnitt der Weltgeschichte muß fast jede Nation ihre Wahl in bezug auf ihre Lebensweise treffen. Nur allzuoft ist es keine freie Wahl.
Die eine Lebensweise gründet sich auf den Willen der Mehrheit und zeichnet sich durch freie Einrichtungen, freie Wahlen, Garantie der individuellen Freiheit, Rede- und Religionsfreiheit und Freiheit vor politischer Unterdrückung aus.
Die zweite Lebensweise gründet sich auf den Willen einer Minderheit, der der Mehrheit aufgezwungen wird. Terror und Unterdrückung, kontrollierte Presse und Rundfunk, fingierte Wahlen und Unterdrückung der persönlichen Freiheiten sind ihre Kennzeichen.
Ich bin der Ansicht, daß es die Politik der Vereinigten Staaten sein muß, die freien Völker zu unterstützen, die sich der Unterwerfung durch bewaffnete Minderheiten oder durch Druck von außen widersetzen.
Ich glaube, daß wir den freien Völkern helfen müssen, sich ihr eigenes Geschick nach ihrer eigenen Art zu gestalten.
Ich bin der Ansicht, daß unsere Hilfe in erster Linie in Form wirtschaftlicher und finanzieller Unterstützung gegeben werden sollte, die für eine wirtschaftliche Stabilität und geordnete politische Vorgänge wesentlich ist.
Die Welt steht nicht still, und der Status quo ist nicht heilig. Aber wir können keine Veränderungen im Status quo zulassen, die eine Verletzung der Charta der Vereinten Nationen durch Zwangsmethoden oder durch vorsichtigere Maßnahmen wie eine politische Durchdringung bedeuten. Wenn wir freien und unabhängigen Nationen helfen, ihre Freiheit zu bewahren, so werden wir damit die Prinzipien der Charta der Vereinten Nationen verwirklichen.

(Zitiert nach: Europa-Archiv, 2. Jg. [1947], S. 820)

Nr. 42

Auszug aus der Rede des Außenministers Marshall vom 5.6.1947

In Wahrheit liegt die Sache so, daß Europas Bedarf an ausländischen Nahrungsmitteln und anderen wichtigen Gütern — hauptsächlich aus Amerika — während der nächsten drei oder vier Jahre um soviel höher liegt als seine gegenwärtige Zahlungsfähigkeit, daß beträchtliche zusätzliche Hilfsleistungen notwendig sind, wenn es nicht in einen wirtschaftlichen, sozialen

und politischen Verfall sehr ernster Art geraten soll.
Die Lösung liegt in einer Durchbrechung des Circulus vitiosus und in der Wiederherstellung des Vertrauens bei den europäischen Völkern auf die wirtschaftliche Zukunft ihrer Länder und ganz Europas. Der Fabrikant und der Landwirt in weiten Gebieten müssen gewillt und in der Lage sein, ihre Produkte für eine Währung in Tausch zu geben, deren fester Wert außer Zweifel steht. Abgesehen von der demoralisierenden Wirkung auf die ganze Welt und von der Möglichkeit, daß aus der Verzweiflung der betroffenen Völker sich Unruheherde ergeben könnten, dürfte es auch offensichtlich sein, welche Folgen dieser Zustand auf die Wirtschaft der Vereinigten Staaten haben muß.
Es ist nur logisch, daß die Vereinigten Staaten alles tun, was in ihrer Macht steht, um die Wiederherstellung gesunder wirtschaftlicher Verhältnisse in der Welt zu fördern, ohne die es keine politische Stabilität und keinen sicheren Frieden geben kann. Unsere Politik richtet sich nicht gegen irgendein Land oder irgendeine Doktrin sondern gegen Hunger, Armut, Verzweiflung und Chaos. Ihr Zweck ist die Wiederbelebung einer funktionierenden Weltwirtschaft, damit die Entstehung politischer und sozialer Bedingungen ermöglicht wird, unter denen freie Institutionen existieren können. Ich bin überzeugt, daß eine solche Unterstützung nicht nach und nach entsprechend der jeweiligen Entwicklung von Krisen geleistet werden darf. Wenn die Regierung der Vereinigten Staaten in Zukunft Hilfsleistungen gewährt, so sollten diese eine Heilungskur und nicht nur ein Linderungsmittel darstellen. Jeder Regierung, die bereit ist, beim Wiederaufbau zu helfen, wird die volle Unterstützung der Regierung der Vereinigten Staaten gewährt werden, dessen bin ich sicher. Aber eine Regierung, die durch Machenschaften versucht, die Gesundung der anderen Länder zu hemmen, kann von uns keine Hilfe erwarten. Darüber hinaus werden alle Regierungen, politischen Parteien oder Gruppen, die es darauf abgesehen haben, das menschliche Elend zu einem Dauerzustand zu machen, um in politischer oder anderer Hinsicht Nutzen daraus zu ziehen, auf den Widerstand der Vereinigten Staaten stoßen.
Eines ist schon jetzt klar: bevor die Vereinigten Staaten ihre Bemühungen zur Besserung der Lage fortsetzen und zum Gesundungsprozeß der europäischen Welt beitragen können, müssen die Länder Europas untereinander zu einer Einigung darüber kommen, was die gegenwärtige Lage am dringendsten erfordert und inwieweit die Länder Europas selbst dazu beitragen können, eine volle Auswertung der Maßnahmen unserer Regierung zu erzielen.
Es wäre weder angebracht noch zweckmäßig, wenn die Regierung der Vereinigten Staaten von sich aus ein Programm entwerfen würde, um die wirtschaftliche Wiederaufrichtung Europas durchzuführen. Das ist Sache der Europäer selbst. Die Initiative muß von Europa ausgehen, meine ich. Unsere Rolle sollte darin bestehen, den Entwurf eines europäischen Programms freundschaftlich zu fördern und später dieses Programm zu unterstützen, soweit das für uns praktisch ist. Es sollte ein gemeinsames Programm entworfen werden, hinter dem, wenn nicht alle, so doch eine Anzahl von europäischen Nationen stehen [. . .]

(Zitiert nach: Europa-Archiv, 2. Jg. [1947], S. 821)

(Nr. 43)

J. Warburg (wirtschaftl. Berater der amerik. Militärregierung in Deutschl.): Was steht für uns Amerikaner in Deutschland auf dem Spiel?

Von der Lösung, die für die deutsche Frage gefunden wird, hängt nicht nur unser eigenes Glück und unsere eigene Wohlfahrt ab, sondern auch die Sicherheit unserer Nation, mehr noch die Weiterentwicklung der menschlichen Zivilisation auf unserer Erde überhaupt [. . .]
Es mag [. . .] wohl sein, daß das, was sich heute in Deutschland ereignet, uns gefühlsmäßig nicht sehr nahegeht, insoweit, als es sich dabei um unsere Sympathie für das deutsche Volk handelt. Aber dennoch hat all das aus einem ganz anderen Grunde für uns eine tiefe und lebenswichtige Bedeutung: diese Vorgänge berühren nicht nur das deutsche Volk, sondern die ganze Welt [. . .]
Wir Amerikaner haben ein vitales Interesse an der Zukunft Deutschlands, weil Deutschland das Versuchsfeld für ein großes Experiment ist, das wir machen müssen. Wir müssen versuchen, einen dauernden Frieden durch die Zusammenarbeit der großen Mächte zu verbürgen. Deutschland ist das Laboratorium, in dem dieses

Experiment gelingt oder mißlingt. Nirgendwo in der weiten Welt ist die Zusammenarbeit zwischen den Mächten so schwierig wie in Deutschland. Nirgendwo ist diese Zusammenarbeit aber so bitter notwendig. Jede einzelne Frage, die im Zusammenhang mit der Schaffung einer festen und dauerhaften Friedensordnung auftaucht, spiegelt sich in irgend einer Weise in dem unruhigen Teile Europas wider, der zwischen der Weichsel und dem Rhein liegt. Zwischen diesen beiden Strömen müssen Ost und West sich begegnen, sich die Hände reichen und sich in Freundschaft und Frieden an die Arbeit machen. Ist das nicht der Fall, dann gibt es keinen Frieden für die Welt. Gewiß, zwischen Rhein und Weichsel kann der Friede nicht in seiner umfassenden Ganzheit geschaffen werden, aber er kann dort so verloren werden, daß es überhaupt kein Heilmittel mehr gibt.

Wir Amerikaner haben ein vitales Interesse an Deutschland und an seiner Zukunft nicht allein, weil Deutschland die Stelle ist, von der alle Unruhe in Europa ausging. Es ist vielmehr der Punkt, an dem der Hebel angesetzt werden muß zu einer Neuordnung und zu einer Gesundung der ganzen europäischen Wirtschaft.

Geographie, Geologie und moderne Technik haben Deutschland in dem Leben von ganz Europa eine Schlüsselstellung gegeben. Es mag uns passen oder nicht, die deutschen Ströme und die deutschen Verkehrswege sind der Zugang zum Herzen des Kontinents, die deutschen Bergwerke versorgen Westeuropa mit Kohle. Das deutsche Volk stellt auch noch heute in der Niederlage die größte Zahl von Facharbeitern in Europa.

Alle diese Elemente machen zusammen aus Deutschland einen Hauptfaktor der europäischen Produktionskapazität, aber auch einen der wichtigsten Märkte für den Absatz von Waren, die in andern Ländern hergestellt werden.

[. . .]

Kohle ist das Herz der modernen Industriewirtschaft, aber es gibt nur wenige Völker auf der Erde, die ihren Kohlenbedarf im eigenen Lande decken können. Abgesehen von Rußland sind alle europäischen Völker auf Kohlenlieferungen aus den drei Kohlenüberschußgebieten angewiesen. Diese drei Überschußgebiete waren Großbritannien, das deutsche Ruhrgebiet und Oberschlesien. Zwei von diesen Kohlengebieten fallen im Augenblick aus oder können nicht in sichere Rechnung gestellt werden. Großbritannien, das früher 78 Millionen Tonnen im Jahre exportierte, hat heute Schwierigkeiten, den eigenen Bedarf aus der eigenen Produktion zu decken. Oberschlesien, das während des Krieges für die Nazis angeblich 100 Millionen Tonnen pro Jahr förderte, steht jetzt unter polnischer Herrschaft, und die oberschlesische Förderung wird aller Wahrscheinlichkeit nach nach Rußland oder nach solchen Ländern gehen, die an die russische Wirtschaft angeschlossen sind. Diese Tatsache wird dadurch nicht verschleiert werden können, daß oberschlesische Kohle auch gelegentlich nach andern Ländern verkauft werden mag. So bleibt für ganz Westeuropa als Kohlenbasis mit exportfähigem Überschuß nur das deutsche Ruhrgebiet übrig. Wenn es der Ruhr nicht gelingt, Kohle für Skandinavien, für die Niederlande, für Frankreich, die Schweiz, Italien, Griechenland und die Pyrenäenhalbinsel zu fördern, dann bleiben eben diese Völker ohne genügende Brennstoffversorgung, es sei denn, daß sie Kohle zu Preisen in den Vereinigten Staaten kaufen, auf denen außerordentlich hohe Kosten des Schiffstransports lasten. Und das hängt von der Vorfrage ab, ob die amerikanischen Gruben arbeiten und ob die amerikanische Schiffahrt nicht gerade durch einen Streik lahmgelegt ist.

Das sind einige von den vielen Gründen, die dafür sprechen, daß Deutschland in der Zukunft genau so wie in der Vergangenheit mit die wichtigste Stelle sein wird, an der der Hebel für die wirtschaftliche Neuordnung Europas angesetzt werden muß. Wenn man das nicht will, so muß man eben das deutsche Volk gänzlich ausrotten oder versklaven, das deutsche Land aufteilen und von den Nachbarländern annektieren lassen. Da niemand an solch drastische Maßnahmen denken kann, besteht das deutsche Problem heute nicht nur aus der Frage, wie man das deutsche Volk friedfertig und dem Gesetz gehorsam machen, sondern auch darin, wie man das Können, die Arbeitskraft und die natürlichen Hilfsmittel einer neuen und friedfertigen deutschen Nation zum Besten Europas und der Welt wirksam werden lassen kann.

(Aus: James, P. Warburg, Deutschland — Brücke oder Schlachtfeld, Verlag Mittelbach, Stuttgart 1949, S. 1—4)

(Nr. 44)

Die Finanzsachverständige M. Rohde zur westdeutschen Währungsreform

Wie sah die Währungsreform nun im einzelnen aus? Sie bestand aus vier Gesetzen. Die beiden ersten traten am 21. Juni 1948 in Kraft. Damit wurde die D-Mark das einzige deutsche gesetzliche Zahlungsmittel. Das alte Geld — Reichsmark, Rentenmark und Alliierte Militärmark — wurde ungültig ... Jeder der rund 50 Millionen Einwohner der Westzonen erhielt ein „Kopfgeld" von 60,— DM in der neuen Währung; sie wurde gegen den gleichen Betrag von Altgeld ausgezahlt. Von diesen 60,— M wurden 40,— DM am 20. Juni, dem vielzitierten Tag X ausgegeben und 20,— DM einen Monat später. Eine vierköpfige Familie verfügte also über insgesamt 240,— Deutsche Mark. Betriebe erhielten auf Antrag als „Geschäftsbetrag" eine Übergangshilfe für wirtschaftliche Zwecke; denn Löhne und Gehälter mußten in Zukunft in der neuen Währung gezahlt werden. Die Übergangshilfe betrug maximal 60,— DM je Arbeitnehmer. Firmen mit vollen Lagern im Zeitpunkt der Umstellung bekamen keine Überbrückungsgelder; damit sollten sie gezwungen werden, ihre Waren unverzüglich auf dem Markt anzubieten und sich auf diese Weise Geld zu beschaffen.

Das Altgeld mußte innerhalb einer Woche bei Banken und Sparkassen abgeliefert werden. Am 27. Juni 1948 waren alle Banknoten, die sich noch in Privathand befanden, verfallen. Die Altgeldguthaben wurden im Verhältnis 10 : 1 umgestellt; für jeweils 10,— RM wurde eine DM gutgeschrieben. Von diesen Guthaben — soweit sie 5000,— DM überstiegen — war jedoch nur die Hälfte verfügbar. Der Rest wurde auf einem „Festkonto" gutgeschrieben. Im Oktober entschieden die Alliierten über das weitere Schicksal dieser Konten: 70% der Guthaben wurden ersatzlos gestrichen, 20% waren frei verfügbar, die restlichen 10% wurden für die Anlage in Wertpapieren freigegeben. Dadurch verschlechterte sich das Umstellungsverhältnis insgesamt von 10 : 1 auf 10 : 0,65.

(Aus: M. Rohde, Zwanzig Jahre Deutsche Mark. In: Das Parlament, Nr. 25 vom 19. Juni 1968, S. 8)

(Nr. 45)

Der Publizist K. Pritzkoleit zur westdeutschen Währungsreform

Natürlich war die Behandlung der kleinen Leute, die die Masse der Geldsparer stellten — ob sie nun ihre Reichsmark im Strickstrumpf verborgen oder sie bei Banken, Sparkassen oder Genossenschaften angelegt hatten —, so ungerecht wie nur möglich. Danach fragten die Militärgouverneure nicht. Sie hatten eine harte Währungsreform gemacht, um die alte Ordnung der Dinge, die freie Marktwirtschaft, die der Vorstellungswelt der westlichen Welt entsprechende kapitalistische Wirtschaft wiederherzustellen. Deshalb waren die Sachwertbesitzer, die Produzenten industrieller und landwirtschaftlicher Güter, im Übermaß begünstigt worden: sie waren ungeschmälert im Besitz ihres Sachkapitals geblieben — der Lastenausgleich sollte Sache der Deutschen bleiben —, der ganzen Fülle der produktiven Besitztümer, die durch Kriegs- und Kriegsfolgeschäden viel weniger gelitten hatten, als man damals noch ahnte; sie würden es bald erleben, daß der Wert ihrer Fabriken und Horte wesentlich anstieg; sie waren von 90% ihrer Verbindlichkeiten befreit worden — und das alles, weil sie als die Garanten der Zukunft galten. Erst später würde man übersehen können, mit welchen Gewinnen die Herren und Hüter der Sachwertwelt aus der Währungsreform hervorgegangen waren, und gleichzeitig feststellen, daß die Sparer, die es einfach nicht lassen können, aufs neue begonnen hatten, Groschen für Groschen auf die hohe Kante zu legen.

Das war genau der gewollte Effekt der alliierten Maßnahmen: harte Reform für die Sparer, Erleichterung jeder Art für die Produzenten.

(Aus: K. Pritzkoleit, Gott erhält die Mächtigen. Rück- und Rundblick auf den deutschen Wohlstand. Karl Rauch Verlag, Düsseldorf 1963, S. 169)

Nr. 46

Ministerpräsident K. Arnold (CDU) vor dem Landtag von NRW am 16.6.1947

Das deutsche Volk und insbesondere die Menschen an Rhein und Ruhr sind entschlossen, eine öffentliche Ordnung aufzubauen, die der Wohlfahrt des Volkes und dem Frieden dient. Das gilt insbesondere für die Neuordnung unserer Wirtschaft. Das kapitalistische Wirtschaftssystem hat sich an seinen eigenen Gesetzen totgelaufen. Der natürliche Zweck der Wirtschaft, nämlich die Bedarfsdeckung des Volkes, wurde in sein Gegenteil verkehrt. Aus dem sittlich vorgeschriebenen Dienst an der Gemeinschaft wurde ein egoistisches Streben nach Macht, das das Lebensrecht und die Freiheit des wirtschaftlich Schwächeren und die Wohlfahrt des Volkes außer Betracht gelassen hat. Dadurch ergaben sich die großen sozialen und gesellschaftlichen Schäden, sowie die Förderung jener Machtinstinkte, die auch die Sicherheit der staatlichen Existenz gefährdet und am Ende maßgeblich eine Politik begünstigt haben, die im völligen Zusammenbruch Deutschlands endete. Dieser geschichtliche Tatbestand zwingt zu einer völligen Neugestaltung der deutschen Wirtschaft.

Für die Neuordnung der Grundstoffindustrie scheiden sowohl das System der bisherigen großkapitalistischen Wirtschaftsweise wie auch eine einseitige bürokratische Staatswirtschaft aus. Ziel muß vielmehr eine echte Gemeinwirtschaft sein, in der sich Einzelverantwortung und Einzelinitiative voll auswirken können. Die bisherigen einseitigen Machtgebilde in der Großwirtschaft werden beseitigt und Neubildungen in der Zukunft werden dadurch verhindert, daß die deutsche Grundstoffindustrie (Kohlenwirtschaft, die stahl- und eisenerzeugende Industrie, sowie die den Markt monopolistisch beherrschende Großchemie) in Gemeinwirtschaft überführt wird. (Bravo!) Eine Beteiligung des privaten Großkapitals in den vorgenannten Betriebs- und Industriezweigen wird ausgeschlossen. (Bravo!) Soweit im Zuge der Überführung der vorgenannten Industriezweige in Gemeinwirtschaft und im Interesse des Allgemeinwohles Enteignungen erforderlich werden, erfolgt eine Entschädigung nach Maßgabe der künftigen Gesetzgebung und nach den Grundsätzen der Gerechtigkeit. Kriegs- und Naziverbrecher werden entschädigungslos enteignet. (Bravo!) Von der Überführung in Gemeinwirtschaft bleiben Unternehmungen ausgeschlossen, die nicht zur Grundstoffindustrie gehören. Alle anderen Betriebe, insbesondere auch die des Handwerks, der Bauern, des Handels und Mittelstandes, sollen nach Kräften gefördert werden. Dem alten bewährten System der Genossenschaften muß ein weiter Wirkungsbereich eröffnet werden.

Gemeinwirtschaft bedeutet nicht bürokratisierte Staatswirtschaft. Die in Gemeinwirtschaft übergeführten Betriebe der Grundstoffindustrien werden daher nicht der Verwaltung des Staates unterstellt, sie behalten ihren bisherigen Charakter als selbständige und kaufmännisch geführte Betriebsverwaltung. [...]

Die Neuordnung der Wirtschaft soll erfolgen aus dem Geist der Verpflichtung des einzelnen gegenüber dem Ganzen. Durch eine maßgebliche Beteiligung der Arbeitnehmer an der Betriebs- und Wirtschaftsführung soll die soziale Gleichberechtigung hergestellt, der Mensch ganz allgemein wieder in den Mittelpunkt der Wirtschaft gestellt und der Arbeit wieder ein tieferer Sinn und höhere Würde verliehen werden. Die deutschen Gewerkschaften stehen damit vor einer überaus großen und verantwortungsreichen Aufgabe. Ich zweifle nicht, daß ihre besten Kräfte befähigt und entschlossen sind, diese Aufgaben mit Erfolg und zum geistigen und materiellen Nutzen des Volkes zu erfüllen.

(Aus: Stenographischer Bericht über die 1.—3. Sitzung des Landtages Nordrhein-Westfalen vom 16.6.1947, Sp. 11—12)

(Nr. 47)

Aus der Verfassung für das Land Nordrhein-Westfalen (1950)

Artikel 26

Entsprechend der gemeinsamen Verantwortung und Leistung der Unternehmer und Arbeitnehmer für die Wirtschaft wird das Recht der Arbeitnehmer auf gleichberechtigte Mitbestimmung bei der Gestaltung der wirtschaftlichen und sozialen Ordnung anerkannt und gewährleistet.

Artikel 27

(1) Großbetriebe der Grundstoffindustrie und Unternehmen, die wegen ihrer monopolartigen Stellung besondere Bedeutung haben, sollen in Gemeineigentum überführt werden.
(2) Zusammenschlüsse, die ihre wirtschaftliche Macht mißbrauchen, sind zu verbieten.

Artikel 28

Die Klein- und Mittelbetriebe in Landwirtschaft, Handwerk, Handel und Gewerbe und die freien Berufe sind zu fördern. Die genossenschaftliche Selbsthilfe ist zu unterstützen.

Artikel 29
(1) Die Verbindung weiter Volksschichten mit dem Grund und Boden ist anzustreben.
(2) Das Land hat die Aufgabe, nach Maßgabe der Gesetze neue Wohn- und Wirtschaftsheimstätten zu schaffen und den klein- und mittelbäuerlichen Besitz zu stärken.
(3) Die Kleinsiedlung und das Kleingartenwesen sind zu fördern.

Nr. 48

General L. Clay zur Sozialisierung (I)

Clays Reaktion im Jahr 1946 auf den Artikel 41 der hessischen Verfassung (über die Sozialisierung von Industrien) ist in diesem Zusammenhang recht aufschlußreich. Er genehmigte die Aufnahme des Artikels in die Verfassung nur unter der Bedingung, daß bei der Ratifizierung der Verfassung über diesen Punkt besonders abgestimmt würde. Die Entscheidung Clays, hier eine besondere Abstimmung herbeizuführen, ist an sich schon interessant. Man könnte daraus entnehmen, daß er den Wählern nicht zutraute, den Wert einer Verfassung als Ganzes zu erkennen. Vielleicht zeigt sich hier aber auch seine Hoffnung — eine vergebliche Hoffnung —, die Wähler würden die Sozialisierung ablehnen, wenn dies die einzige Frage wäre, über die sie abzustimmen hätten. Nachdem 71 Prozent der hessischen Wähler dem Artikel zugestimmt hatten, „entschloß sich Clay, den Artikel zwar in der Verfassung stehenzulassen, seine Durchführung aber zunächst auszusetzen". Auch später widersetzte sich Clay allen hessischen Bemühungen um die Erfüllung dieses Artikels.
Clays Widerstand gegen die Sozialisierung zeigte sich auch noch in anderer Weise. Gegen die Auffassung seiner Berater, besonders Drapers, kämpfte er 1946 für ein wirksames Entflechtungsgesetz und sagte seinem Stab, sein Hauptgrund läge darin, daß eine wirksame Entflechtung die Sozialisierung verhindern werde. Als Washington Clays Vorschläge für die Entflechtung Ende 1946 bei den Beratungen über den Zusammenschluß der zwei Zonen verwarf, forderte er eine politische Grundsatzerklärung über die Sozialisierung. In der Erklärung Washingtons hieß es, die Vereinigten Staaten hätten keine Einwände, wenn das deutsche Volk darüber in angemessener, demokratischer Form entscheide. Fast unmittelbar danach bat Omgus, diese Frage möge noch einmal überdacht werden, weil der Stadtrat von Berlin ein sehr weitgehendes Sozialisierungsgesetz entworfen hatte und es der Kommandantura zur Genehmigung durch die vier Mächte vorgelegt hatte. Omgus erhob besonders Einspruch dagegen, daß das in Berlin entworfene Gesetz keine angemessene Entschädigung vorsah, und war auch mit anderen Bestimmungen des Gesetzes nicht einverstanden. Omgus meldete außerdem Bedenken an, weil die Genehmigung des Gesetzes die Vereinigten Staaten zu einer Sozialisierungspolitik verpflichten werde, „wahrscheinlich ohne daß die Öffentlichkeit in den Vereinigten Staaten oder der Kongreß sich darüber im klaren sind, welche grundsätzliche Entscheidung getroffen worden ist". Nach einer langen, durch Meinungsverschiedenheiten in Washington verursachten Verzögerung traf im Mai 1947 bei Clay eine politische Grundsatzerklärung ein. Das Gesetz in Berlin war inzwischen nicht zustande gekommen, vor allem aufgrund seiner eigenen Fehler.

(Aus: J. Gimbel, Amerikanische Besatzungspolitik in Deutschland 1945—1949, Verlag der Frankfurter Hefte, Frankfurt 1971, S. 159—161)

Nr. 49

L. Clay zur Sozialisierung (II)

Sozialisierung. Der Heeresminister und der Verteidigungsminister waren bereit, Clay in seinem Bemühen um die Abwendung der Sozialisierung der Industrie zu unterstützen. Es wurde gezeigt, daß Clay schon früher durch das Fehlen einer klaren politischen Stellungnahme beunruhigt gewesen war, und daß die Vereinigten Staaten im Sommer 1947 auf der Kohlenkonferenz einen Aufschub für die Sozialisierung der Kohlenbergwerke um fünf Jahre durchsetzten. Die Kohleindustrie war jedoch nur ein Industriezweig, die Staaten zögerten offenbar, und die deutschen Sozialisten — die die demokratischen Einrichtungen und Verfahrensweisen, welche ihnen in den Ländern zur Verfügung standen, nutzten — waren ungeduldig und aktiv. Im Oktober 1947 fragten Royall und Forrestal Clay, ob er zur Frage der Sozialisierung weitere Direktiven brauche. Clay sagte, im Augenblick brauche er sie nicht, weil er seine

Instruktionen so auslege, daß „in Deutschland die wirtschaftliche und politische Stabilität hergestellt sein muß, ehe das deutsche Volk seine Meinung frei äußern kann“. Die Briten hätten sich stillschweigend mit dieser Interpretation einverstanden erklärt. „Die Zeit ist auf unserer Seite“, fuhr Clay fort. „Wenn wir daher die Angelegenheit hinauszögern können, während die freie Unternehmerwirtschaft fortfährt zu arbeiten und wirtschaftliche Verbesserungen sich einstellen, dann wird sich die Frage dem deutschen Volk vielleicht gar nicht mehr stellen.“

Clay hatte am 9. September 1947 vor dem Länderrat im wesentlichen das gleiche gesagt. Die Vereinigten Staaten wollten ihre Wirtschaftsstruktur den Deutschen nicht gegen ihren Willen aufzwingen, doch der Wille der Deutschen müsse durch das ganze Volk zum Ausdruck gebracht werden. Wenn ein Land die Sozialisierung wünscht, dann habe es ein Recht dazu, aber nicht wenn ganz Deutschland dadurch in Mitleidenschaft gezogen würde. Omgus richtete sich ganz nach Clays Interpretation, und das zeigte sich am deutlichsten in Hessen, wo die Regierung nach Artikel 41 der Verfassung verfahren und die vom Staat nach den Vermögensverwaltungsgesetzen der Militärregierung treuhänderisch verwalteten IG-Farben-Werke übernehmen wollte. Im November 1947 teilte Omgus dem hessischen Wirtschaftsminister Harald Koch mit, seine Sozialisierungspläne stünden im Widerspruch zu Gesetzen des Alliierten Kontrollrats, und die Vereinigten Staaten würden die Sozialisierung auf keinen Fall vor der Bildung einer gesamtdeutschen Regierung zulassen. Im weiteren Verlauf kam es zu dem Befehl der Militärregierung von Hessen vom 2. Dezember 1948, der besagte, daß „bis auf weiteres die hessische Regierung oder von ihr beauftragte Beamte oder Angestellte keinerlei Schritte unternehmen werden, um gegen die Bestimmungen der Artikel 39 und 41 der Verfassung oder die Durchführungsgesetze zu diesen Verfassungsbestimmungen irgendwelches Eigentum zu sozialisieren, es sei denn, die Erlaubnis der Militärregierung sei vorher eingeholt und erteilt worden“. Das bedeutete, es würde keine Sozialisierung geben, wenigstens nicht vor der Bildung einer westdeutschen Regierung.

(Aus: Gimbel, a.a.O., S. 225 f.)

Nr. 50

Ludwig Erhard zur Sozialen Marktwirtschaft (I)

Die sozialisierte Wirtschaft kann zwar einer umfassenden volkswirtschaftlichen Planung nicht entraten, aber es wäre auch wieder abwegig, die freie Wirtschaft oder — besser gesagt — die Marktwirtschaft als planlos und anarchisch zu charakterisieren. Durch die Methoden der Marktbeobachtung hat sie vielmehr die Verfahren einer systematischen Registrierung der ökonomischen Fakten und Tendenzen soweit entwickelt, daß der Wille bewußten Planens auch unter dieser Wirtschaftsverfassung immer mehr in den Vordergrund tritt. Schon in einem früheren Aufsatz wies ich darauf hin, daß zwischen planvoller Wirtschaft und voller Planwirtschaft Raum für unendlich viele Variationen der Beeinflussung und Lenkung der Wirtschaft bliebe, und daß es deshalb unrichtig und unehrlich sei, hier mit absoluten Begriffen zu operieren. Der eigentliche Gegensatz besteht nicht zwischen freier Wirtschaft und Planwirtschaft, wie auch nicht zwischen kapitalistischer und sozialistischer Wirtschaft, sondern zwischen Marktwirtschaft mit freier Preisbildung und staatlicher Befehlswirtschaft mit regulativem Eingriff auch in die Verteilung. Dieser Dualismus aber findet seine letzte Zuspitzung in der Frage, ob der Markt als das Votum der gesamten Wirtschaftsgesellschaft oder der Staat beziehungsweise eine andere Form des Kollektivs besser zu entscheiden vermag, was der Wohlfahrt der Gesamtheit, das heißt des Volkes frommt. Vielfach herrscht noch die völlig irrige Auffassung vor, daß der freie Wettbewerb zu einer Unterdrückung sozialer Strömungen oder doch zu wirtschaftlichen Störungen führe, während es nach der Überzeugung aller liberal und zugleich sozial orientierten Fachleute doch gerade die Unterdrückung der Freizügigkeit war, die das Gleichgewicht der Wirtschaft störte und sie in immer ausweglosere Krisen verstrickte. Wenn künftig der Staat darüber wacht, daß weder gesellschaftliche Privilegien noch künstliche Monopole den natürlichen Ausgleich der wirtschaftlichen Kräfte verhindern, sondern daß dem Spiele von Angebot und Nachfrage Raum bleibt, dann wird der Markt den Einsatz aller wirtschaftlichen Kräfte in optimaler Weise regulieren und damit auch jede Fehlleitung korrigieren. Es sei jedem unbenommen, zu glauben, daß demgegenüber die planende und regulierende Wirtschaftsbehörde den wirtschaftlichen Willen der Gesellschaft besser zu beurteilen vermöchte, obwohl die Beweisführung hierfür schwer anzutreten sein wird. Während sich Fehlleistungen der freien Marktwirtschaft automatisch in Preisveränderungen mit allen sich daraus ergebenden Folgen niederschlagen, besteht bei der staatlich gelenkten Wirtschaft die Gefahr, daß nicht minder unheilvolle Fehler unterdrückt werden und, unter der Decke fortschwelend, schließlich mit um so elementarerer Gewalt ausbrechen. Wir haben es in den letzten Jahren erlebt, wie leicht die staatlich gelenkte Wirtschaft zur Mißwirtschaft werden kann, ohne daß die Übergänge jeweils klar genug erkennbar sind.

Unsere Kritik richtet sich also nicht gegen die mannigfaltig auszudeutende Planwirtschaft, sondern in entschiedener Weise gegen die staatliche Befehlswirtschaft. Dieses Wirtschaftsprinzip führt, konsequent zu Ende gedacht, zur Aufhebung des Marktes und der freien Konsumwahl. Eine kollektiv gelenkte Wirtschaft, die sich dem Votum des Marktes beugt, bedeutet aber einen Widerspruch in sich selbst und wird damit sinnlos; die Mißachtung des im Marktgeschehen zum Ausdruck kommenden Konsumwillens aber hat notwendig die Einschränkung der freien Entscheidung zur Folge und basiert auf der völlig irrigen Vorstellung, das Glück der Menschen sei in einer quantitativ meßbaren, maximalen Bedarfsdeckung zu suchen. Selbst also unter der Annahme, daß die lenkende Wirtschaftsbehörde nur das Wohl der Gesamtheit im Auge hätte — eine Annahme, die auch der sozialistische Staat nicht absolut garantiert—, sind Zweifel berechtigt, ob das Volk in seiner Gesamtheit den möglichen Formen der Kollektivwirtschaft vor der freien Marktwirtschaft den Vorzug zu geben gewillt wäre.

Unter den heutigen Bedingungen besteht die Notwendigkeit, daß der Staat der Wirtschaft planend und regulierend Ziele setzt und die richtung-weisenden wirtschaftspolitischen Grundsätze aufstellt. Soweit ist und sei seine Initiative unbestritten. Darüber hinaus aber den Unternehmer zum Sklaven und bloßen Vollzugsorgan behördlichen Willens machen zu wollen, würde alle Persönlichkeitswerte töten müssen und die Wirtschaft der wertvollsten Impulse berauben. Gerade jetzt muß erkannt werden, daß die Wirtschaft dem sozialen Fortschritt nicht feindlich gegenübersteht, sondern an diesem ihren Wertmesser findet. Alle Maßnahmen, die zu einer gerechten Verteilung des Sozialprodukts, das heißt zugleich des Volkseinkommens, führen, bedürfen ernstester Überlegung. Dieses Problem aber ist gerade in Würdigung der sich uns aus unserer Not aufzwingenden Aufgaben lösbar, wenn nur die Sache über das Dogma gestellt wird.

(Aus: L. Erhard, Freie Wirtschaft und Planwirtschaft, Zeitungsartikel vom 14.10.1946, in: Ders. Deutsche Wirtschaftspolitik, Econ Verlag, Düsseldorf und Wien, 1962, S. 20—21)

Nr. 51

Ludwig Erhard zur Sozialen Marktwirtschaft (II)

Im Konkreten heißt das, daß wir nach einer Währungsreform dem menschlichen Willen und der menschlichen Betätigung sowohl nach der Produktions- als auch nach der Konsumseite hin wieder größeren Spielraum setzen und dann auch automatisch dem Leistungswettbewerb Möglichkeiten der Entfaltung eröffnen müssen. Wo immer die Gesellschaft bei einer solchen Entwicklung Fehlleitungen oder Gefahren befürchtet, da mag sie durch sozial-, wirtschafts- oder finanzpolitische Maßnahmen Grenzen ziehen oder Regeln setzen, — ja, sie wird das in Zeiten der Not sogar tun müssen — aber sie kann und darf ohne Schaden für die Gesamtheit nicht den ursprünglichsten Trieb der Menschen unterdrücken und abtöten wollen. . .

Eine Wirtschaft, die Leistungen messen und vergleichen, ja, die Leistungssteigerung an die Spitze stellen muß, kann auf das Mittel der Preispolitik nicht verzichten. Ich meine hier Preispolitik im weitesten Sinne, die die Steuer- und Tarifpolitik, die Lohnpolitik, aber auch die Geld- und Kreditpolitik gedanklich mit einschließt. Auch hier ist wieder die Beziehungnahme auf die Währungsreform zwingend, denn die technische Aktion der Bereinigung der Geldverhältnisse bliebe Stückwerk, wenn sich auf neuer, gesunder Grundlage nicht ein wirklich organischer Ausgleich vollziehen könnte und die Ventile verstopft blieben, die uns die Reaktion auf fehlgeleitete private und staatliche Planung anzeigen. Der Preisstopp bot den Deckmantel für eine bewußt ins Chaos treibende Staatspolitik. Der Preisstopp erlaubte die Mißwirtschaft und die Ausbeutung aller arbeitenden Menschen, der Preisstopp war folgerichtig der Wegbereiter jener staatlichen Zwangswirtschaft, die die politische Atmosphäre vergiftet, und die wir nicht verwässern, sondern beseitigen müssen, um auch wieder moralisch gesunden zu können. Wir mögen auch hier zur Vermeidung sozialer Härten für eine Übergangszeit noch gewisse Bindungen fortbestehen lassen, aber im Prinzip darf es auf diesem Gebiet keine Kompromisse geben, wenn die Währungsreform als ein dynamischer Prozeß erfolgreich zu Ende geführt werden soll. Die freie Preisbildung würde noch nicht einmal zu dem System einer Planwirtschaft in Widerspruch stehen, wenn die planende Behörde nur einsichtig genug ist, sich dem Votum des Marktes, und das heißt der Stimme des Volkes zu unterwerfen.

(Aus: L. Erhard, Der Weg in die Zukunft, Rede vom 21.4.1948, in: Ders., a.a.O., S. 52—54)

Nr. 52

Düsseldorfer Leitsätze der CDU vom 15. Juli 1949

Was versteht die CDU unter sozialer Marktwirtschaft?

Die „soziale Marktwirtschaft" ist die sozial gebundene Verfassung der gewerblichen Wirtschaft, in der die Leistung freier und tüchtiger Menschen in eine Ordnung gebracht wird, die ein Höchstmaß von wirtschaftlichem Nutzen und sozialer Gerechtigkeit für alle erbringt. Diese Ordnung wird geschaffen durch Freiheit und Bindung, die in der „sozialen Marktwirtschaft" durch echten Leistungswettbewerb und unabhängige Monopolkontrolle zum Ausdruck kommen. Echter Leistungswettbewerb liegt vor, wenn durch eine Wettbewerbsordnung sichergestellt ist, daß bei gleichen Chancen und fairen Wettkampfbedingungen in freier Konkurrenz die bessere Leistung belohnt wird. Das Zusammenwirken aller Beteiligten wird durch marktgerechte Preise gesteuert.

Marktgerechte Preise sind Motor und Steuerungsmittel der Marktwirtschaft. Marktgerechte Preise entstehen, indem Kaufkraft und angebotene Gütermenge auf den Märkten zum Ausgleich gebracht werden. Wichtigste Vorbedingung, um diesen Ausgleich herbeizuführen, ist ein geordnetes Geldwesen.

In einer solchen Wirtschaftsordnung ist jeder Betrieb und jeder Haushalt im Rahmen der für alle gleichen Gesetze an Stelle einer lenkenden Behörde Herr seiner wirtschaftlichen Entschlüsse. Die einzelnen Betriebe planen in eigener Verantwortung, was sie erzeugen, und bieten ihre Erzeugnisse dem Markt an. Auf dem Markt findet ein Wettkampf der Erzeuger um die Gunst der Verbraucher statt. Wenn die Erzeuger richtig geplant haben, bezahlen die Verbraucher gute Preise, wenn sie falsch planen, werden die Erzeugnisse von den Verbrauchern abgelehnt oder nur zu niedrigeren Preisen abgenommen. Im ersteren Falle werden die Erzeuger durch Gewinn belohnt und zu größerer Produktion angeregt, im letzteren Falle werden sie durch Verlust gestraft und zur Umstellung auf eine andere, dem Verbraucher genehmere Produktion angehalten. Auf diese Weise bestimmen die Verbraucher mittelbar, was produziert werden soll, und können gleichzeitig frei über ihr Einkommen verfügen.

Die „soziale Marktwirtschaft" steht im scharfen Gegensatz zum System der Planwirtschaft, die wir ablehnen, ganz gleich, ob in ihr die Lenkungsstellen zentral oder dezentral, staatlich oder selbstverwaltungsmäßig organisiert sind. [. . .]

Die „soziale Marktwirtschaft" steht auch im Gegensatz zur sogenannten „freien Wirtschaft" liberalistischer Prägung. Um einen Rückfall in die „freie Wirtschaft" zu vermeiden, ist zur Sicherung des Leistungswettbewerbs die unabhängige Monopolkontrolle nötig. Denn so wenig der Staat oder halböffentliche Stellen die gewerbliche Wirtschaft und einzelne Märkte lenken sollen, so wenig dürfen Privatpersonen und private Verbände derartige Lenkungsaufgaben übernehmen. [. . .]

Weil wir die unsozialen Auswüchse einer solchen „freien" Wirtschaft vermeiden wollen, weil wir in ihr eine verfälschte Marktwirtschaft sehen, fordern wir neben dem Leistungswettbewerb die Monopolkontrolle. Erst eine wirksame Monopolkontrolle verhindert, daß Privatpersonen und private Verbände Lenkungsaufgaben in der Wirtschaft übernehmen können. Erst die Monopolkontrolle führt dazu, daß der Verbraucher mittelbar Art und Umfang der Produktion bestimmt und damit zum Herrn der Wirtschaft wird. Dadurch führt die von uns geforderte Wirtschaftsordnung neben den im Ahlener Programm genannten Mitteln zu wahrer Wirtschaftsdemokratie und deshalb nennen wir sie die „soziale Marktwirtschaft".

Die „soziale Marktwirtschaft" verzichtet auf Planung und Lenkung von Produktion, Arbeitskraft und Absatz.

Dadurch ist der Staat von der Sorge der zentralen Lenkung entlastet. Ihm bleibt die Aufgabe, das Recht zu setzen und zu hüten, den Wettbewerb zu fördern und das Geldwesen zu ordnen. In der „sozialen Marktwirtschaft" treten die durch Gesetz verankerte Ordnung und das Preissystem, d.h. also ein übersehbares und berechenbares System von Ordnungsmitteln an die Stelle eines behördlichen oder privaten monopolistischen Ermessens, das von niemand wirksam kontrolliert werden kann.

Die „soziale Marktwirtschaft" bejaht jedoch die planvolle Beeinflussung der Wirtschaft mit den organischen Mitteln einer umfassenden Wirtschaftspolitik aufgrund einer elastischen Anpassung an die Marktbeobachtung. Diese Wirtschaftspolitik führt in sinnvoller Kombination von Geld- und Kredit-, Handels- und Zoll-, Steuer-, Investitions- und Sozialpolitik sowie anderen Maßnahmen dazu, daß die Wirtschaft in Erfüllung ihrer letzten Zielsetzung der Wohlfahrt und der Bedarfsdeckung des ganzen Volkes dient. Diese Bedarfsdeckung hat selbstverständlich auch eine angemessene Versorgung des notleidenden Teiles der Bevölkerung zu umfassen.

(Zitiert nach: Dokumente zur parteipolitischen Entwicklung in Deutschland seit 1945, bearbeitet und hrsg. von Ossip K. Flechtheim, 2. Bd., Berlin 1963, S. 59)

Nr. 53

Beschluß des ZK der SED zur Währungsreform in der SBZ einschließlich Berlins vom 22.6.1948

In der Ostzone wird jedoch im Gegensatz zu Westdeutschland der Geldschnitt unter Beachtung sozialer Gesichtpunkte durchgeführt. Wer auf seinem neuen Sparkonto 200 RM hat, behält 120 RM, das sind 60 Prozent. Wer 300 RM hat, behält 140 RM. Bei 500 RM verbleiben 180 RM, und bei 1000 RM bleiben 280 RM. Auf diese anerkannten Beträge wird die Kopfquote von 70 RM nicht angerechnet, was eine weitere Vergünstigung gegenüber den Bestimmungen in Westdeutschland bedeutet. Auch die Inhaber von alten Sparkonten werden berücksichtigt.

Diejenigen, welche nach dem Zusammenbruch durch Zeichnung von Aufbauanleihen der Länder ihr Vertrauen zur neuen demokratischen Ordnung bekundet haben, erfahren keinerlei Schmälerung des eingelegten Betrages.

Von besonderer Bedeutung ist, daß in der Sowjetischen Besatzungszone die Gelder der volkseigenen Betriebe, der kommunalen Betriebe und die Haushaltsgelder der staatlichen Verwaltungen keiner Abwertung unterliegen.

Die Neubauernkredite werden auf ein Fünftel der Schuldsumme herabgesetzt. Das bedeutet eine Stärkung der durch die Bodenreform geschaffenen Neubauernwirtschaften. Zu dem Kreis der begünstigten Organisationen gehört auch die Sozialversicherung, deren Vermögen 2 : 1 umgerechnet wird.

Um der Geldreform in der Sowjetischen Besatzungszone zum Erfolg zu verhelfen, müssen alle für die durchzuführenden Maßnahmen verantwortlichen Kräfte, insbesondere in den Kreditinstituten und Finanzverwaltungen der Länder, die größte Aktivität entwickeln. Das Wirtschaftsleben und die Versorgung der Bevölkerung müssen ihren ungehinderten Lauf nehmen. Die Festigung und Entwicklung des wirtschaftlichen Aufbaus erfordert in Verbindung mit der Währungsreform verstärkte Anstrengungen aller Werktätigen und ihrer Massenorganisationen, insbesondere der Gewerkschaften, zur Erhöhung der Produktion und der Wirtschaftlichkeit der Betriebe.

(Zitiert nach: Dokumente der Sozialistischen Einheitspartei Deutschlands, Bd. II, Berlin 1952, S. 16 ff.)

Nr. 54

Stellungnahme Walter Ulbrichts (als stellv. Vors. der SED) zum SMAD-Befehl Nr. 234 vom 11.10.1947

Jetzt kommt es darauf an, daß sich die neue, demokratische Wirtschaftsordnung bewährt durch Erhöhung der Arbeitsproduktivität und Verbesserung der materiellen Lage des Volkes. Dabei müssen die Belegschaften der volkseigenen Betriebe vorangehen. Mögen die Arbeiter, Angestellten und Ingenieure dieser Betriebe es als ihre höchste Ehre betrachten, zeigen zu können, daß die Volksinitiative der „privaten Initiative“ in den großkapitalistischen Betrieben Westdeutschlands überlegen ist. [. . .]

Auf dem Parteitag der Sozialistischen Einheitspartei Deutschlands haben wir den deutschen Plan des Neuaufbaus begründet, der ausgeht von der Intensivierung der Landwirtschaft, der planmäßigen Steigerung der Produktion, der Verbesserung der deutschen Qualitätsarbeit und der Entwicklung des Interzonen- und Außenhandels unter möglichster Vermeidung von Rohstoffexporten. Der Schlüssel zur Verwirklichung dieses Planes ist die Steigerung der Arbeitsproduktivität und die Verbesserung der materiellen Lage der Arbeiter und Angestellten in Industrie und Verkehrswesen.

Die Hauptkraft zur Lösung dieser großen Aufgabe sind die Arbeiter, Angestellten, Techniker und Ingenieure. Sie befinden sich in der neuen, demokratischen Ordnung in einem neuen Verhältnis zur Wirtschaft. In den volkseigenen Betrieben arbeiten sie nicht mehr für Konzernherren oder andere Ausbeuter. Jeder Arbeiter, jeder Angestellte ist unmittelbar an der Steigerung der Produktion und an der Erhöhung der Arbeitsdisziplin interessiert, denn davon hängt jetzt die bessere Versorgung der Werktätigen ab. Der Befehl Marschall Sokolowskis zeigt den Weg zur Steigerung der Arbeitsproduktivität, zur Überwindung von Gleichgültigkeit und Bummelei, er ruft das arbeitende Volk auf, besser zu arbeiten, die berufliche Qualifikation der Arbeiter zu erhöhen, die Sabotage des Gegners rücksichtslos zu bekämpfen, das Schiebertum zu liquidieren und dadurch die materielle Lage der Arbeiter und Angestellten zu verbessern.

Jetzt kommt es darauf an, in jedem Betrieb den Produktionsplan zur Sache der ganzen Belegschaft zu machen, durch regelmäßige Produktionsberatungen die Arbeitsorganisation zu verbessern, die Qualität der Arbeit zu erhöhen und für die bestmögliche Ausnutzung der Rohstoffe zu sorgen. Wieviel Rohstoffe werden heute noch für die Herstellung unnützer Waren verwendet, während man mit den gleichen Rohstoffen nützliche Gegenstände des Massenbedarfs herstellen könnte. Wieviel Rohstoffabfälle gibt es heute noch in den Betrieben, die sehr wohl für die Herstellung von Gebrauchsgegenständen für die Werktätigen ausgenutzt werden könnten. Mögen die Ingenieure und Techniker, deren technische Kenntnisse so lange für Vernichtungszwecke ausgenutzt wurden, nunmehr beweisen, daß sie durch ihre Erfindungen, durch ihre Vorschläge für die Einsparung von Rohstoffen wirkliche Ingenieure des friedlichen Aufbaus sind.

Es ist an der Zeit, daß neue Methoden der Arbeit Anwendung finden. Der Wettbewerb zwischen den volkseigenen Betrieben ist zu entfalten, und die Bummelei, Gleichgültigkeit, schlechte Arbeitsorganisation, Vernachlässigung des Arbeitsschutzes und der Gesundheitsfürsorge sollen in Betriebswandzeitungen und in der Tagespresse selbstkritisch behandelt werden.

(Zitiert nach: Dokumente aus den Jahren 1945—1949, Berlin 1968, S. 511—512)

(Nr. 55)

„Kumpel Hennecke weit voraus“

Zwickau (ND). In der Grube „Karl Liebknecht“ vom Steinkohlenwerk „Gottes Segen“ in Zwickau hat der Kumpel Adolf Hennecke in einer Sonderschicht am 13. Oktober eine beispielgebende Leistung vollbracht, die die Aktivistenbewegung auf eine höhere Stufe stellt. Er förderte während seiner Achtstundenschicht mit dem Preßlufthammer 24,4 cbm Steinkohle, was bei einer Arbeitsnorm von 6,3 cbm je Schicht 380 Prozent des Tagessolls bedeutet. Damit hat Hennecke die Leistungen der besten Häuer um 200 Prozent übertroffen.

Bei seiner Ausfahrt wurde Hennecke von den Kumpels, die sich vor der Anlage des Schachtes versammelt hatten, zu seiner außerordentlichen Leistung beglückwünscht. In einer Betriebsversammlung unter freiem Himmel wurde Hennecke von der Betriebsgewerkschaftsleitung und der Revierdirektion ausgezeichnet. Der Häuer Hennecke ist bereits seit 26 Jahren in derselben Grube tätig und seit August als Instrukteur für die Arbeitsaktivisten eingesetzt, die durch sein Vorbild auf über hundert angewachsen sind.

Am 13. Oktober verpflichtete sich Hennecke aus Anlaß des Jahrestages des Befehls 234, seine Schichtnorm in einer Sonderschicht mit 250 Prozent zu erfüllen. Er arbeitete vor Ort unter normalen Arbeitsverhältnissen in Einmannschicht, d.h. Förderung und Beladen wurden von ihm allein verrichtet. Hennecke übertraf sein Sondersoll und erreichte 380 Prozent. Er erklärte zu seiner Leistung, daß bei richtiger Organisation des Arbeitsprozesses seine Leistung noch von manchem Kameraden nicht nur erreicht, sondern auch überschritten werden kann. Voraussetzung dazu ist die richtige Organisation des Arbeitsprozesses. Wie die Betriebsleitung des Steinkohlenwerkes mitteilt, haben bereits drei weitere Kumpels eine Sonderschicht angemeldet.

Die Leistung des Häuers Adolf Hennecke ist der lebendige Beweis, daß es zur Erfüllung des Zweijahresplanes, zur Erfüllung der großen lebensnotwendigen Aufgabe der Produktionssteigerung vor allem der wirklichen Aktivisten der Arbeit bedarf. Der Aktivist soll und kann nicht etwa nur eine Maschine sein, die auf Hochtouren läuft, sondern, wie es auch Adolf Hennecke ausdrückte, die richtige Organisation der Arbeit, die Arbeit des Geistes, die sich zur körperlichen Leistung gesellt, das ist die Voraussetzung von Spitzenleistungen. Und vor allem — man muß wissen wofür. Der Aktivist Adolf Hennecke weiß es! — Mit dem hier im Zwickauer Bergrevier erzielten Abbaurekord von 380 Prozent der Norm ist der Anfang zu einer Aktivistenbewegung auf höherer Stufe, die man eine „Hennecke-Bewegung" nennen könnte, gemacht worden.

(Neues Deutschland vom 16. Oktober 1948, Nr. 242)

(Nr. 56)

Brief des ZK der SED an A. Hennecke vom 17.10.1948

Adolf Hennecke — „Vorbild eines Aktivisten"

Lieber Genosse Hennecke!
Mit großer Freude haben wir von Deiner wegweisenden Tat erfahren. 380 Prozent des Tagessolls — 24,4 Kubikmeter Steinkohle in einer Schicht — ist eine revolutionierende Leistung zur Erfüllung des Wirtschaftsplanes und eine schlagende Antwort auf die Marshallplanpolitik im Westen! Du sagst, Deine Leistung sei nichts Besonderes — sie ist aber das krönende Ergebnis eines wohlüberlegten, mit eisernem Willen verfolgten Planzieles. Du sagst selbst sehr richtig: „Zu der körperlichen Leistung muß sich naturgemäß auch die Arbeit des Geistes gesellen. Jeder Arbeitsvorgang muß schon im voraus gut bedacht sein. Als das wichtigste Moment muß ich jedoch das Beherrschen der zu bearbeitenden Materie anführen. Das erfordert selbstverständlich ein jahrelanges Arbeiten an sich selbst. Dazu kommen die Erfahrungen und Ereignisse im Bergbau, die täglich neue Situationen ergeben. Ich möchte die Arbeit im Bergbau als etwas Schöpferisches betrachten, weil sich täglich die Verhältnisse ändern."

Hieraus geht klar hervor, daß Deine Tat das Ergebnis der in Dir lebendig gewordenen revolutionären Tradition der deutschen Arbeiterbewegung ist, wie sie sich unter anderem in Karl Liebknecht, dessen Name Deine Grube mit Stolz trägt, verkörpert. Sie ist das Ergebnis des sozialen Verantwortungs- und höchsten Pflichtbewußtseins gegenüber Deiner Partei, Deiner Klasse und unserem Volk.

Du bist damit zum Vorbild unserer jungen Aktivistenbewegung geworden, um Dich stehen ebensolche Helden wie Du, denen wir gleich Dir die Hand drücken: die Kumpels und Genossen Landmann, Münsel, Arlt, Sonntag, Frey, Schuh, Nußbaumer, Nitzsche, Mittelbach, Morgenstern und andere. Wenn Ihr Eure Erfahrungen richtig auswertet, die Voraussetzungen zu solchen Leistungen wo irgendmöglich verbessert, die Bewegung ausbreitet, in gut vorbereiteten Gruppen in Wettbewerbe unter Euch und mit anderen Gruben eintretet, werdet Ihr Großes zu schaffen imstande sein.

Wenn die Bewegung dazu führt, daß alle Kumpels ihre Leistungen um einen hohen Prozentsatz steigern, wird Deine Tat ihre wahre Bedeutung erreichen. Darum geht es jetzt, neben den Spitzenleistungen die Durchschnittsproduktion pro Kopf zu steigern, damit eine weitgehende Übererfüllung des Plansolls im deutschen Bergbau erreicht wird. Wir wissen, daß Kumpels und Genossen wie Ihr diese Aufgabe vollbringen werden. Ihr werdet damit das führende Beispiel für andere Wirtschaftszweige geben.

Dir, lieber Genosse Hennecke, gebührt unser Dank und die besten Wünsche für die Erfüllung Deiner weiteren Pläne. Dir und Deinen Kumpels sowie der ganzen Grube „Karl Liebknecht" unsere besten sozialistischen Grüße!

Mit herzlichem Glückauf!

Zentralsekretariat der Sozialistischen Einheitspartei Deutschlands

Wilhelm Pieck Otto Grotewohl

(Zitiert nach: Dokumente der SED. Bd. II, Berlin 1952, S. 138—139)

(Nr. 57)

W. Leonhard zur Hennecke-Bewegung

Die Sowjetisierung ging mit riesigen Schritten voran. Nachdem die Theorie des besonderen Weges zum Sozialismus verurteilt, die „Geschichte der KPdSU" zur Grundlage aller Lehrpläne gemacht, die Kritik- und Selbstkritikabende nach sowjetischem Muster eingeführt worden waren, wurde Mitte Oktober 1948 getreu nach sowjetischem Muster der deutsche Stachanow „entdeckt". Am 13. Oktober hatte Adolf Hennecke in einem Stollen der Grube Karl Liebknecht im Zwickauer Kohlenrevier das bisher übliche Tagessoll um 380 Prozent überboten. Dies wurde — ähnlich wie 1935 bei Stachanow — sofort zum Ausgangspunkt einer mächtigen „Bewegung" gemacht. Ich erinnerte mich noch gut, wie wir in der Sowjetschule den Rekord Stachanows vom 31. August 1935 im Irmino-Schacht bei Stalino — Stachanow hatte die Norm mit 1400 Prozent erfüllt — bis zum Überdruß durchgenommen hatten.

Bei Hennecke war man bescheidener. Er hatte die Norm nicht mit 1400 Prozent, sondern „nur" mit 380 Prozent erfüllt. Sonst war aber alles ebenso.

In der Sowjetunion hatte ich allmählich ein wenig über die Hintergründe der Stachanow-Bewegung erfahren: Wie lange man ein bestimmtes Arbeitsgebiet vorbereitet, besonders günstige Arbeitsbedingungen schafft, eine ganze Brigade damit beschäftigt, Zubringerdienste zu leisten, um dann den „Rekord" zu brechen. Ich hatte keine Illusionen mehr darüber, und doch war ich erstaunt, mit welch nüchterner Offenheit wir auf einer internen Lehrerbesprechung von Rudolf Lindau über die beginnende Hennecke-Bewegung informiert wurden:

„Wir wollen hier ganz offen sprechen. Wir befinden uns jetzt in der Zeit, da es sich als notwendig erweist, durch eine besondere Bewegung eine neue Einstellung zur Arbeit, einen neuen mächtigen Aufschwung der Arbeitsproduktivität zu erzielen. Solche Dinge gehen natürlich nicht spontan, sondern müssen sorgfältig geplant und organisiert werden. Bereits vor mehr als zwei Monaten haben die Besprechungen darüber begonnen. Es mußte zunächst die Frage geklärt werden, in welchem Teil unserer Zone der Ausgangspunkt einer solchen Bewegung zu liegen habe.

Nach längeren Diskussionen entschied man sich, diese Bewegung in Sachsen ins Leben zu rufen. Danach wurde die Entscheidung über den Industriezweig getroffen. Ähnlich wie in der Sowjetunion wurde der Bergbau als günstigster Ausgangspunkt erkannt. Sollte man nun einen jüngeren oder einen älteren Arbeiter zu dieser Funktion auswählen? In der Sowjetunion hat man sich für einen Komsomolzen entschieden. Bei uns in der Zone liegen die Dinge aber anders. Die jüngere Generation der Arbeiter wird leichter für eine Aktivistenbewegung zu gewinnen sein. Bei uns ist die Hauptfrage, einen Umschwung bei den älteren Industrie- und Facharbeitern zu erreichen. Daher wurde festgelegt, einen älteren Arbeiter auszuwählen.

Schließlich galt es noch, eine andere Frage zu klären: Sollte man einen Parteilosen oder ein SED-Mitglied damit beauftragen? Nach eingehenden Beratungen entschied man sich für ein SED-Mitglied, um damit die Rolle der Partei in dieser wichtigen Frage deutlich zu unterstreichen.

Nachdem diese wesentlichen Fragen beantwortet waren, konnte man mit der Auswahl beginnen. Einige verantwortliche Genossen fuhren ins sächsische Bergbaugebiet und sprachen vertraulich mit den zuständigen Parteisekretären bzw. Betriebsdirektoren, um den geeigneten SED-Arbeiter zu finden.

Bei dieser Sicht stieß man auf Adolf Hennecke, der den gewünschten Anforderungen entsprach. Er ist jetzt dreiundvierzig Jahre alt, seit über zwanzig Jahren im Bergbau, Mitglied unserer Partei und hat auch eine SED-Parteischule besucht.

Unerwartet gab es jedoch eine Schwierigkeit: Adolf Hennecke wollte zunächst nicht. Er fürchtete, seine Arbeitskollegen würden ihm diese Rolle übelnehmen. Erst als ihm die politische Bedeutung und auch seine eigenen Aufstiegsmöglichkeiten klargemacht wurden, erklärte er sich bereit, die Aufgabe zu übernehmen.

Am 13. Oktober erfolgte dann sein Rekord, und damit stehen wir nun am Ausgangspunkt einer Aktivistenbewegung."

Einige Tage später erschien ein Brief des Zentralsekretariats über Adolf Hennecke in allen Zeitungen der Sowjetzone. Es wurde von seiner „wegweisenden Tat" gesprochen, von seiner „revolutionären Leistung zur Erfüllung des Wirtschaftsplanes", „die eine schlagende Antwort auf die Marshallplan-Politik im Westen" sei. Da ich wußte, wie die Sache wirklich vor sich gegangen war, wurde ich schamrot, als ich in dem Brief las:

„Hieraus geht klar hervor, daß Deine Tat als Ergebnis der in Dir lebendig gewordenen revolutionären Tradition der deutschen Arbeiterbewegung, wie sie sich unter anderem in Karl Liebknecht, dessen Namen Deine Grube mit Stolz trägt, verkörpert [sic]. Sie ist das Ergebnis des sozialen Verantwortungs- und höchsten Pflichtbewußtseins gegenüber Deiner Partei, Deiner Klasse und unserem Volk".

(Aus: W. Leonhard, Die Revolution entläßt ihre Kinder, Verlag Kiepenheuer & Witsch, Köln - Berlin 1955, S. 525—527)

Nr. 58

Lied bei der Arbeit: „Das ganze Deutschland soll es sein . . ."

(Aus: H. E. Köhler und W. E. Süskind, Wer hätte das von uns gedacht, Harald Boldt Verlag, Boppard [3]1961, S. 13)

Nr. 59

Rede des französischen Politikers Maurice Schumann in den USA vom 11.1.1947

Was ist unser Ziel? Und was ist Ihr Ziel? Wir wollen verhindern, daß Europa wieder zum Schlachtfeld und Frankreich wieder zum Friedhof wird, auf dem Tausende Ihrer Söhne — wie ihre Väter und Großväter — Seite an Seite mit den Söhnen Frankreichs begraben liegen würden. Um dieses Ziel zu erreichen, müssen wir ein Europa aufbauen und dann Deutschland in dieses Europa hineinbauen — wir sind die ersten, die für eine solche Entwicklung eintreten würden. Aber andererseits dürfen wir nicht versuchen, Europa um Deutschland herum aufzubauen. Denn dann würde es, wie uns die bittere Erfahrung gelehrt hat, kein Europa und damit keinen Frieden geben. Aufstellung und Befolgung dieser Reihenfolge im Verfahren hängen von den Vereinigten Staaten ab. . .

Was bedeutet all dieses für einen Staatsmann, der kurz vor der Abreise nach Moskau steht, wo die Regelung der deutschen Frage vorbereitet werden soll? Ich meine, es bedeutet eine Anzahl ganz bestimmter und fest umrissener Maßnahmen, die zu ergreifen wären.

Erstens: der Friedensvertrag muß die Wiedererrichtung eines stark zentralisierten Reichs unmöglich machen. Wenn in der Hauptstadt dieses zukünftigen Reichs ein von ganz Deutschland in allgemeiner Wahl gewählter Reichstag sitzen sollte, so gäbe es nichts, was diese souveräne Körperschaft daran hindern könnte, wieder einen Bismarckschen Staat zu schaffen. Wenn wir dagegen einen lebensfähigen Bundesstaat aus Deutschland machen wollen, müßten alle Mitgliedstaaten Wirtschaftseinheiten von ausreichender Stärke darstellen und eine eigene, den Eigenarten des Gebietes oder der Provinz angepaßte Verfassung haben, und dann müßte jedes Land eine Anzahl von Vertretern in den Bundesrat abordnen.

Diese aus den Provinzparlamenten gewählte Versammlung würde ihrerseits die Bundesregierung bestimmen, deren Befugnisse streng auf wirtschaftliche und diplomatische internationale Beziehungen begrenzt sein müßten. Es würde keinen Staatschef geben. Aber einer der Minister könnte in jährlichem Turnus jeweils die Funktion des Präsidenten ausüben. Diesen Grundsätzen, die in den Friedensvertrag aufzunehmen wären, sollte die zukünftige Verfassung des Reichs entsprechen.

Zweitens: es genügt ein Blick auf die Landkarte des heutigen Europa und auf die verschiedenen darauf verzeichneten de-facto-Grenzen, um zu verstehen, daß im Friedensvertrag keine allgemeine Festsetzung der Besetzungszeit enthalten sein sollte, vor allem nicht für das Rheinland. Wenn die besetzten Westgebiete bald oder nach einer jetzt festgelegten Zeitspanne geräumt würden, würde sich der Mangel an Gleichgewicht, unter dem Europa schon jetzt leidet, noch ungemein verschärfen, wie jedermann leicht verstehen kann. Nur in dem Maße, wie dieses Gleichgewicht zwischen West und Ost wiederhergestellt und das neue föderalistische und demokratische Deutschland wirklich fest begründet ist, sollten die Besatzungsmächte — und nur sie allein — entscheiden, wann und wie sie ihre Truppen zurückziehen.

Aber es ist klar, daß ein föderalistisches Deutschland früher oder später dem Untergang geweiht wäre, wenn Europa nicht im Hinblick auf seine Struktur organisiert würde. Das bedeutet, daß die großen Schätze, die der deutsche Boden birgt, zum Wohle der ganzen europäischen Gemeinschaft einschließlich Deutschlands ausgenutzt werden sollten, anstatt von Deutschland gegen die europäische Gemeinschaft ausgebeutet zu werden wie bisher. Sie wissen, daß Frankreich das einzige Land in Europa ist, dessen Bergwerke heute ebensoviel und mehr Kohle fördern als vor dem Krieg. Ich vertrete in unserem Parlament einen Bezirk, in dem die meisten dieser Bergwerke liegen, und ich kann Sie versichern, daß unsere Bergleute ungeheure Leistungen vollbringen. Aber selbst vor dem Krieg, als wir nicht so furchtbar verwüstetes Land wiederaufzubauen hatten, mußten wir jährlich etwa 20 Millionen Tonnen Kohle einführen. Heute hätten wir ohne die amerikanischen Lieferungen trotz der heroischen Leistungen unserer Arbeiter nicht einmal genug Kohle, um unsere Fabriken in Betrieb zu halten. Unsere Privathäuser sind natürlich fast gänzlich ohne Heizung, so streng der Winter auch sein mag.

Ich brauche nicht zu erwähnen, daß wir sehr dankbar für die amerikanischen Lieferungen sind. Aber ist es gerecht und vernünftig, daß Sie nun verpflichtet sein sollten, uns Kohlen zu schicken, und daß das Leben Frankreichs von Monat zu Monat davon abhängig sein soll, was Sie uns schicken können, während das Ruhrgebiet vor unseren Toren liegt? Wenn ich diese Frage auf die moralische Ebene bringen sollte, hätte ich das Recht zu sagen: Wenn es schon sein muß, daß die Lebensinteressen eines von uns beiden durch den Kohlenmangel leiden müssen, dann sollte Deutschland an erster Stelle leiden und dann erst Frankreich. Denn eine solche Reihenfolge wäre für Deutschland der einzig konkrete Weg, zur Wiedergutmachung dessen beizutragen, was es zerstört hat oder was durch seine Schuld zerstört wurde. Aber — um auf der politischen Ebene zu bleiben — ich glaube, ich habe Ihnen die logische Entwicklung unserer These gezeigt: um eine europäische Gemeinschaft zu schaffen, müssen die Hilfsquellen, die bisher nur zur Kriegsvorbereitung benutzt wurden, neutralisiert und für ganz Europa ausgebeutet werden anstatt für Deutschland allein. Eine solche Verteilung ist unmöglich, ja sogar unvorstellbar, wenn nicht die Hauptquellen, nämlich die des Ruhrgebietes, einer internationalen Behörde unterstellt werden.

Es dürfte schwierig sein, dieses Argument zu widerlegen. Aber wenn Sie mir gestatten, ganz offen zu sein, so möchte ich sagen, ich habe den Eindruck, daß gewisse wohlmeinende Leute gegen die Errichtung einer internationalen Behörde für das Ruhrgebiet sind, weil sie darin eine Möglichkeit sehen, die Sowjet-Union nach dem Westen hineinzuziehen. ‚Die Sowjets sind schon an der Oder und an der Spree‘, sagte einer meiner englischen Bekannten neulich zu mir, ‚warum müßt Ihr sie auch noch an den Rhein holen?‘ Meine Antwort ist, daß man sich mit der endgültigen Aufspaltung der Welt in zwei Blocks abfindet, wenn man das Problem so stellt oder wenn man es überhaupt nicht stellt. Man nimmt damit das Schlimmste an und gibt jede Hoffnung auf den Frieden auf, bevor man überhaupt ernsthaft versucht hat, ihn zu gestalten.

Ich drehe also die Frage um und stelle sie folgendermaßen: Es ist klar, daß es ohne eine internationale Kontrolle des Ruhrgebiets keine deutsche Entwaffnung gibt. Es ist ebenfalls klar, daß alles, was die deutsche Abrüstung betrifft, von unmittelbarem Interesse für die Sowjet-Union ebenso wie für Frankreich ist, da sie zweimal innerhalb von fünfundzwanzig Jahren eine Invasion erlebte, durch die Gebiete wie die Ukraine, die so groß wie ganz Frankreich ist, ausgebrannt, geplündert und verwüstet worden sind. Eine Beteiligung der Sowjet-Union an der internationalen Kontrolle des Ruhrgebietes wäre also vollkommen zu rechtfertigen. Diese Beweisführung kann aber auch umgekehrt werden: wenn es fair ist, daß die Sowjet-Union sich mit uns am Ruhrgebiet und Rheinland beteiligt, wäre es ebenso fair, daß wir mit den Sowjets an den Produktionen Schlesiens, Sachsens und des Donaugebiets teilhaben. Ich möchte sogar sagen, daß die Forderung nach Gegenseitigkeit eines der wesentlichsten Verdienste der internationalen Kontrolle der Ruhr ist.

(Zitiert nach: Europa-Archiv, 2. Jg. [1947], S. 630)

(Nr. 60)

Der amerikanische Historiker Gimbel über die Konferenz von London vom Juni 1948

Die Art, in der die Londoner Empfehlung zur Bildung einer westdeutschen Regierung erfüllt wurde, zeigt also, daß die demokratischen Ideen hinter alliierten Interessen zurückstehen mußten und daß die Alliierten auf bestimmten Bedingungen, Strukturen und Machtverhältnissen bestanden, die die Deutschen vielleicht aus freien Stücken akzeptiert hätten, vielleicht aber auch nicht. Diese Unnachgiebigkeit hat ihre besondere Bedeutung, weil sich daraus ersehen läßt, daß die alliierte Entscheidung, die Bonner Regierung zu errichten, nicht wesentlich von den bisher in der Besatzungspolitik geltenden Grundsätzen und Bemühungen abwich. Die Ereignisse der Jahre 1948 und 1949 sind daher die Fortführung einer bestimmten politischen Linie und nicht ein Bruch. Sie stellen in gewissem Sinne nur ein weiteres Experiment dar, einen weiteren pragmatischen Versuch, mit Hilfe einer deutschen Auftragsregierung fundamentale politische Ziele der Alliierten zu verwirklichen. Die Entscheidung, eine westdeutsche Regierung zu errichten, war nicht mit der Freigabe von Interessen verbunden. Es läßt sich vielmehr nachweisen, daß die Anstrengungen, bestimmte alliierte Ziele und Bemühungen weiter zu verfolgen, noch verstärkt wurden.

(Aus: J. Gimbel, Die amerikanische Besatzungspolitik . . ., S. 298)

Nr. 61

K. Adenauer (Vorsitzender der CDU der britischen Zone) zur Bildung eines westdeutschen Staates

Die Arbeitsgemeinschaft der CDU/CSU Deutschlands veröffentlichte am 26. September 1947 eine Resolution folgenden Wortlauts:

„Vor Beginn der Londoner Konferenz richtet die Arbeitsgemeinschaft der CDU/CSU der sämtlichen Zonen an die Alliierten und die gesamte Weltöffentlichkeit den dringenden Appell, nicht zuzulassen, daß Deutschland zerrissen oder verstümmelt wird. Die Arbeitsgemeinschaft weiß sich darin einig mit dem gesamten deutschen Volk.“ [. . .]

Am 24. November 1947 hatte ich anläßlich einer Tagung des Zonenbeirates in Hamburg Gelegenheit, im Namen der CDU unsere Forderungen und Erwartungen bezüglich der Londoner Konferenz ausführlich auszusprechen. Ich sagte:

„Morgen, am 25. November, tritt die Londoner Konferenz zusammen. Diese Konferenz ist in erster Linie einberufen, um über deutsche Schicksalsfragen zu entscheiden. Deutschland ist nicht vertreten auf dieser Konferenz. Wir, die wir heute am Tage vor diesem Zusammentreten uns hier zusammengefunden haben, erfüllen eine Gewissenspflicht und darüber hinaus eine Herzenspflicht, wenn wir den in London versammelten Mächten zurufen, daß das gesamte deutsche Volk sich darin einig ist, daß es die deutsche Einheit erhalten wissen will. Ich glaube, daß das gesamte deutsche Volk sich auch in der Überzeugung einig ist, daß die Zerreißung und daß die Verstümmelung Deutschlands für die deutsche Frage und für das Schicksal Europas, für die Zukunft Europas in gleicher Weise bedeutungsvoll sein würden.

Was wir Deutsche — ich glaube, auch darin sind wir einer Meinung — wollen, ist, daß die

Zonengrenzen verschwinden, ist, daß Deutschland unter eine Kontrollinstanz gestellt wird, das ist weiter das Verlangen, daß diese Instanz sich auf die Kontrolle beschränkt und nicht eine Verwaltung ausübt, das ist weiter die Forderung, daß die deutschen Gesetze in Zukunft nicht mehr der Genehmigung, das heißt der einstimmigen Zustimmung der in der Kontrollinstanz vertretenen Mächte bedürfen, sondern daß die Gesetze automatisch dann in Kraft treten, wenn nicht innerhalb einer zu bestimmenden Frist ein einstimmiges Veto der kontrollierenden Instanz vorliegt.

Man hat sich in den letzten Monaten angeschickt, den deutschen Stellen mehr Kompetenzen zu geben. Aber man muß sich darüber klar sein, daß das, was bisher eingeräumt ist, bei weitem nicht genügt.

[. . .]

Was wir an die Londoner Konferenz noch weiter richten, das ist die dringende Bitte, nun endlich dem deutschen Volke den Wiederaufbau Deutschlands unter eigener Verantwortung in die Hände zu geben. Wir sind uns nach den Äußerungen, die verantwortliche britische und amerikanische Stellen in den letzten Wochen getan haben, darüber klar, daß in Bälde, wann, wissen wir nicht, doch damit begonnen werden wird, das staatliche Gefüge Deutschlands neu zu errichten, und wir wollen heute hier unsere Ansichten über dieses neue staatliche Gefüge Deutschlands sagen. Ehe ich Ihnen die Ansichten der Christlich Demokratischen Union darüber vortrage, lassen Sie mich einige Bemerkungen voranschicken. [. . .]

Wir legen in der zukünftigen Verfassung noch auf zwei Dinge entscheidenden Wert: einmal auf die Schaffung eines Staatsgerichtshofes. Diesen Staatsgerichtshof müssen wir unabhängig machen, so denkbar unabhängig, wie das überhaupt möglich ist. Dieser Staatsgerichtshof soll die Aufgabe haben, einmal die Zentralgewalt zu schützen vor Ungehorsam oder Übergriffen der Länder. Umgekehrt soll dieser Staatsgerichtshof auch die Aufgabe haben, die Länder zu schützen gegenüber Übergriffen seitens der Zentralgewalt.

Dieser Staatsgerichtshof soll weiter die Aufgabe haben, einem jeden Einwohner Deutschlands den nötigen Schutz zu gewähren gegen Beeinträchtigung der ihm verfassungsmäßig zugesicherten Grundrechte. Auch das ist eine absolute Notwendigkeit. Es gibt nicht nur eine Diktatur eines einzelnen, es kann auch eine Diktatur einer parlamentarischen Mehrheit geben, und davor wollen wir einen Schutz haben in der Form des Staatsgerichtshofes. Auch darin wollen wir aus den Erfahrungen lernen, die wir 1933 gemacht haben.

Ehe eine neue deutsche Verfassung das Licht des Tages erblicken wird, wünschen wir ein Statut, das sowohl der Besatzung die Rechte und die Pflichten gibt, die sie haben muß, das den Deutschen ebenfalls ihre Pflichten, aber auch ihre Rechte zuweist. Für uns ist die Auffassung unerträglich, die in einem Brief an den Oberbürgermeister von Essen zum Ausdruck gebracht worden ist, und zwar über die Rechte der Besatzung. [. . .]
In diesem Brief, den ich erwähnte, ist weiter ausgeführt, daß die Alliierten in Deutschland die gesamte staatliche Macht übernommen hätten, und dann findet sich der Satz, der nach unserer Auffassung niemals mehr wiederholt werden darf, es findet sich der Satz, daß das Recht der Alliierten seine Grenzen nur am eigenen Willen finde. (Hört, hört!) Das ist für uns untragbar, das sind Worte, wie wir sie niemals wieder zu hören geglaubt haben (Zwischenruf: Sehr gut). Es ist nicht gesagt: ‚Grenzen an der Menschlichkeit' oder etwas Derartiges, sondern ‚am eigenen Willen'. Ich möchte glauben, daß der Verfasser dieses Satzes sich nicht klar darüber gewesen ist, was er da niedergeschrieben hat. Denn das ist ein Absolutismus, wie er in den schlimmsten Zeiten des absolutistischen Regimes niemals ausgesprochen ist."

(Aus: K. Adenauer, Erinnerungen 1945—1953, Deutsche Verlagsanstalt, Stuttgart 1965, S. 126—129)

Nr. 62

Das Londoner Kommuniqué vom 7.6.1948

Es wurde Übereinstimmung erzielt, die Errichtung einer internationalen Behörde für die Kontrolle des Ruhrgebietes zu empfehlen, in der die Vereinigten Staaten, das Vereinigte Königreich, Frankreich, die Benelux-Länder und Deutschland vertreten sein sollen. Die

Errichtung dieser Behörde bedeutet keine politische Abtrennung des Ruhrgebietes von Deutschland. Vorgesehen ist jedoch die Kontrolle über die Verteilung der Kohlen-, Koks- und Stahlproduktion der Ruhr, um einerseits zu verhindern, daß die industrielle Konzentration in diesem Gebiet zu einem Aggressionsmittel wird, und andererseits zu gewährleisten, daß die Produktion allen am europäischen Wirtschaftsprogramm teilnehmenden Ländern einschließlich Deutschlands zugute kommt. [...]
Weiter wurde die Frage der Entwicklung der politischen und wirtschaftlichen Organisation Deutschlands von allen Delegationen beraten. Die Delegierten erkennen an, daß es bei Berücksichtigung der augenblicklichen Lage notwendig ist, dem deutschen Volk Gelegenheit zu geben, die gemeinsame Grundlage für eine freie und demokratische Regierungsform zu schaffen, um dadurch die Wiedererrichtung der deutschen Einheit zu ermöglichen, die zum gegenwärtigen Zeitpunkt zerrissen ist.
Auf Grund dieser Sachlage sind die Delegationen zu dem Schluß gekommen, daß das deutsche Volk jetzt in den verschiedenen Ländern die Freiheit erhalten soll, für sich die politischen Organisationen und Institutionen zu errichten, die es ihm ermöglichen werden, eine regierungsmäßige Verantwortung soweit zu übernehmen, wie es mit den Mindesterfordernissen der Besetzung und der Kontrolle vereinbar ist, und die es ihm schließlich auch ermöglichen werden, die volle Verantwortung zu übernehmen. Die Delegationen sind der Ansicht, daß die Bevölkerung in den Ländern die Ausarbeitung einer Verfassung wünscht, die Bestimmungen enthält, die von allen deutschen Ländern angenommen werden können, sobald die Umstände es zulassen.

Die Delegationen sind daher übereingekommen, ihren Regierungen zu empfehlen, daß die Militärgouverneure eine gemeinsame Sitzung mit den Ministerpräsidenten der Westzonen Deutschlands abhalten sollen. Auf dieser Sitzung werden die Ministerpräsidenten Vollmacht erhalten, eine verfassunggebende Versammlung zur Ausarbeitung einer Verfassung einzuberufen, die von den Ländern zu genehmigen sein wird.

Die Abgeordneten dieser verfassunggebenden Versammlung werden von den einzelnen Ländern nach Bestimmungen ernannt werden, die von den einzelnen Länderparlamenten selbst festgelegt werden.

Diese Verfassung soll so beschaffen sein, daß sie es den Deutschen ermöglicht, ihren Teil dazu beizutragen, die augenblickliche Teilung Deutschlands wieder aufzuheben, allerdings nicht durch die Wiedererrichtung eines zentralistischen Reiches, sondern mittels einer föderativen Regierungsform, die die Rechte der einzelnen Staaten angemessen schützt und gleichzeitig eine angemessene zentrale Gewalt vorsieht und die Rechte und Freiheiten des Individuums garantiert.

Wenn die Verfassung, die von der verfassunggebenden Versammlung vorbereitet wird, nicht gegen diese allgemeinen Grundsätze verstößt, werden die Militärgouverneure die Bevölkerung in den betreffenden Staaten zur Ratifizierung ermächtigen.
Bei der Zusammenkunft mit den Militärgouverneuren sind die Ministerpräsidenten ermächtigt, die Grenzen der verschiedenen Staaten zu überprüfen, um zu entscheiden, welche Veränderungen den Militärgouverneuren vorgeschlagen werden könnten, damit ein endgültiges System geschaffen wird, das für die Bevölkerung zufriedenstellend ist.

(Zitiert nach: Europa-Archiv, 3. Jg. [1948], S. 1437)

Nr. 63

Die Frankfurter Dokumente vom 1.7.1948

In Übereinstimmung mit den Beschlüssen ihrer Regierungen autorisieren die Militärgouverneure der amerikanischen, britischen und französischen Besatzungszone in Deutschland die Ministerpräsidenten der Länder ihrer Zonen, eine Verfassunggebende Versammlung einzuberufen, die spätestens am 1. September 1948 zusammentreten sollte. [...]
Die Verfassunggebende Versammlung wird eine demokratische Verfassung ausarbeiten, die für die beteiligten Länder eine Regierungsform des föderalistischen Typs schafft, die am besten geeignet ist, die gegenwärtig zerrissene deutsche Einheit schließlich wieder herzustellen und die Rechte der beteiligten Länder schützt, eine angemessene Zentralinstanz schafft und Garantien der individuellen Rechte und Freiheiten enthält.

Wenn die Verfassung in der von der Verfassunggebenden Versammlung ausgearbeiteten Form mit diesen allgemeinen Grundsätzen nicht im Widerspruch steht, werden die Militärgouverneure ihre Vorlage zur Ratifizierung genehmigen. Die Verfassunggebende Versammlung wird daraufhin aufgelöst.

Die Ratifizierung in jedem beteiligten Land erfolgt durch ein Referendum, das eine einfache Mehrheit der Abstimmenden in jedem Land erfordert, nach von jedem Land jeweils anzunehmenden Regeln und Verfahren. Sobald die Verfassung von zwei Dritteln der Länder ratifiziert ist, tritt sie in Kraft und ist für alle Länder bindend. Jede Abänderung der Verfassung muß künftig von einer gleichen Mehrheit der Länder ratifiziert werden. Innerhalb von dreißig Tagen nach Inkrafttreten der Verfassung sollen die darin vorgesehenen Einrichtungen geschaffen sein.

Die Ministerpräsidenten sind ersucht, die Grenzen der einzelnen Länder zu überprüfen, um zu bestimmen, welche Änderungen sie etwa vorzuschlagen wünschen. Solche Änderungen sollten den überlieferten Formen Rechnung tragen und möglichst die Schaffung von Ländern vermeiden, die im Vergleich mit den anderen Ländern entweder zu groß oder zu klein sind.

Wenn diese Empfehlungen von den Militärgouverneuren nicht mißbilligt werden, sollten sie zur Annahme durch die Bevölkerung der betroffenen Gebiete spätestens zur Zeit der Auswahl der Mitglieder der Verfassunggebenden Versammlung vorgelegt werden.

Bevor die Verfassunggebende Versammlung ihre Arbeiten beendet, werden die Ministerpräsidenten die notwendigen Schritte für die Wahl der Landtage derjenigen Länder unternehmen, deren Grenzen geändert worden sind, so daß diese Landtage sowie die Landtage der Länder, deren Grenzen nicht geändert worden sind, in der Lage sind, die Wahlverfahren und Bestimmungen für die Ratifizierung der Verfassung festzusetzen. Die Schaffung einer verfassungsmäßigen deutschen Regierung macht eine sorgfältige Definition der Beziehungen zwischen dieser Regierung und den alliierten Behörden notwendig. Nach Ansicht der Militärgouverneure sollten diese Beziehungen auf den folgenden allgemeinen Grundsätzen beruhen.

1. Die Militärgouverneure werden den deutschen Regierungen Befugnisse der Gesetzgebung, der Verwaltung und der Rechtsprechung gewähren und sich solche Zuständigkeiten vorbehalten, die nötig sind, um die Erfüllung des grundsätzlichen Zwecks der Besatzung sicherzustellen. Solche Zuständigkeiten sind diejenigen, welche nötig sind, um die Militärgouverneure in die Lage zu setzen:

a) Deutschlands auswärtige Beziehungen vorläufig wahrzunehmen und zu leiten;

b) das Mindestmaß der notwendigen Kontrollen über den deutschen Außenhandel und über die innerpolitischen Richtlinien und Maßnahmen, die den Außenhandel nachteilig beeinflussen könnten, auszuüben, um zu gewährleisten, daß die Verpflichtungen, welche die Besatzungsmächte in bezug auf Deutschland eingegangen sind, geachtet werden und daß die für Deutschland verfügbar gemachten Mittel zweckmäßig verwendet werden;

c) vereinbarte oder noch zu vereinbarende Kontrollen, wie z.B. in bezug auf die Internationale Ruhrbehörde, Reparationen, Stand der Industrie, Dekartellisierung, Abrüstung und Entmilitarisierung und gewisse Formen wissenschaftlicher Forschung auszuüben;

d) das Ansehen der Besatzungsstreitkräfte zu schützen und sowohl ihre Sicherheit als auch die Befriedigung ihrer Bedürfnisse innerhalb bestimmter, zwischen den Militärgouverneuren vereinbarten Grenzen zu gewährleisten;

e) die Beachtung der von ihnen gebilligten Verfassungen zu sichern.

2. Die Militärgouverneure werden die Ausübung ihrer vollen Machtbefugnisse wieder aufnehmen, falls ein Notstand die Sicherheit bedroht und um nötigenfalls die Beachtung der Verfassungen und des Besatzungsstatuts zu sichern.

3. Die Militärgouverneure werden die obenerwähnten Kontrollen nach folgendem Verfahren ausüben:

a) Jede Verfassungsänderung ist den Militärgouverneuren zur Genehmigung vorzulegen.

b) Auf den in den Absätzen a) bis e) in § 1 oben erwähnten Gebieten werden die deutschen Behörden den Beschlüssen oder Anweisungen der Militärgouverneure Folge leisten.

4. Sofern nicht anders bestimmt, insbesondere bezüglich der Anwendung des vorgehenden § 2, treten alle Gesetze und Bestimmungen der föderativen Regierung ohne weiteres innerhalb

von 21 Tagen in Kraft, wenn sie nicht von den Militärgouverneuren verworfen werden.

Die Beobachtung, Beratung und Unterstützung der föderativen Regierung und der Länderregierungen bezüglich der Demokratisierung des politischen Lebens, der sozialen Beziehungen und der Erziehung, werden eine besondere Verantwortlichkeit der Militärgouverneure sein. Dies soll jedoch keine Beschränkung der diesen Regierungen zugestandenen Vollmachten auf den Gebieten der Gesetzgebung, Verwaltung und Rechtsprechung bedeuten.

Die Militärgouverneure ersuchen die Ministerpräsidenten, sich zu den vorstehenden Grundsätzen zu äußern. Die Militärgouverneure werden daraufhin diese allgemeinen Grundsätze mit von ihnen etwa genehmigten Abänderungen der Verfassunggebenden Versammlung als Richtlinien für deren Vorbereitung der Verfassung übermitteln und werden die von ihr etwa dazu vorgebrachten Äußerungen entgegennehmen.

Wenn die Militärgouverneure ihre Zustimmung zur Unterbreitung der Verfassung an die Länder ankündigen, werden sie gleichzeitig ein diese Grundsätze in ihrer endgültig abgeänderten Form enthaltendes Besatzungsstatut veröffentlichen, damit sich die Bevölkerung der Länder darüber im klaren ist, daß sie die Verfassung im Rahmen des Besatzungsstatuts annimmt.

Beauftragte der Militärgouverneure werden bereit sein, die Ministerpräsidenten und die Verfassunggebende Versammlung in allen Angelegenheiten, die diese vorzubringen wünschen, zu beraten und zu unterstützen.

(Zitiert nach: Dokumente zur Zeit, 1949, S. 79f.)

Nr. 64

Die Beschlüsse der Koblenzer Ministerpräsidentenkonferenz vom 8. bis 10.7.1948

Die Ministerpräsidenten der Länder der drei westlichen Besatzungszonen haben sich vom 8. bis 10. Juli dieses Jahres in Koblenz versammelt, um die von ihnen erbetenen Antworten auf die am 1. Juli dieses Jahres überreichten Dokumente zu beraten. Sie haben die darin niedergelegten Aufträge der Militärgouverneure einer eingehenden Diskussion unterworfen und sind dabei einstimmig zu den in den Anlagen zu diesem Schreiben enthaltenen Auffassungen gekommen, um deren Prüfung sie bitten.
Die Vorschläge sind Ausdruck ihres Willens, an der Lösung der gestellten Probleme schöpferisch mitzuarbeiten und das in den Dokumenten gesteckte Ziel möglichst schnell und wirksam zu erreichen.
Die Ministerpräsidenten sind davon überzeugt, daß die Notstände, unter denen Deutschland heute leidet, nur bezwungen werden können, wenn das deutsche Volk in die Lage versetzt wird, seine Angelegenheiten auf der jeweils möglichen höchsten territorialen Stufe selbst zu verwalten. Sie begrüßen es daher, daß die Besatzungsmächte entschlossen sind, die ihrer Jurisdiktion unterstehenden Gebietsteile Deutschlands zu einem einheitlichen Gebiet zusammenzufassen, dem von der Bevölkerung selbst eine kraftvolle Organisation gegeben werden soll, die es ermöglicht, die Interessen des Ganzen zu wahren, ohne die Rechte der Länder zu gefährden.

Die Ministerpräsidenten glauben jedoch, daß, unbeschadet der Gewährung möglichst vollständiger Autonomie an die Bevölkerung dieses Gebietes, alles vermieden werden müßte, was dem zu schaffenden Gebilde den Charakter eines Staates verleihen würde; sie sind darum der Ansicht, daß auch durch das hierfür einzuschlagende Verfahren zum Ausdruck kommen müßte, daß es sich lediglich um ein Provisorium handelt, sowie um eine Institution, die ihre Entstehung lediglich dem augenblicklichen Stand der mit der gegenwärtigen Besetzung Deutschlands verbundenen Umstände verdankt.

In Anbetracht der bisherigen Unmöglichkeit einer Einigung der vier Besatzungsmächte über Deutschland müssen die Ministerpräsidenten besonderen Wert darauf legen, daß bei der bevorstehenden Neuregelung alles vermieden wird, was geeignet sein könnte, die Spaltung zwischen West und Ost weiter zu vertiefen. Sie sind der Überzeugung, daß das von ihnen vorgeschlagene Verfahren geeignet ist, das in Anbetracht der gegebenen Verhältnisse zur Bewältigung der gegenwärtigen Schwierigkeiten tauglichste Instrument für die Verwaltung des den drei westlichen Besatzungsmächten unterstehenden Gebietes Deutschlands in der kürzesten Zeit zu schaffen.

Für den Vorschlag der Ministerpräsidenten, von einem Volksentscheid Abstand zu nehmen, waren die gleichen Erwägungen maßgebend. Ein Volksentscheid würde dem Grundgesetz ein Gewicht verleihen, das nur einer endgültigen Verfassung zukommen sollte. Die Ministerpräsidenten möchten an dieser Stelle noch einmal betonen, daß ihrer Meinung nach eine deutsche Verfassung erst dann geschaffen werden kann, wenn das gesamte deutsche Volk die Möglichkeit besitzt, sich in freier Selbstbestimmung zu konstituieren; bis zum Eintritt dieses Zeitpunktes können nur vorläufige organisatorische Maßnahmen getroffen werden.

In der Frage der Änderung der Ländergrenzen sind die Ministerpräsidenten einmütig der Ansicht geworden, daß eine grundsätzliche und endgültige Lösung geboten ist und eingehender Prüfung bedarf.

Eine Überprüfung der Grenzen der einzelnen Länder muß von dem Bestreben geleitet sein, für das geeinte Deutschland eine innerstaatliche Gliederung zu schaffen, die die Erfordernisse eines gut funktionierenden, föderativen Staatswesens berücksichtigt. Neben den Erfordernissen der Gegenwart, im besonderen dem Gesichtspunkt der Gestaltung von leistungsfähigen und ausgewogenen Ländern, sollte dabei überlieferten Formen Rechnung getragen werden. Eine solche Überprüfung und Gestaltung der Länder im vereinigten Verwaltungsgebiet ist eine deutsche Aufgabe. Sie setzt das Vorhandensein gemeinsamer Organe demokratisch-parlamentarischen Charakters voraus. Sie kann daher nicht in kurzer Zeit gelöst werden.

Die Beseitigung der im Südwesten Deutschlands bestehenden, besonders unerfreulichen territorialen Verhältnisse durch die interessierten Länder selbst sollte dadurch nicht behindert werden.

Mit besonderem Ernst haben die Ministerpräsidenten die Probleme geprüft, die mit der Ordnung der Ausübung der Besatzungsherrschaft zusammenhängen. Sie haben mit Genugtuung von der Absicht Kenntnis genommen, die Beziehungen zu den Besatzungsmächten auf eine klare Rechtsgrundlage zu stellen. Die Ministerpräsidenten sind jedoch der Ansicht, daß der Erlaß eines Besatzungsstatutes durch die Militärgouverneure schon vor der Aufnahme der Tätigkeit der mit der Beratung des Grundgesetzes für das Gebiet der drei Westzonen beauftragten Körperschaft eine dringende Notwendigkeit ist; nur dann wird diese eine sichere Arbeitsgrundlage haben. Sie sind weiter der Meinung, daß in dem Besatzungsstatut deutlich zum Ausdruck kommen sollte, daß auch die nunmehr geplanten organisatorischen Änderungen letztlich auf den Willen der Besatzungsmächte zurückgehen, woraus sich andere Konsequenzen ergeben müssen, als wenn sie ein Akt freier Selbstbestimmung des deutschen Volkes wären.

Mit ihren eingehenden Vorschlägen wollen die Ministerpräsidenten ihrer Überzeugung Ausdruck verleihen, daß den deutschen Organen alle Befugnisse zustehen sollten, die ihnen nicht durch das Besatzungsstatut selbst vorenthalten werden; von bestimmten Ausnahmen abgesehen, sollten sich die Maßnahmen der Besatzungsmächte grundsätzlich auf die Überwachung der Tätigkeit der deutschen Organe unter dem Gesichtspunkt der Sicherstellung der Erfüllung der Besatzungszwecke beschränken.

Besonders bedeutsam erscheint hierbei die Notwendigkeit, den deutschen Außenhandel — unbeschadet einer wirksamen Überwachung durch die Besatzungsbehörden — von den Beschränkungen zu befreien, unter denen seine Ergiebigkeit heute zu leiden hat. Sie sind übrigens der Meinung, daß über die Bestimmungen des Besatzungsstatuts hinaus bald die Möglichkeit für Handelsvertragsverhandlungen geschaffen werden sollte, die von deutschen Stellen zu führen wären, deren Ergebnis jedoch der Ratifikation durch die Besatzungsmächte unterliegen würde.

Sie glauben weiter, daß es sich empfehlen könnte, die Internationale Ruhrbehörde in Anbetracht der Besonderheit ihrer Funktionen außerhalb des Besatzungstatuts zu lassen.

Was die Wiederaufnahme der vollen Machtbefugnisse der Militärgouverneure zur Beseitigung von Notständen anlangt, so glauben die Ministerpräsidenten sich mit den Militärgouverneuren einig in der Meinung, daß es im Falle bloßer polizeilicher Notstände die Aufgabe der deutschen Regierungen sein sollte, das zu ihrer Bewältigung Erforderliche zu tun.

Schließlich richten die Ministerpräsidenten an die Militärgouverneure die Bitte, in regelmäßigen Zeitabständen zu prüfen, ob die Entwicklung der Verhältnisse nicht eine weitere Ausdehnung der deutschen Zuständigkeiten und einen weiteren Abbau der Kontrolle erlauben könnte.

Die Ministerpräsidenten sprechen endlich den Wunsch und die Erwartung aus, daß durch einen Beschluß der Regierungen Frankreichs, Großbritanniens und der Vereinigten Staaten der Kriegszustand aufgehoben werden möge.

(Zitiert nach: T. Stammen [Hrsg.], Einigkeit und Recht und Freiheit. Westdeutsche Innenpolitik 1945—1955, München 1965, S. 181 bis 183)

(Nr. 65)

Aus dem darstellenden Teil des „Berichts über den Verfassungskonvent auf Herrenchiemsee vom 10. bis 23.8.1948“

(1) Die Grundrechte waren ursprünglich gegen den Staat als solchen gerichtet und waren daher vom Staat her unabänderlich. In langen Kämpfen wurde erreicht, daß sie in die Staatsverfassungen aufgenommen wurden. Damit wurden sie aber zu einem Teil der staatlichen Rechtsordnung mit der Folge, daß sie nun durch die Verfassung und schließlich auch durch beliebige Gesetze einschränkbar wurden. Da bei der Gesetzgebung die Volksvertretung mitwirkte, sah man im Gesetz die eigentliche Garantie der Freiheit und hielt lediglich eine Bindung der Verwaltung an das Gesetz für erforderlich. So erschien es auch auf dem Gebiet der Grundrechte als ausreichend, daß sie in Gesetzesform ausgesprochen und damit für die Verwaltung verbindlich waren. [. . .]

Überwiegend gilt heute die Auffassung, daß die Grundrechte zwar nicht vollkommen unabänderlich seien, daß sie aber als Institution nicht aufgehoben werden können. Eine befriedigende Umschreibung des Rahmens, in den sich auch die Geltendmachung der Grundrechte einzuordnen hat, ist dabei allerdings noch nicht geglückt. Die Formel, daß die Grundrechte „im Rahmen der allgemeinen Rechtsordnung zu verstehen“ sind, muß einstweilen aushelfen. Sie wird in Art. 21 Abs. 3 ausdrücklich verwendet. Die besonderen Einschränkungen, die den einzelnen Grundrechten beigefügt sind, sind an dieser Grundformel orientiert.

(2) Da es sich um die Planung des Grundgesetzes für eine *bundesstaatliche* Gemeinschaft handelte, sah sich der Konvent vor die Frage gestellt, ob das Grundgesetz unmittelbar alle staatlichen Organe des Bundesgebiets und alle seine Bewohner an bestimmte, im Grundgesetz zu verkündende Grundrechte binden solle oder ob das Grundgesetz sich damit begnügen könne, die Länder zu verpflichten, diese Grundrechte in ihre Verfassungen aufzunehmen. Der Konvent entschied sich dafür, das Grundgesetz solle selbst Grundrechte und nicht nur Grundrechtsanforderungen an die Landesverfassung enthalten.

Abgesehen davon, daß die Mehrzahl der Länder der britischen Zone noch keine Landesverfassungen haben, war der Gedanke entscheidend, daß das Grundgesetz des Bundes in einem Zeitpunkt geschaffen wird, in dem die allgemeinen Menschenrechte immer noch schweren Bedrohungen ausgesetzt sind, und daß deshalb ein gesamtdeutsches Bekenntnis zu diesen Rechten als der Grundlage des Gemeinschaftslebens notwendig erscheint.

Dagegen erschien es nicht notwendig, neben den grundlegenden Rechten der menschlichen Freiheiten alle irgendwie als Grundrechte bezeichneten Institutionen in einen umfassenden Katalog von Bundesgrundrechten aufzunehmen. Vielmehr muß es genügen und wird es zugleich eindrucksvoller sein, wenn die Zahl der Grundrechte im Grundgesetz beschränkt wird auf die wichtigsten Menschen- und Freiheitsrechte der einzelnen. Erwogen wurde, ob daneben auch Grundrechte der korporativen Ordnungen aufzunehmen seien. Dies wurde im Ergebnis verneint, insbesondere mit Rücksicht auf die vorläufige Natur des Grundgesetzes. Andere Institutionen eines freiheitlichen staatlichen Lebens, die in der Rechtslehre und in den Verfassungen gelegentlich gleichfalls als Grundrechte bezeichnet sind, wie der Schutz des Bürgers durch unabhängige Gerichte, das Recht auf Gehör im gerichtlichen Verfahren, das Verbot rückwirkender Strafgesetze, sind in anderen Abschnitten des Grundgesetzes, insbesondere in dem Abschnitt Rechtspflege, behandelt.

(3) An die Spitze der Aufstellung der Grundrechte hat der Konvent den Gedanken gestellt, daß der Staat dem Menschen zu dienen hat und daß die Würde des Menschen überall zu wahren ist. Dem folgen der Reihe nach die einzelnen Freiheitsrechte, die politischen Grundrechte,

die Gleichheit vor dem Gesetz, das Grundrecht des Eigentums und schließlich einige weitere wichtige Individualrechte. Die letzten drei Artikel (19 bis 21) enthalten die Grenzen, die auch den Grundrechten gesetzt sind, nämlich die Pflicht zur Verfassungstreue, die Verwirkung der politischen Grundrechte durch den, der sie zum Kampf gegen die politische Freiheit mißbraucht, und die oben behandelte Einordnung der Grundrechte in den Rahmen der allgemeinen Rechtsordnung.

(Zitiert nach: Stammen, a.a.O., S. 191—193)

Nr. 66

Aus der Antrittsrede K. Adenauers als Präsident des Parlamentarischen Rates

Und nun lassen Sie mich einige Worte über *Wirken* und *Aufgabe* des *Parlamentarischen Rates* sagen. Er ist ins Leben gerufen durch einen Akt der Militär-Gouverneure der drei Westzonen, durch einen Akt, wie er in dem Dokument niedergelegt ist, das den Ministerpräsidenten der drei Westzonen am 1. Juli dieses Jahres übergeben wurde. Nachdem er aber nunmehr sich konstituiert hat, ist er im Rahmen der ihm gestellten Aufgaben völlig frei und völlig selbständig. Es wird meines Erachtens die vornehmste Pflicht des Rates, aber auch des Präsidenten und seiner Stellvertreter sein, diese völlige Freiheit und Unabhängigkeit ständig zu wahren und sicherzustellen.

Der Parlamentarische Rat beginnt seine Tätigkeit — wir haben es heute morgen bei der Feier im Museum König gehört, und wir wissen es ja alle — in einer Zeit der völligen Ungewißheit über Deutschlands Zukunft. Ja, auch die Zukunft Europas und der Welt ist dunkel und unsicher, und Deutschland selbst ist politisch ohnmächtig. Es ist in zwei Teile geteilt. Wir Vertreter des Parlamentarischen Rates hier in diesem Saale — ich möchte das auch gegenüber den Ausführungen des Herrn Kollegen Reimann nachdrücklich unterstreichen — vertreten 46 Millionen Deutsche.

Meine Damen und Herren! Das Dasein des Parlamentarischen Rates selbst ist, wie ich eingangs sagte, zurückzuführen auf einen Entschluß eines Teiles der Siegermächte. Für jeden von uns war es eine schwere Entscheidung, ob er sich bei dem heutigen Zustand Deutschlands, bei der mangelnden Souveränität auch dieses Teiles Deutschlands zur Mitarbeit zur Verfügung stellen dürfe und solle. Ich glaube, verehrte Anwesende, eine richtige Entscheidung auf diese Frage kann man nur dann finden, wenn man sich klarmacht, was denn sein würde, welche Folgen für Deutschland und für das deutsche Volk eintreten würden, wenn dieser Rat nicht ins Leben träte. Die drei Mächte, die sich entschlossen haben, diesen Rat ins Leben zu rufen, ließen sich dabei von der Absicht leiten, daß dem politisch völlig auseinandergebrochenen deutschen Volke eine *neue politische Struktur* gegeben werde, in seinem Interesse, aber auch im Interesse Europas und der gesamten Welt. Das muß auch unser Ziel sein, und darum müssen wir die uns gebotene Möglichkeit nutzen, um den jetzigen unmöglichen politischen Zuständen in Deutschland ein Ende zu bereiten. Wir müssen das tun, auch wenn unsere Arbeit vorerst nur einem Teil Deutschlands zugute kommt. Denn, meine Damen und Herren, einmal muß ein Anfang gemacht werden, und einmal muß Schluß sein mit dem ewigen Weiterwursteln und Auseinanderfallen.

Wir gehen an unsere Arbeit in der festen und unerschütterlichen Absicht, auf diesem Wege wieder zur *Einheit* von *ganz Deutschland*, der Einheit, die unser Ziel ist und unser Ziel bleibt, zu gelangen. Welche Ergebnisse unsere Arbeit für ganz Deutschland haben wird, das hängt von Faktoren ab, auf die wir nicht einwirken können. Trotzdem wollen wir die historische Aufgabe, die uns gestellt ist — und es ist in Wahrheit nach diesem Zusammenbruch des Jahres 1945 eine historische Stunde und eine historische Aufgabe —, unter Gottes Schutz mit dem ganzen Ernst und mit dem ganzen Pflichtgefühl zu lösen versuchen, die die Größe dieser Aufgabe von uns verlangt.

(Parlamentarischer Rat. Stenographischer Bericht der 1. Sitzung, 1. September 1948, S. 4 f.)

(Nr. 67)

Ausführungen des SPD-Abgeordneten Carlo Schmid im Parlamentarischen Rat vom 8.9.1948

Nunmehr hat man uns eine weitere Schicht der Volkssouveränität freigegeben. Wir müssen uns fragen: Ist das, was uns nunmehr freigegeben worden ist, der ganze verbliebene Rest der bisher gesperrten Volkssouveränität? Manche wollen die Frage bejahen; ich möchte sie energisch verneinen. Es ist nicht der ganze Rest freigegeben worden, sondern ein Teil dieses Restes.

Zuerst räumlich betrachtet: Die *Volkssouveränität* ist, wo man von ihrer Fülle spricht, *unteilbar*. Sie ist auch räumlich nicht teilbar. Sollte man sie bei uns für räumlich teilbar halten, dann würde das bedeuten, daß man hier im Westen den Zwang zur Schaffung eines separaten Staatsvolks setzt. Das will das deutsche Volk in den drei Westzonen aber nicht sein! Es gibt kein westdeutsches Staatsvolk und wird keines geben! Das französische Verfassungswort: La Nation une et indivisible — die eine und unteilbare Nation, bedeutet nichts anderes, als daß die Volkssouveränität auch räumlich nicht teilbar ist. Nur das gesamte deutsche Volk kann „volkssouverän" handeln, und nicht eine Partikel davon. Ein Teil von ihm könnte es nur dann, wenn er legitimiert wäre, als Repräsentant der Gesamtnation zu handeln, oder wenn ein Teil des deutschen Volkes durch äußeren Zwang endgültig verhindert worden wäre, seine Freiheitsrechte auszuüben. Dann wäre ja nur noch der Rest, der bleibt, ein freies deutsches Volk, das deutsche Volkssouveränität ausüben könnte.

Ist dieser Zustand heute schon eingetreten? Manche behaupten: Ja! Aber man sollte nicht vergessen: Noch wird verhandelt; noch ist man sich, zumindest offiziell, darüber einig, in der Verschiedenheit der Zonenherrschaft ein Provisorium zu sehen, etwas, das nach dem Willen aller, auch der Besatzungsmächte, vorübergehen soll. Es scheint mir nicht unser Interesse zu sein, einer Besatzungsmacht durch ein Tun unsererseits einen Vorwand für die Verwandlung des heutigen Provisoriums der Separation der einzelnen Zonen in das Definitivum der Separation Ost-Deutschlands zu liefern. Aber das ist eine politische Entscheidung. Können wir sie treffen? Können wir sie treffen in einem Zustand, in dem uns die Möglichkeit genommen ist, den Umfang des Risikos zu bestimmen, das Deutschland dabei treffen müßte?

Eine *gesamtdeutsche konstitutionelle Lösung* wird erst möglich sein, wenn eines Tages eine *deutsche Nationalversammlung* in voller Freiheit wird gewählt werden können. Das setzt aber voraus entweder die Einigung der vier Besatzungsmächte über eine gemeinsame Deutschland-Politik oder einen Akt der Gewalt nach der einen oder anderen Seite. [. . .]

Zu dieser räumlichen Einschränkung der Möglichkeit, *Volkssouveränität* auszuüben, kommt noch eine *substantielle Einschränkung*. Wenn man die Dokumente Nr. I und III liest, die die Militärbefehlshaber den Ministerpräsidenten übergeben haben, dann erkennt man, daß die Besatzungsmächte sich eine ganze Reihe von Sachgebieten und Befugnissen in eigener oder in konkurrierender Zuständigkeit vorbehalten haben. Es gibt fast mehr Einschränkungen der deutschen Befugnisse in diesem Dokument Nr. I als Freigaben deutscher Befugnisse!

Die erste Einschränkung ist, daß uns für das Grundgesetz bestimmte Inhalte auferlegt worden sind; weiter, daß wir das Grundgesetz, nachdem wir es hier beraten und beschlossen haben, den Besatzungsmächten zur Genehmigung werden vorlegen müssen. Dazu möchte ich sagen: Eine Verfassung, die ein anderer zu genehmigen hat, ist ein Stück Politik des Genehmigungsberechtigten, aber kein reiner Ausfluß der Volkssouveränität des Genehmigungspflichtigen!

Die zweite Einschränkung ist, daß uns entscheidende Staatsfunktionen versagt sind: Auswärtige Beziehungen, freie Ausübung der Wirtschaftspolitik; eine Reihe anderer Sachgebiete sind vorbehalten. Legislative, Exekutive und sogar die Gerichtsbarkeit sind gewissen Einschränkungen unterworfen.

Die dritte Einschränkung: Die Besatzungsmächte haben sich das Recht vorbehalten, im Falle von Notständen die Fülle der Gewalt wieder an sich zu nehmen. Die Autonomie, die uns gewährt ist, soll also eine Autonomie auf Widerruf sein, wobei nach den bisherigen Texten die Besatzungsmächte es sind, die zu bestimmen haben, ob der Notstand eingetreten ist oder nicht.

Vierte Einschränkung: Verfassungsänderungen müssen genehmigt werden.

Also: Auch die jetzt freigegebene Schicht der ursprünglich voll gesperrten deutschen Volkssouveränität ist nicht das Ganze, sondern nur ein Fragment. Daraus ergibt sich folgende praktische Konsequenz: Um einen Staat im Vollsinne zu organisieren, muß die Volkssouveränität sich in ihrer ganzen Fülle auswirken können. Wo nur eine fragmentarische Ausübung möglich ist, kann auch nur ein *Staatsfragment* organisiert werden. Mehr können wir nicht zuwege bringen, es sei denn, daß wir den Besatzungsmächten gegenüber — was aber eine ernste politische Entscheidung voraussetzen würde — Rechte geltend machen, die sie uns heute noch nicht einräumen wollen. Das müßte dann ihnen gegenüber eben durchgekämpft werden. Solange das nicht geschehen ist, können wir, wenn Worte überhaupt einen Sinn haben sollen, keine Verfassung machen, auch keine vorläufige Verfassung, wenn „vorläufig" lediglich eine zeitliche Bestimmung sein soll. Sondern was wir machen können, ist ausschließlich das Grundgesetz für ein Staatsfragment. Die *eigentliche Verfassung*, die wir haben, ist auch heute noch das geschriebene oder ungeschriebene *Besatzungsstatut*. Die Art und Weise, wie die Besatzungsmächte die Besatzungshoheit ausüben, bestimmt darüber, wie die Hoheitsbefugnisse auf deutschem Boden verteilt sein sollen. Sie bestimmt auch darüber, was an den Grundrechten unserer Länderverfassung effektiv und was nur Literatur ist. Diesem Besatzungsstatut gegenüber ist alles andere sekundär, solange man in Anerkennung seiner Wirklichkeit handelt. Nichts ist für diesen Zustand kennzeichnender als der Schlußsatz in Dokument Nr. III, worin ausdrücklich gesagt wird, daß nach dem Beschluß des Parlamentarischen Rates und vor der Ratifikation dieses Beschlusses in den Ländern die Besatzungsmächte das Besatzungsstatut verkünden werden, damit das deutsche Volk weiß, in welchem Rahmen seine „Verfassung" gilt. Wenn man einen solchen Zustand nicht will, dann muß man dagegen handeln wollen. Aber das wäre dann Sache des deutschen Volkes selbst und nicht Sache staatlicher Organe, die ihre Akte jeweils vorher genehmigen lassen müssen.

Damit glaube ich die Frage beantwortet zu haben, worum es sich bei unserem Tun denn eigentlich handelt. Wir haben unter Bestätigung der alliierten Vorbehalte das *Grundgesetz* zur *Organisation* der heute *freigegebenen Hoheitsbefugnisse* des deutschen Volkes in einem Teile Deutschlands zu beraten und zu beschließen. Wir haben nicht die Verfassung Deutschlands oder Westdeutschlands zu machen. Wir haben keinen Staat zu errichten.

Wir haben etwas zu schaffen, das uns die Möglichkeit gibt, gewisser Verhältnisse Herr zu werden, besser Herr zu werden, als wir das bisher konnten. Auch ein Staatsfragment muß eine Organisation haben, die geeignet ist, den praktischen Bedürfnissen der inneren Ordnung eines Gebietes gerecht zu werden. Auch ein Staatsfragment braucht eine Legislative, braucht eine Exekutive und braucht eine Gerichtsbarkeit.

Wenn man nun fragt, wo dann die Grenze gegenüber dem Voll-Staat, gegenüber der Vollverfassung liege: Nun, das ist eine Frage der praktischen Beurteilung im Einzelfall. Über folgende Gesichtspunkte aber sollte Einigkeit erzielt werden können:

Erstens: Das *Grundgesetz* für das *Staatsfragment* muß gerade aus diesem seinem inneren Wesen heraus seine *zeitliche Begrenzung* in sich tragen. Die künftige Vollverfassung Deutschlands darf nicht durch Abänderung des Grundgesetzes dieses Staatsfragments entstehen müssen, sondern muß originär entstehen können. Aber das setzt voraus, daß das Grundgesetz eine Bestimmung enthält, wonach es automatisch außer Kraft tritt, wenn ein bestimmtes Ereignis eintreten wird. Nun, ich glaube, über diesen Zeitpunkt kann kein Zweifel bestehen: „an dem Tage, an dem eine vom deutschen Volke in freier Selbstbestimmung beschlossene Verfassung in Kraft tritt".

Zweitens: Für das Gebiet eines echten, vollen Staates ist charakteristisch, daß es geschlossen ist, daß also nichts hineinragen und nichts über seine Grenzen hinausragen kann. Bei einem Staatsfragment kann dies anders sein. Hier ist *räumliches Offensein* möglich. Das wird sich in unserer Arbeit in einem doppelten Sinne niederschlagen können und, wie ich glaube, auch müssen. Dieses Grundgesetz muß eine Bestimmung enthalten, aufgrund deren jeder Teil deutschen Staatsgebietes, der die Aufnahme wünscht, auch aufgenommen werden muß; wobei die Frage noch zu klären sein wird, wie dies geschehen soll und ob Bedingungen aufgestellt werden sollen. Ich glaube, man sollte die Aufnahme so wenig als möglich erschweren.

Schließlich bleibt die Frage, ob nicht die Teile Deutschlands, die außerhalb des Anwendungsgebiets des Grundgesetzes verbleiben müssen, die Möglichkeit sollen erhalten können, an den gesetzgebenden Organen sich zu beteiligen, die das Grundgesetz schaffen wird. Über das Wie und die Frage, ob sie es allgemein sollen tun können, wird hier noch zu sprechen sein. Aber eine Voraussetzung scheint mir dafür vorliegen zu müssen: Es müssen freie Wahlen möglich sein; es muß die Möglichkeit bestehen, Vertreter hierher zu entsenden. Dies trifft heute schon auf Berlin zu, und deshalb sollte das Grundgesetz die Bestimmungen vorsehen, daß *Vertreter Berlins* in die gesetzgebenden Körperschaften zu berufen sind. [. . .]

(Aus: Parlamentarischer Rat. Stenographischer Bericht der 2. Sitzung, 8.9.1948, S. 8 ff.)

Nr. 68

Die SED wird zu einer Partei „neuen Typus“

Wenige Wochen nach unserem Umzug — es war im Frühjahr 1948 — spürten wir, daß eine Wendung der „Linie“ bevorstand. Besuche von Grotewohl, Pieck und Ulbricht in der Hochschule fanden häufiger statt. Am 16. April 1948 hielt Walter Ulbricht ein fünfstündiges Referat über die allgemeine Situation in der Sowjetzone, um uns auf bevorstehende Veränderungen hinzuweisen. Ulbricht sprach offen über Dinge, die teilweise erst ein halbes Jahr später „offiziell“ wurden. Die wichtigsten Feststellungen seines Instruktionsreferates waren folgende:

In der Zeit von 1945 bis 1947 konnten viele Fragen nicht offen gestellt werden. Die SED mußte schrittweise vorgehen, sowohl aufgrund der ideologisch-politischen Rückständigkeit in der Partei als auch aus außenpolitischen Gründen.

1947 wurden die Grundlagen einer antifaschistisch-demokratischen Ordnung geschaffen. Jetzt, im Frühjahr 1948, da vierzig Prozent der Produktion in den Händen volkseigener Betriebe liegt und der Kapitalismus entscheidend geschwächt ist, kann man diese Periode als beendet betrachten. Das gleiche gilt für die Landwirtschaft. Die Bodenreform ist abgeschlossen, der Großgrundbesitz endgültig und unwiderruflich aufgeteilt. Jetzt kommt es darauf an, sich auf die Klein- und Mittelbauern zu stützen und eine Organisation zur Zurückdrängung der Großbauern zu schaffen.

Durch die weitgehenden Veränderungen der gesellschaftlichen Verhältnisse, erklärte Ulbricht, habe sich der Klassenkampf zugespitzt, aber die Formen und Methoden des Klassenkampfes seien anders geworden. „Wir haben jetzt die Möglichkeit, unsere Forderungen mit Hilfe des Staatsapparates durchzusetzen. Auf der anderen Seite müssen wir bestrebt sein, mehr die Massenorganisationen zu aktivieren und damit die Blockpolitik ihrem Wesen nach zu verändern.“

Unsere Partei ist zu einer Staatspartei geworden, die die Hauptverantwortung für die Lösung aller Fragen der Volkspolizei, der Wirtschaftsplanung, der Landwirtschaft und der Kulturpolitik trägt.

Die „Blockpolitik“ hat in der ersten Phase eine große Rolle gespielt. Jetzt werden jedoch die reaktionären Kräfte in den bürgerlichen Parteien wieder lebendig, um unter dem Vorwand der „Überprüfung“ unsere Maßnahmen rückgängig zu machen.

Wir werden auch jetzt noch nicht den Weg zum Einparteiensystem beschreiten, aber dafür sorgen, daß unsere Partei die führende und tragende Kraft im Staate ist. Wir müssen aber auch in dieser neuen Periode mit den anderen beiden Parteien zusammenarbeiten. „Vielleicht wäre es nicht schlecht, noch ein paar neue zu gründen“, meinte Ulbricht sarkastisch lächelnd.

Wir wußten, daß dies nicht so hingesagt war — tatsächlich wurde zwei Monate später die Gründung der „National-Demokratischen Partei“ und der „Demokratischen Bauernpartei“ bekanntgegeben. Beide hatten das Ziel, die bestehenden bürgerlichen Parteien (Sowjetzonen-CDU und LDP) zu schwächen und die außerhalb der SED stehenden politischen Kräfte aufzusplittern.

Durch dieses Instruktionsreferat von Ulbricht wurden wir auf der Parteihochschule bereits Mitte April auf jenen politischen Kurswechsel vorbereitet, der im Sommer und Herbst 1948 das gesamte Leben in der Sowjetzone weitgehend verändern sollte.

(Aus: W. Leonhard, a. a. O., S. 481 f.)

Nr. 69

Aus der Entschließung der 5. Tagung des Deutschen Volksrates vom 22.10.1948

Der Deutsche Volksrat ist die einzige legitime Repräsentation des deutschen Volkes. Er fordert hiermit die Verwirklichung des Rechtsanspruchs des deutschen Volkes auf die Gestaltung seines staatlichen und gesellschaftlichen Lebens, die Schaffung einer freien, demokratischen deutschen Republik und den Abschluß eines Friedensvertrages. Er hat die konkreten Maßnahmen zur Beschreitung dieses Weges unternommen, legt hiermit dem deutschen Volk den Entwurf einer Verfassung für die Deutsche Demokratische Republik vor und stellt ihn zur freien Diskussion. Auf dem dritten Volkskongreß wird die Bilanz dieser Diskussion gezogen werden und diese Verfassung zur Beratung stehen.

Im Gegensatz zu dieser Ausübung des Selbstbestimmungsrechtes des deutschen Volkes zeigen die Verhandlungen des sogenannten Parlamentarischen Rates in Bonn, daß hier nicht nur die Einheit der deutschen Nation, sondern auch die Demokratie preisgegeben werden. Die in Bonn ausgearbeitete Verfassung für den westdeutschen Staat dient dem Versuch, das deutsche Volk unter die Macht zu beugen, die sich die westlichen Besatzungsmächte entgegen den Verpflichtungen von Jalta und Potsdam angeeignet haben. Das Bonner Statut nimmt sowohl den Zustand der Besatzung als auch die Usurpation des größten Teiles der deutschen Wirtschaft durch ausländische Machthaber bedingungslos hin.

Die in ihm festgelegten Befugnisse deutscher Organe und Rechte deutscher Bürger widersprechen den Interessen des deutschen Volkes. Das zu errichtende westdeutsche Staatswesen ist ein Vasallenstaat und der Willkür fremder Mächte unterworfen. Ein Besatzungsstatut kann weder die Freiheit Deutschlands noch die seiner Bürger herstellen. Es bestätigt und verewigt nur den Zustand der Besatzung.
Die Verfassung für die Deutsche Demokratische Republik kann nicht aus der Befehlsgewalt von Besatzungsmächten geboren werden, sondern sie muß dem eigenen und freien Willen des gesamten deutschen Volkes entspringen. Zu dieser Willensbildung ruft der Deutsche Volksrat das gesamte deutsche Volk auf.

(Zitiert nach: Die Deutsche Demokratische Republik auf dem Weg zum Sozialismus, Teil I, S. 170 f.)

Nr. 70

Aus dem ersten Verfassungsentwurf der SED

Die Festlegung einer konsequent demokratischen Ausrichtung unseres zukünftigen Staatswesens durch die Entfernung aller volksfeindlichen Institutionen aus dem gesellschaftlichen, staatlichen und wirtschaftlichen Leben und die Verankerung der Staatsgewalt in den Massen des Volkes selbst, das ist die Aufgabe, vor der die Schöpfer einer zukünftigen deutschen Verfassung stehen. Es ist nicht überflüssig, dies hier mit aller Schärfe zu betonen, denn unsere Verfassungsdebatte läuft Gefahr, in die alten Fehler, die bei der Schaffung der alten Weimarer Verfassung gemacht wurden, zu verfallen. Eine Reihe von Einwendungen, die gegen unseren Verfassungsentwurf gemacht wurden, versuchen, die Diskussion über die Probleme der Demokratie wieder auf das Formal-Juristische abzuschieben. So entsteht die Gefahr, daß die wirklich entscheidenden Momente einer demokratischen Neugestaltung, die Herausarbeitung der Prinzipien einer wahrhaft demokratischen deutschen Politik, die das unabdingbare Fundament des neu sich gründenden deutschen Staatswesens aus innen- und außenpolitischen Gründen ist, in den Hintergrund geschoben werden.

Die Richtung dieser zukünftigen Politik ist in den Grundrechten des Verfassungsentwurfs festgelegt. Von ihnen soll später die Rede sein. Es geht vorläufig darum, die Form der Durchsetzung dieser Politik festzulegen. Hier aber lautet die entscheidende Frage: Soll das Volk selbst und unmittelbar in seiner politischen Aktivität der Verwirklicher dieser Politik sein, oder soll sich zwischen diesem Willen des Volkes und seiner staatsrechtlichen Verwirklichung ein Staatsapparat, eine Beamtenhierarchie, einschalten?

Wir stehen auf dem ersteren Standpunkt. Wir sehen die Möglichkeit der Verwirklichung einer lebensvollen Demokratie in Deutschland nur in der Herstellung der vollen Volkssouveränität, der unmittelbaren Verwirklichung aller staatlichen Funktionen — auch der Justiz und der Verwaltung — durch das Volk selbst bzw. unter ständiger Leitung und Kontrolle der Volksvertretung, des Parlaments. Jede Zwischenschaltung eines selbstherrlichen Staatsapparates bedeutet den Versuch, die Verwirklichung des Volkswillens zu durchkreuzen, den Staat gegen das Volk auszuspielen und den verhängnisvollen Antagonismus zwischen Staatsgewalt und Volk aufrechtzuerhalten, womit wir ganz in den alten Bahnen weitertreiben würden.

Es kann kein Zweifel daran bestehen, daß das Parlament, das aus der gleichen, unmittelbaren, geheimen Wahl aller Bürger hervorgeht, in dem die politischen Willensträger des Volkes, die Parteien, entsprechend ihres faktischen Einflusses im Volke ihre Vertretung finden, das beste Spiegelbild des Volkswillens und sein bester Ausdruck ist. Im Parlament, aus der Diskussion der Parteien heraus, erfolgt die Klärung aller politischen, ideologischen und sozialen Differenzen in unserem Volke, es kristallisiert sich hier die große Synthese, die Einheit der Gegensätze, heraus. Die Einheit der Nation hat sich hier zu bestätigen, zu bewähren und zu befestigen. Bei der Herausbildung der demokratischen Grundentscheidungen der gesamten Nation, die jeden Bürger in gleicher Weise angehen und die das Leben aller Bürger Deutschlands in gleicher Weise betreffen, muß auch jeder Bürger Deutschlands — gleich, wo er seinen Wohnsitz hat — ohne alle Vermittlung von Zwischeninstanzen — in gleicher und möglichst unmittelbarer Weise beteiligt sein. Da aber heute nicht mehr wie einst in alten Zeiten das Volk sich selbst versammeln kann, so ist die unmittelbare Wahl der Volksvertretungen die beste Form seiner Repräsentation. Indem wir dieses Parlament zum höchsten Willensträger im Staate erheben, machen wir Ernst mit der Konstituierung einer wahren Volksrepublik.

Es wäre falsch, zu glauben, daß wir, indem wir das Parlament zum höchsten Staatsorgan erheben, einer zufälligen Parlamentsmehrheit gleichsam freie Bahn geben würden. Der Entwurf kennt Regulative gegenüber der Möglichkeit einer Diktatur oder Willkürherrschaft einer Parlamentsmehrheit. Durch Volksentscheid kann nach unserem Entwurf das Parlament jederzeit aufgelöst werden. Außerdem kann eine Minderheit des Parlaments von einem Drittel ein Veto gegenüber Gesetzesbeschlüssen des Parlaments einlegen und einen Volksentscheid einleiten. Wir schalten also als höchste Instanz gegenüber dem Parlament das Volk selbst in die Verfassung ein. [. . .]

Wenn wir das Parlament als die Repräsentantin und den höchsten Willensausdruck der politischen Parteien Deutschlands zum Souverän, zum höchsten Staatswillensträger, erhoben haben, so geschah dies aus dem Bewußtsein heraus, daß die Demokratisierung unseres Volkes nur möglich ist durch seine allseitige politische Aktivierung und niemals erreicht werden kann durch einen, wie auch immer ausgebauten und nach welchen Prinzipien auch immer organisierten Staatsapparat.

Wollen wir mit unserer Demokratie Ernst machen, so müssen wir die Bedeutung und den organisatorischen Einfluß unserer politischen Parteien stärken. Nehmen wir unseren politischen Parteien die Machtbefugnis, in ihrer Gemeinschaft unmittelbar und direkt Gestalter des staatlichen Lebens zu sein, schieben wir zwischen die Parteien und die staatliche Willensbildung einen bürokratischen Staatsapparat, so haben wir den Parteien gleichsam ihre Seele genommen und ihren Lebensnerv abgetötet, denn was ist noch eine Partei, die ihren Willen durchzusetzen nicht in der Lage ist? Das Herabsinken der Parteien auf die Zweitrangigkeit heißt wieder eine Staatsbürokratie konstituieren, heißt wieder jenen selbständigen „Staat" errichten, dessen inneres Wesen uns klargeworden ist. [. . .]

Die Formulierung der Sozialistischen Einheitspartei wurde auch zum Anlaß genommen, den Vorwurf gegen sie zu konstruieren, sie erstrebe die totalitäre Macht ähnlich der Hitlerpartei und ein Einparteiensystem. Beweise für diese Feststellung glaubt man sich schenken zu können. Wir müssen die Gleichstellung der Eroberung der politischen Macht durch die Arbeiterklasse mit der Nazidiktatur zurückweisen. Die Naziherrschaft war die grausame und totalitäre Diktatur einer Handvoll entmenschter Kreaturen, in deren Schatten ein Häufchen profitgieriger und raublüsterner Finanzmagnaten zur Unterdrückung der Volksmassen und zur Herbeiführung und Durchführung des imperialistischen Krieges wirkte. Die politische Macht der Arbeiterklasse wird dagegen die Herrschaft der überwiegenden Mehrheit des Volkes sein zur Unterdrückung einer kleinen Minderheit von Ausbeutern und Kapitalisten, zur Beseitigung der Klassen und zur endgültigen Sicherung des Völkerfriedens. Der grundsätzliche Unterschied ist einfach und tritt klar zutage. In den Grundsätzen und Zielen unserer Partei ist auch der Weg aufgezeigt, auf dem die Arbeiterklasse Deutschlands zur politischen Macht gelangen kann. Dieser Weg ist geradezu die Voraussetzung für die Durchführung der Vereinigung der beiden Arbeiterparteien gewesen.

Wilhelm Pieck hat den Weg zur Eroberung der politischen Macht auf dem Vereinigungsparteitag Ostern 1946 wie folgt geschildert:

„Es gibt in der Geschichte mehrere Beispiele dafür, auf welchem Wege die Arbeiterklasse zur politischen Macht gelangte. So errichteten vor 75 Jahren die Pariser Arbeiter in der Kommune ihre Klassenherrschaft, die sich jedoch nicht zu halten vermochte. In Rußland haben die Arbeiter im Bündnis mit den Bauern 1917 die Macht erobert, die Sowjetregierung gebildet und nach Jahren eines durch die militärischen Interventionen ausländischer Mächte hervorgerufenen blutigen Bürgerkrieges und durch angestrengte Aufbauarbeit die klassenlose sozialistische Gesellschaft errichtet. In Ungarn haben die Arbeiter nach dem Zusammenbruch der Habsburger Monarchie 1919 ebenfalls die Macht erobert, die sich aber auch wie die Pariser Kommune nicht halten konnte. Diese historischen Beispiele zeigen uns, daß die Arbeiterklasse in den verschiedenen Ländern und unter verschiedenen Bedingungen auf unterschiedliche Weise zur politischen Macht gelangte.

Das gilt auch für uns in Deutschland. Wir haben nach der Zerschlagung der Hitlermacht, des Militarismus, der alten Staatsbürokratie und der Kräfte des Imperialismus durch die alliierten Truppen und Besatzungsmächte eine besondere Lage, die der deutschen Arbeiterklasse eine Chance dafür eröffnet, auf dem demokratischen Wege in den Besitz der politischen Macht zu gelangen. Der demokratische Weg besteht darin, daß die Arbeiterklasse unter der Führung der Sozialistischen Einheitspartei es versteht, im Bunde mit den übrigen werktätigen Massen, ihren Einfluß in der Wirtschaft und im Staatsleben immer mehr zu steigern und durch die Entfaltung einer wahrhaft kämpferischen Demokratie die Entscheidung über alle wichtigen Lebensfragen des deutschen Volkes in ihre Hand zu bekommen und durch die Entfaltung ihrer Klassenkraft die reaktionären Kräfte daran zu hindern, mit den Mitteln der Gewalt und des Bürgerkrieges der Arbeiterklasse in ihrem Bestreben in den Weg zu treten."

(Aus: Otto Grotewohl, Deutsche Verfassungspläne, Berlin 1947, S. 42—49)

(Nr. 71)

W. Leonhard zur SED als Partei „neuen Typus"

Es war Februar 1949 geworden. Die SED hatte sich immer mehr dem „sowjetischen Vorbild" angeglichen. Auf der I. Parteikonferenz vom 25. bis 28. Januar 1949 wurde die Parität zwischen ehemaligen SP- und KP-Leuten aufgehoben, zugunsten vor allem derjenigen KP-Funktionäre, die in der Moskauer Emigration waren. Das Zentralsekretariat der SED wurde aufgelöst. An seine Stelle trat ein Politbüro, bestehend aus neun Mitgliedern, darunter sechs ehemaligen KP-Spitzenfunktionären und drei ehemaligen Sozialdemokraten. Für die laufende Arbeit wurde ein „kleines Sekretariat" unter dem Vorsitz Ulbrichts geschaffen. Eine zentrale Parteikontrollkommission unter Vorsitz von Hermann Matern folgte. All das lief unter der Losung der Entwicklung zu einer „Partei neuen Typs" — es war aber nichts anderes als die weitere Angleichung der SED an die stalinistische Partei der Sowjetunion. Den kommunistischen Parteien Westeuropas blieb auch das letzte nicht erspart. Die Parteiführer wurden Ende Februar 1949 angehalten, öffentlich zu erklären, daß die kommunistischen Parteien im Falle einer militärischen Auseinandersetzung die sowjetischen Truppen unterstützen würden. Am 2. März 1949 gab auch das Politbüro der SED eine entsprechende Erklärung ab. Damit wurde der letzte Anschein einer Unabhängigkeit aufgegeben. Die Partei erklärte sich offen zum Hilfsverband der Sowjetarmee.

(Aus: W. Leonhard, a.a.O., S. 534)

(Nr. 72)

Die Entwicklung der SED zu einer Partei „neuen Typus"

1. Die großen Aufgaben, die vor dem werktätigen Volke Deutschlands stehen, machen es

erforderlich, das große historische Versäumnis der deutschen Arbeiterbewegung nachzuholen und die SED zu einer Partei neuen Typus zu entwickeln.

Die Verschmelzung der KPD und SPD zur Sozialistischen Einheitspartei Deutschlands war das bedeutendste Ereignis in der jüngsten Geschichte der deutschen Arbeiterbewegung. Die Einheit hat sich bewährt — das beweisen die Erfolge im demokratischen Aufbau der Ostzone. Das beweist auch die ideologische Einheit und Festigkeit der Partei, die in den fast drei Jahren seit der Vereinigung erzielt wurden. [...]

Die Parteidiskussion hat zugleich Klarheit darüber geschaffen, daß wir auf dem Wege zu einer Partei neuen Typus, das heißt einer Kampfpartei des Marxismus-Leninismus sind.

2. Die Kennzeichen einer Partei neuen Typus sind:

Die marxistisch-leninistische Partei ist die bewußte Vorhut der Arbeiterklasse. Das heißt, sie muß eine Arbeiterpartei sein, die in erster Linie die besten Elemente der Arbeiterklasse in ihren Reihen zählt, die ständig ihr Klassenbewußtsein erhöhen. Die Partei kann ihre führende Rolle als Vorhut des Proletariats nur erfüllen, wenn sie die marxistisch-leninistische Theorie beherrscht, die ihr die Einsicht in die gesellschaftlichen Entwicklungsgesetze vermittelt. Daher ist die erste Aufgabe zur Entwicklung der SED zu einer Partei neuen Typus die ideologisch-politische Erziehung der Parteimitglieder und besonders der Funktionäre im Geiste des Marxismus-Leninismus.

Die Rolle der Partei als Vorhut der Arbeiterklasse wird in der täglichen operativen Leitung der Parteiarbeit verwirklicht. Sie ermöglicht es, die gesamte Parteiarbeit auf den Gebieten des Staates, der Wirtschaft und des Kulturlebens allseitig zu leiten. Um dies zu erreichen, ist die Schaffung einer kollektiven operativen Führung der Partei durch die Wahl eines Politischen Büros (Politbüro) notwendig.

Die marxistisch-leninistische Partei ist die organisierte Vorhut der Arbeiterklasse. Alle Mitglieder müssen unbedingt Mitglied einer der Grundeinheiten der Partei sein. Die Partei stellt ein Organisationssystem dar, in dem sich alle Glieder den Beschlüssen unterordnen. Nur so kann die Partei die Einheit des Willens und die Einheit der Aktion der Arbeiterklasse sichern. *Die marxistisch-leninistische Partei ist die höchste Form der Klassenorganisation des Proletariats.* Die Partei, in der die besten Menschen der Klasse zusammengefaßt sind, die mit der Theorie des Marxismus-Leninismus, mit der Kenntnis der Gesetze des Klassenkampfes und mit der Erfahrung der revolutionären Bewegung gewappnet sind — hat die Möglichkeit und ist berufen und verpflichtet, alle anderen Organisationen der Werktätigen dadurch zu leiten, daß die Parteimitglieder vorbildliche Arbeit in diesen Massenorganisationen leisten.

Die Partei verkörpert die Verbindung des Vortrupps der Arbeiterklasse mit den Millionenmassen der Arbeiter und der übrigen Werktätigen. Darum darf sie sich nicht von den Massen abkapseln und isolieren, sondern muß ihre Verbindungen mit ihnen festigen und das Vertrauen und die Unterstützung der breiten Massen verstärken.

Um die führende Rolle der Partei sicherzustellen und die Partei vor Schwankungen zu bewahren, ist die Einführung einer Kandidatenzeit für die Aufnahme in die Partei erforderlich. Diese Kandidatenzeit soll es dem Kandidaten ermöglichen, sich mit dem Programm und den Statuten, der Politik und Taktik der Partei vertraut zu machen und sich in der Parteiarbeit und in der Arbeit in den Massenorganisationen im Sinne der Partei zu bewähren.

Die marxistisch-leninistische Partei beruht auf dem Grundsatz des demokratischen Zentralismus. Dies bedeutet die strengste Einhaltung des Prinzips der Wählbarkeit der Leitungen und Funktionäre und der Rechnungslegung der Gewählten vor den Mitgliedern. Auf dieser innerparteilichen Demokratie beruht die straffe Parteidisziplin, die dem sozialistischen Bewußtsein der Mitglieder entspringt. Die Parteibeschlüsse haben ausnahmslos für alle Parteimitglieder Gültigkeit, insbesondere auch für die in Parlamenten, Regierungen, Verwaltungsorganen und in den Leitungen der Massenorganisationen tätigen Parteimitglieder.

Demokratischer Zentralismus bedeutet die Entfaltung der Kritik und Selbstkritik in der Partei, die Kontrolle der konsequenten Durchführung der Beschlüsse durch die Leitungen und die Mitglieder.

Die Duldung von Fraktionen und Gruppierungen innerhalb der Partei ist unvereinbar mit ihrem marxistisch-leninistischen Charakter.

(Zitiert nach: Dokumente der SED, Bd. II, Berlin 1952, S. 193—196)

(Nr. 73)

Aus der Verfassung der DDR in der Fassung von 1974

Artikel 1:
1) Die Deutsche Demokratische Republik ist ein sozialistischer Staat der Arbeiter und Bauern. Sie ist die politische Organisation der Werktätigen in Stadt und Land unter Führung der Arbeiterklasse und ihrer marxistisch-leninistischen Partei.
Artikel 3:
1) Das Bündnis aller Kräfte des Volkes findet in der Nationalen Front der Deutschen Demokratischen Republik seinen organisierten Ausdruck.
2) In der Nationalen Front der Deutschen Demokratischen Republik vereinigen die Parteien und Massenorganisationen alle Kräfte des Volkes zum gemeinsamen Handeln für die Entwicklung der sozialistischen Gesellschaft. Dadurch verwirklichen sie das Zusammenleben aller Bürger in der sozialistischen Gemeinschaft nach dem Grundsatz, daß jeder Verantwortung für das Ganze trägt.

(Nr. 74) Organisationsschema der SED (1,91 Mill. Mitglieder)

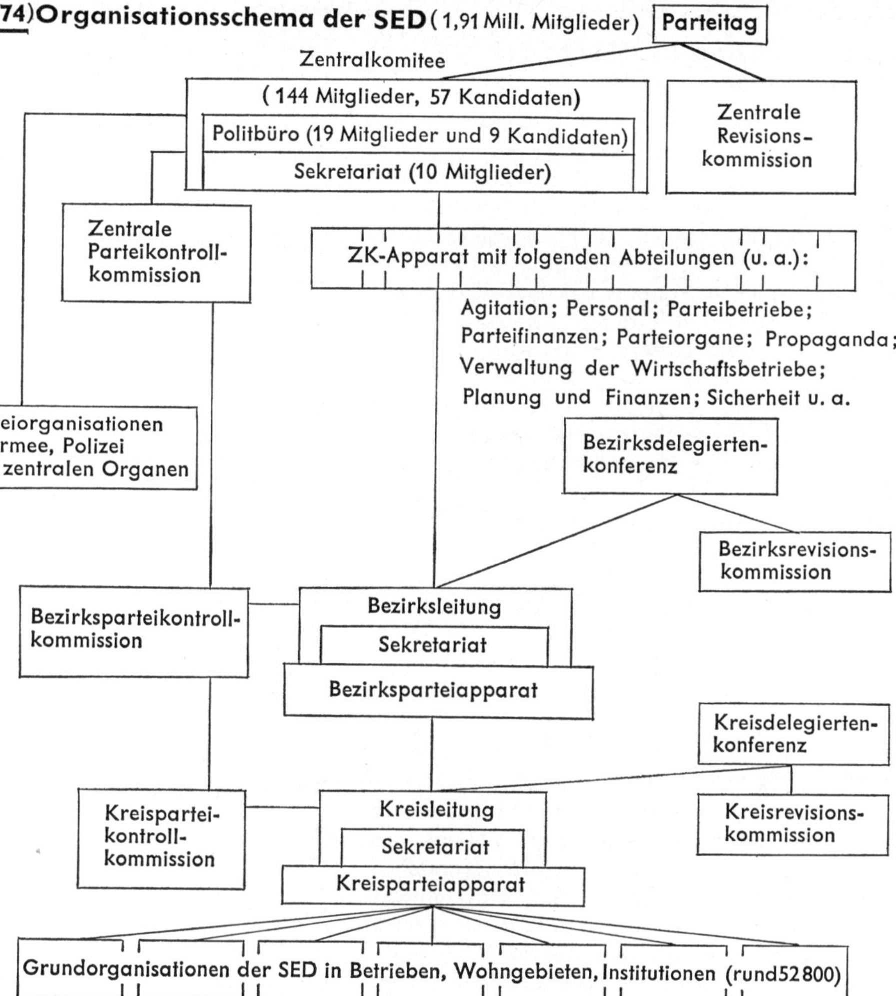

(Nach: H. Roggemann, Die Verfassung der DDR, Opladen 1970, S. 50, aber nach dem Stand von 1976)

Nr. 75

W. Ulbricht am 31.1.1968 vor der Volkskammer

Nunmehr gibt sich unser Volk durch diese sozialistische Verfassung zugleich das Programm der staatlichen und gesellschaftlichen, ökonomischen und geistig-kulturellen Entwicklung. Die Verfassung enthält die grundlegenden Bestimmungen für die Gestaltung des entwickelten gesellschaftlichen Systems des Sozialismus und gibt die strategische Orientierung auf den Sieg des Sozialismus. Unsere Verfassung wird die demokratischste Verfassung sein, die es jemals in Deutschland gab. Die in ihr formulierten Grundlagen der sozialistischen Staats- und Gesellschaftsordnung und damit der sozialistischen Demokratie entsprechen den geschichtlichen Entwicklungsbedingungen der nächsten Jahrzehnte.

(Zitiert nach: K. Sorgenicht [Hrsg.], Verfassung der Deutschen Demokratischen Republik, Bd. 1, Berlin 1969, S. 53)

Nr. 76

H. Matern, Mitglied des Politbüros der SED, zum Mehrparteiensystem

Solange die Aufgabe der Erziehung und Selbsterziehung aller Schichten des Volkes zum Sozialismus nicht gelöst ist und der Kampf für die nationale Wiedergeburt ganz Deutschlands als friedliebender und demokratischer Staat weitergeht [. . .], solange es Unterschiede in der sozialen Lage einzelner Schichten der Gesellschaft gibt, solange die Aufgabe der Umerziehung der ganzen Bevölkerung im Geiste des Sozialismus nicht gelöst ist, werden die Bedingungen für das Mehrparteien-System bestehen. In dem Maße jedoch, wie sich die Klassenstruktur der Gesellschaft in Verbindung mit den Erfolgen des sozialistischen Aufbaus ändert, wird sich unvermeidlich auch der Charakter des Mehrparteien-Systems ändern.

(Zitiert nach: H. Krieg, Die Rolle der „nichtsozialistischen Parteien" in der „SBZ" bzw. „DDR" von 1948—1958, Diss., Bonn 1961, S. 29)

(Nr. 77)

Aus dem Grundgesetz der Bundesrepublik Deutschland

Art. 20

(2) Alle Staatsgewalt geht vom Volke aus. Sie wird vom Volke in Wahlen und Abstimmungen und durch besondere Organe der Gesetzgebung, der vollziehenden Gewalt und der Rechtsprechung ausgeübt.
(3) Die Gesetzgebung ist an die verfassungsmäßige Ordnung, die vollziehende Gewalt und die Rechtsprechung sind an Gesetz und Recht gebunden.

Art. 93

(1). Das Bundesverfassungsgericht entscheidet:

1. über die Auslegung dieses Grundgesetzes aus Anlaß von Streitigkeiten über den Umfang der Rechte und Pflichten eines obersten Bundesorgans oder anderer Beteiligter, die durch dieses Grundgesetz oder in der Geschäftsordnung eines obersten Bundesorgans mit eigenen Rechten ausgestattet sind; [. . .]

4a. über Verfassungsbeschwerden, die von jedermann mit der Behauptung erhoben werden können, durch die öffentliche Gewalt in einem seiner Grundrechte oder in einem seiner in Artikel 20 Abs. 4, 33, 38, 101, 103 und 104 enthaltenen Rechte verletzt zu sein.

Nr. 78

Aus der Verfassung der DDR in der Fassung von 1974

Artikel 61

(1) Die Volkskammer bildet aus ihrer Mitte Ausschüsse. Ihnen obliegt in enger Zusammenarbeit mit den Wählern die Beratung von Gesetzentwürfen und die ständige Kontrolle der Durchführung der Gesetze.

Artikel 48

(1) Die Volkskammer ist das oberste staatliche Machtorgan der Deutschen Demokratischen Republik. Sie entscheidet in ihren Plenarsitzungen über die Grundfragen der Staatspolitik.
(2) Die Volkskammer ist das einzige verfassungs- und gesetzgebende Organ in der Deutschen Demokratischen Republik. Niemand kann ihre Rechte einschränken.
Die Volkskammer verwirklicht in ihrer Tätigkeit den Grundsatz der Einheit von Beschlußfassung und Durchführung.

Artikel 89

(3) Rechtsvorschriften dürfen der Verfassung nicht widersprechen. Über Zweifel an der Verfassungsmäßigkeit von Rechtsvorschriften entscheidet die Volkskammer.

(Nr. 79)

K. Sorgenicht, (Mitglied des Staatsrates und führender SED-Funktionär) zum Prinzip der Gewaltenteilung

Dieses unheilvolle bürgerliche Prinzip der Gewaltenteilung, wonach die vollziehende Gewalt (Präsident beziehungsweise Regierung) und noch mehr der Justizapparat durch die Ausstattung mit Sonderrechten von der „Legislative“ (gesetzgebendes Organ) mehr oder weniger unabhängig sind, gibt es in der Deutschen Demokratischen Republik nicht. Der Betrug, den der bürgerliche Parlamentarismus am Volke vor allem dadurch übt, daß die Parlamente zu machtlosen „Schwatzbuden“ degradiert werden, ist beseitigt. Die Beseitigung des bürgerlichen Parlamentarismus aber bedeutet nicht die Abschaffung der Vertretungskörperschaften überhaupt, sondern ihre Umwandlung in wirkliche Machtorgane der Werktätigen, in denen die Abgeordneten selbst ihre Gesetze verwirklichen, in denen sie dafür sorgen, daß ihre Gesetze verwirklicht werden, und durch die sie selbst kontrollieren, was bei dieser Verwirklichung im Leben herauskommt. Voraussetzung dafür ist neben der Entmachtung der Ausbeuter und neben der Gewährleistung einer entsprechenden Zusammensetzung der Volksvertretungen aus den fortgeschrittensten und angesehensten Vertretern des werktätigen Volkes auch die Beseitigung des Prinzips der „Gewaltenteilung“.

Die politische Macht der Werktätigen, die durch die Volksvertretungen ausgeübt wird, ist unteilbar. Die Unteilbarkeit dieser politischen Macht — in der alle ökonomische („die Politik ist der konzentrierte Ausdruck der Ökonomie“, W. I. Lenin) und sonstige gesellschaftliche Macht zusammengefaßt wird — ist durch die politische Führung der Arbeiterklasse und ihrer marxistisch-leninistischen Partei in der Gesellschaft, durch deren festes Bündnis mit den Genossenschaftsbauern, den Angehörigen der Intelligenz und den anderen Schichten des werktätigen Volkes sowie durch das sozialistische Eigentum an den Produktionsmitteln gewährleistet. Darin besteht zugleich das Fundament der sozialistischen Menschengemeinschaft.

(Aus: K. Sorgenicht, Verfassung . . ., S. 279)

(Nr. 80)

Ausführungen des Abgeordneten C. Schmid vor dem Parlamentarischen Rat am 8.9.1948

Das Zweite, was verwirklicht sein muß, wenn man von demokratischer Verfassung im klassischen Sinne des Wortes sprechen will, ist das Prinzip der *Teilung* der *Gewalten*. Sie wissen, daß die Verfassung von 1792 den Satz enthielt, daß ein Staat, der nicht auf dem Prinzip der Teilung der Gewalten aufgebaut sei, überhaupt keine Verfassung habe.

Was bedeutet dieses Prinzip? Es bedeutet, daß die drei Staatsfunktionen, Gesetzgebung, ausführende Gewalt und Rechtsprechung, in den Händen gleichgeordneter, in sich verschiedener Organe liegen, und zwar deswegen in den Händen verschiedener Organe liegen müßten, damit sie sich gegenseitig kontrollieren und die Waage halten können. Diese Lehre hat ihren Ursprung in der Erfahrung, daß, wo auch immer die gesamte Staatsgewalt sich in den Händen eines Organes nur vereinigt, dieses Organ die Macht mißbrauchen wird. Freilich besteht auch die Möglichkeit, daß die einzelnen Gewalten oder daß eine von ihnen die Macht, die in ihrer Unabhängigkeit liegt, mißbrauchen. Sie wissen um die harte Kritik, die man während der Zeit der Weimarer Republik an der richterlichen Gewalt geübt hat, und, wie ich glaube, nicht immer mit Unrecht. Vielleicht wird es mit zu unseren Aufgaben gehören müssen, in dem Grundgesetz Vorsorge dafür zu treffen, daß die notwendige richterliche Unabhängigkeit nicht gegen die Demokratie mißbraucht werden kann. [. . .]

(Aus: Parlamentarischer Rat. Stenographischer Bericht der 2. Sitzung, 8. September 1948)

(Nr. 81)

Das Besatzungsstatut vom 10. April 1949

In Ausübung der obersten Gewalt, die bei den Regierungen Frankreichs, der Vereinigten Staaten und des Vereinigten Königreichs verbleibt, erlassen wir,

General Pierre Koenig,
Militärgouverneur und Oberbefehlshaber der französischen Zone Deutschlands,

General Lucius D. Clay,
Militärgouverneur und Oberbefehlshaber der amerikanischen Zone Deutschlands,

General Sir Brian Hubert Robertson,
Militärgouverneur und Oberbefehlshaber der britischen Zone Deutschlands,

hierdurch gemeinsam das folgende Besatzungsstatut:

I.

Während des Zeitraumes, in dem die Besatzung noch fortdauern muß, wünschen und beabsichtigen die Regierungen Frankreichs, der Vereinigten Staaten und des Vereinigten Königreichs, daß dem deutschen Volke Selbstregierung in dem höchstmöglichen Maße, das mit dieser Besatzung vereinbar ist, zuteil werden soll. Der Bundesstaat und die an ihm beteiligten Länder sollen, lediglich durch die Bestimmungen dieses Statuts beschränkt, die volle gesetzgebende vollziehende und rechtsprechende Gewalt gemäß dem Grundgesetz bzw. ihren Verfassungen haben.

II.

Um die Verwirklichung der grundlegenden Besatzungszwecke sicherzustellen, bleiben Sonderbefugnisse, einschließlich des Rechts, die von den Besatzungsbehörden benötigten Auskünfte und statistischen Angaben anzufordern und zu prüfen, auf folgenden Gebieten vorbehalten:

a) Abrüstung und Entmilitarisierung einschließlich der damit zusammenhängenden naturwissenschaftlichen Forschungsgebiete, der Verbote und Beschränkungen für die Industrie und zivile Luftfahrt,

b) Kontrollmaßnahmen hinsichtlich der Ruhr, Rückerstattungen, Reparationen, Dekartellisierung, Entflechtung, Diskriminierung im Geschäftsverkehr, ausländische Vermögenswerte in Deutschland und vermögensrechtliche Ansprüche gegen Deutschland,

c) auswärtige Angelegenheiten, einschließlich völkerrechtlicher Abkommen, die von Deutschland oder mit Wirkung für Deutschland abgeschlossen werden,

d) Verschleppte und die Zulassung von Flüchtlingen,

e) Schutz , Ansehen und Sicherheit der alliierten Streitkräfte, Familienangehörigen, Arbeitnehmer und Vertreter, ihrer Immunitätsrechte, sowie die Deckung der Besatzungskosten und ihrer sonstigen Bedürfnisse,

f) Beachtung des Grundgesetzes und der Landesverfassungen,

g) Kontrolle über Außenhandel und Devisenwirtschaft,

h) Kontrolle über innenpolitische Maßnahmen, jedoch nur in dem Mindestmaße, das notwendig ist, um eine Verwendung von Geldern, Nahrungsmitteln und anderen Gütern in der Weise zu gewährleisten, daß die Notwendigkeit ausländischer Unterstützung für Deutschland auf ein Mindestmaß herabgesetzt wird,

i) Kontrolle der Verwahrung und Behandlung derjenigen Personen in deutschen Gefängnissen, die vor den Gerichten der Besatzungsmächte oder Besatzungsbehörden angeklagt oder von ihnen verurteilt worden sind, sowie Kontrolle über die Vollstreckung der gegen sie verhängten Strafen und über Fragen ihrer Amnestierung, Begnadigung und Freilassung.

III.

Die Regierungen Frankreichs, der Vereinigten Staaten und des Vereinigten Königreichs hoffen und erwarten, daß die Besatzungsbehörden keine Veranlassung haben werden, auf anderen Gebieten als den oben besonders vorbehaltenen Maßnahmen zu treffen. Die Besatzungsbehörden behalten sich jedoch das Recht vor, auf Anweisung ihrer Regierungen die Ausübung der vollen Regierungsgewalt ganz oder teilweise wiederaufzunehmen, wenn sie der Ansicht sind, daß dies aus Sicherheitsgründen oder zur Aufrechterhaltung der demokratischen Regierungsform in Deutschland oder in Verfolg der internationalen Verpflichtungen ihrer Regierungen unumgänglich ist. Bevor sie dies tun, werden sie die zuständigen deutschen Behörden von ihrem Entschluß und seinen Gründen offiziell unterrichten.

[. . .]

IX.

Nach 12 Monaten, mindestens aber innerhalb von 18 Monaten nach Inkrafttreten dieses Statuts werden die Besatzungsbehörden eine Überprüfung seiner Bestimmungen unter Berücksichtigung der bei seiner Anwendung gemachten Erfahrungen vornehmen mit dem Ziel, die Zuständigkeit der deutschen Behörden auf dem Gebiet der Gesetzgebung, Verwaltung und Rechtsprechung zu erweitern.

(Amtsblatt der Alliierten Hohen Kommission, 1949, S. 13)

(Nr. 82)

Vertrag über die Gründung der Europäischen Gemeinschaft für Kohle und Stahl vom 18. April 1951 (Auszüge)

Der Präsident der Bundesrepublik Deutschland, Seine Königliche Hoheit der Kronprinz von Belgien, der Präsident der Französischen Republik, der Präsident der Italienischen Republik, Ihre Königliche Hoheit die Großherzogin von Luxemburg, Ihre Majestät die Königin der Niederlande,

in der Erwägung, daß der Weltfriede nur durch schöpferische, den drohenden Gefahren angemessene Anstrengungen gesichert werden kann,

in der Überzeugung, daß der Beitrag, den ein organisiertes und lebendiges Europa für die Zivilisation leisten kann, zur Aufrechterhaltung friedlicher Beziehungen unerläßlich ist,

in dem Bewußtsein, daß Europa nur durch konkrete Leistungen, die zunächst eine tatsächliche Verbundenheit schaffen, und durch die Errichtung gemeinsamer Grundlagen für die wirtschaftliche Entwicklung aufgebaut werden kann,

in dem Bemühen, durch die Ausweitung ihrer Grundproduktionen zur Hebung des Lebensstandards und zum Fortschritt der Werke des Friedens beizutragen,

entschlossen, an die Stelle der jahrhundertealten Rivalitäten einen Zusammenschluß ihrer wesentlichen Interessen zu setzen, durch die Errichtung einer wirtschaftlichen Gemeinschaft den ersten Grundstein für eine weitere und vertiefte Gemeinschaft unter Völkern zu legen, die lange Zeit durch blutige Auseinandersetzungen entzweit waren, und die institutionellen Grundlagen zu schaffen, die einem nunmehr allen gemeinsamen Schicksal die Richtung weisen können,

haben beschlossen, eine Europäische Gemeinschaft für Kohle und Stahl zu gründen. [. . .]

Erster Titel

Die Europäische Gemeinschaft für Kohle und Stahl

Artikel 1

Durch diesen Vertrag begründen die Hohen Vertragschließenden Teile unter sich eine Europäische Gemeinschaft für Kohle und Stahl; sie beruht auf einem gemeinsamen Markt, verfolgt gemeinsame Ziele und hat gemeinsame Organe.

Artikel 2

Die Europäische Gemeinschaft für Kohle und Stahl ist dazu berufen, im Einklang mit der Gesamtwirtschaft der Mitgliedstaaten und auf der Grundlage eines gemeinsamen Marktes, wie er in Artikel 4 näher bestimmt ist, zur Ausweitung der Wirtschaft, zur Steigerung der Beschäftigung und zur Hebung der Lebenshaltung in den Mitgliedstaaten beizutragen.

Die Gemeinschaft hat in fortschreitender Entwicklung die Voraussetzungen zu schaffen, die von sich aus die rationellste Verteilung der Erzeugung auf dem höchsten Leistungsstande sichern; sie hat hierbei dafür zu sorgen, daß keine Unterbrechung in der Beschäftigung eintritt, und zu vermeiden, daß im Wirtschaftsleben der Mitgliedstaaten tiefgreifende und anhaltende Störungen hervorgerufen werden.

Artikel 97

Dieser Vertrag gilt für die Dauer von fünfzig Jahren vom Zeitpunkt seines Inkrafttretens an.

Artikel 98

Jeder europäische Staat kann einen Antrag auf Beitritt zu diesem Vertrag stellen. Der Antrag ist an den Rat zu richten, der nach Stellungnahme der Hohen Behörde einstimmig Beschluß faßt und ebenfalls einstimmig die Bedingungen für den Beitritt festsetzt. Der Beitritt wird mit dem Tage des Eingangs der Beitrittsurkunde bei der Regierung wirksam, bei welcher der Vertrag hinterlegt ist. . .

(Aus: Bundesgesetzblatt 52, II, S. 448—475)

Nr. 83

Rede des Bundeskanzlers Dr. Konrad Adenauer vor dem Deutschen Bundestag am 12. Juli 1951 zum Gesetzentwurf betreffend den Vertrag über die Gründung der Europäischen Gemeinschaft für Kohle und Stahl (Auszüge)

Herr Präsident! Meine Damen und Herren! Das Gesetz, das Ihnen zur Beratung und zur Beschlußfassung vorgelegt wird, ist sehr kurz; aber seine Bedeutung ist im Hinblick auf die ihm beigefügte Anlage außerordentlich groß. Ich glaube, ich kann ohne zu übertreiben sagen, daß sich der Bundestag bisher noch mit keinem Gesetzentwurf hat beschäftigen können, der an Bedeutung diesen Gesetzentwurf übertrifft. [. . .]

Ich bin der festen Überzeugung, daß, wenn dieser Anfang einmal gemacht worden ist, wenn hier sechs europäische Länder, wie ich nochmals betone: freiwillig und ohne Zwang einen Teil ihrer Souveränität

(Zuruf von der KPD: Wer lacht denn da?)

auf ein übergeordnetes Organ übertragen, man dann auch auf anderen Gebieten diesem Vorgang folgen wird und daß damit wirklich der Nationalismus, der Krebsschaden Europas, einen tödlichen Stoß bekommen wird. [. . .]

Sosehr ich auch die wirtschaftliche Bedeutung bejahe, sosehr ich es als gut empfinde, daß für Kohle, Eisen und Stahl in einem Gebiete, das von 167 Millionen Menschen bewohnt wird, ein freier Markt geschaffen wird, sosehr ich es begrüße, daß auf dem Gebiete, das die Montanunion in sich schließt, die Zollschranken fallen, sosehr ich der Auffassung bin, daß dadurch ein wirtschaftlicher Impuls allerersten Ranges und von größter Kraft ausgehen wird — über alles dies scheint mir die politische Bedeutung noch unendlich viel größer zu sein.

(Zustimmung bei den Regierungsparteien)

Als im Mai des Jahres 1950 Herr Schuman diesen Vorschlag machte,

(Zuruf von der KPD: Washington machte ihn!)

ging es ihm in erster Linie darum, die althergebrachten Gegensätze zwischen Frankreich und Deutschland dadurch aus der Welt zu schaffen, daß auf dem Gebiete der Grundstoffindustrien gemeinsam gearbeitet und daß dadurch jeder Gedanke, einer wolle gegen den andern rüsten, unmöglich würde. Es handelte sich auch darum, psychologisch zu wirken. Wir müssen uns darüber klar sein, daß französische Bevölkerungskreise vielfach noch immer in dem Gedanken leben, daß Deutschland ein eventueller zukünftiger Gegner sein würde. Die psychologische Bedeutung, die Frage der Beruhigung solcher Befürchtungen im eigenen Lande und die Erweckung des Gefühls der Zusammengehörigkeit zwischen Deutschland und Frankreich waren die politischen Gründe, die Herrn Schuman damals geleitet haben. Aber wie bei wirklich konstruktiven Gedanken hat sich im Laufe der Entwicklung gezeigt, daß in diesem Vorschlag eine solche lebendige Kraft lag, daß man über den ursprünglichen Zweck jetzt schon weit hinausgekommen ist. Man hat seit dem Mai 1950 erkannt, daß die Integration Europas für alle europäischen Länder eine absolute Notwendigkeit ist, wenn sie überhaupt am Leben bleiben wollen.

(Beifall bei den Regierungsparteien.)

Man hat weiter erkannt, daß man die Integration Europas nicht mit Reden, mit Erklärungen herbeiführen kann, sondern daß man sie nur herbeiführen kann

(Zuruf von der KPD: Durch Panzerdivisionen!)

durch gemeinsame Interessen und durch gemeinsames Handeln.

(Zustimmung bei den Regierungsparteien.)

Darin liegt die ganz große Bedeutung dieses Vertrages. Dieser Vertrag nötigt die europäischen Länder, die ihm angehören, zusammen zu handeln.

Etwas Weiteres hat sich im Laufe der Verhandlungen ergeben. Ich glaube, daß wohl zum erstenmal in der Geschichte, sicher der Geschichte der letzten Jahrhunderte, Länder freiwillig und ohne Zwang auf einen Teil ihrer Souveränität verzichten wollen,

(Zuruf von der KPD: An die Rüstungsherren!)

um die Souveränität einem supranationalen Gebilde zu übertragen.

(Zuruf von der KPD: Den Amerikanern unterstellt werden! — Zurufe in der Mitte: Ruhig! — Gegenrufe von der KPD: Das gefällt Ihnen nicht!)

Das ist — ich betone das nachdrücklich —, wie mir scheint, ein Vorgang von welthistorischer Bedeutung, ein Vorgang, der das Ende des Nationalismus in all diesen Ländern bedeutet.

(Beifall bei den Regierungsparteien.)

(Aus: 1. Deutscher Bundestag, 161. Sitzung vom 12.7.1951, S. 6499f.)

(Nr. 84)

Auszug aus der Satzung des Europarates: Aufgabe des Europarates

Artikel 1

a) Der Europarat hat zur Aufgabe, eine engere Verbindung zwischen seinen Mitgliedern zum Schutze und zur Förderung der Ideale und Grundsätze, die ihr gemeinsames Erbe bilden, herzustellen und ihren wirtschaftlichen und sozialen Fortschritt zu fördern.

b) Diese Aufgabe wird von den Organen des Rates erfüllt durch Beratung von Fragen von gemeinsamem Interesse, durch den Abschluß von Abkommen und durch gemeinschaftliches Vorgehen auf wirtschaftlichem, sozialem, kulturellem und wissenschaftlichem Gebiet und auf den Gebieten des Rechts und der Verwaltung sowie durch den Schutz und die Fortentwicklung der Menschenrechte und Grundfreiheiten.

c) Die Beteiligung der Mitglieder an den Arbeiten des Europarates darf ihre Mitwirkung am Werk der Vereinten Nationen und der anderen internationalen Organisationen oder Vereinigungen, denen sie angehören, nicht beeinträchtigen.

d) Fragen der nationalen Verteidigung gehören nicht zur Zuständigkeit des Europarates.

[. . .]

(Zitiert nach: Die auswärtige Politik der Bundesrepublik Deutschland, Köln 1972.)

(Nr. 85)

Vertrag zur Gründung der Europäischen Wirtschaftsgemeinschaft vom 25. März 1957 (Auszug)

Präambel

Seine Majestät der König der Belgier, der Präsident der Bundesrepublik Deutschland, der Präsident der Französischen Republik, der Präsident der Italienischen Republik, Ihre Königliche Hoheit die Großherzogin von Luxemburg, Ihre Majestät die Königin der Niederlande —

in dem festen Willen, die Grundlagen für einen immer engeren Zusammenschluß der europäischen Völker zu schaffen,

entschlossen, durch gemeinsames Handeln den wirtschaftlichen und sozialen Fortschritt ihrer Länder zu sichern, indem sie die Europa trennenden Schranken beseitigen,

in dem Vorsatz, die stetige Besserung der Lebens- und Beschäftigungsbedingungen ihrer Völker als wesentliches Ziel anzustreben,

in der Erkenntnis, daß zur Beseitigung der bestehenden Hindernisse ein einverständliches Vorgehen erforderlich ist, um eine beständige Wirtschaftsausweitung, einen ausgewogenen Handelsverkehr und einen redlichen Wettbewerb zu gewährleisten,

in dem Bestreben, ihre Volkswirtschaften zu einigen und deren harmonische Entwicklung zu fördern, indem sie den Abstand zwischen einzelnen Gebieten und den Rückstand weniger begünstigter Gebiete verringern,

in dem Wunsch, durch eine gemeinsame Handelspolitik zur fortschreitenden Beseitigung der Beschränkungen im zwischenstaatlichen Wirtschaftsverkehr beizutragen,

in der Absicht, die Verbundenheit Europas mit den überseeischen Ländern zu bekräftigen und in dem Wunsch, entsprechend den Grundsätzen der Satzung der Vereinten Nationen den Wohlstand der überseeischen Länder zu fördern,

entschlossen, durch diesen Zusammenschluß ihrer Wirtschaftskräfte Frieden und Freiheit zu wahren und zu festigen, und mit der Aufforderung an die anderen Völker Europas, die sich zu dem gleichen hohen Ziel bekennen, sich diesen Bestrebungen anzuschließen —

haben beschlossen, eine Europäische Wirtschaftsgemeinschaft zu gründen;

Erster Teil

Grundsätze

Artikel 1

Durch diesen Vertrag gründen die Hohen Vertragsparteien untereinander eine Europäische Wirtschaftsgemeinschaft.

Artikel 2

Aufgabe der Gemeinschaft ist es, durch die Errichtung eines Gemeinsamen Marktes und die schrittweise Annäherung der Wirtschaftspolitik der Mitgliedstaaten eine harmonische Entwicklung des Wirtschaftslebens innerhalb der Gemeinschaft, eine beständige und ausgewogene Wirtschaftsausweitung, eine größere Stabilität, eine beschleunigte Hebung der Lebenshaltung und engere Beziehungen zwischen den Staaten zu fördern, die in dieser Gemeinschaft zusammengeschlossen sind.

Artikel 3

Die Tätigkeit der Gemeinschaft im Sinne des Artikels 2 umfaßt nach Maßgabe dieses Vertrags und der darin vorgesehenen Zeitfolge

a) die Abschaffung der Zölle und mengenmäßigen Beschränkungen bei der Ein- und Ausfuhr von Waren sowie aller sonstigen Maßnahmen gleicher Wirkung zwischen den Mitgliedstaaten;

b) die Einführung eines Gemeinsamen Zolltarifs und einer gemeinsamen Handelspolitik gegenüber dritten Ländern;

c) die Beseitigung der Hindernisse für den freien Personen-, Dienstleistungs- und Kapitalverkehr zwischen den Mitgliedstaaten;

d) die Einführung einer gemeinsamen Politik auf dem Gebiet der Landwirtschaft;

e) die Einführung einer gemeinsamen Politik auf dem Gebiet des Verkehrs;

f) die Errichtung eines Systems, das den Wettbewerb innerhalb des Gemeinsamen Marktes vor Verfälschungen schützt;

g) die Anwendung von Verfahren, welche die Koordinierung der Wirtschaftspolitik der Mitgliedstaaten und die Behebung von Störungen im Gleichgewicht ihrer Zahlungsbilanzen ermöglichen;

h) die Angleichung der innerstaatlichen Rechtsvorschriften, soweit dies für das ordnungsmäßige Funktionieren des Gemeinsamen Marktes erforderlich ist;

i) die Schaffung eines Europäischen Sozialfonds, um die Beschäftigungsmöglichkeiten der Arbeitnehmer zu verbessern und zur Hebung ihrer Lebenshaltung beizutragen;

j) die Errichtung einer Europäischen Investitionsbank, um durch Erschließung neuer Hilfsquellen die wirtschaftliche Ausweitung in der Gemeinschaft zu erleichtern;

k) die Assoziierung der überseeischen Länder und Hoheitsgebiete, um den Handelsverkehr zu steigern und die wirtschaftliche und soziale Entwicklung durch gemeinsame Bemühungen zu fördern.

Artikel 4

(1) Die der Gemeinschaft zugewiesenen Aufgaben werden durch folgende Organe wahrgenommen:

eine Versammlung,
einen Rat,
eine Kommission,
einen Gerichtshof.

Jedes Organ handelt nach Maßgabe der ihm in diesem Vertrag zugewiesenen Befugnisse.

(2) Der Rat und die Kommission werden von einem Wirtschafts- und Sozialausschuß mit beratender Aufgabe unterstützt.

Artikel 5

Die Mitgliedstaaten treffen alle geeigneten Maßnahmen allgemeiner oder besonderer Art zur Erfüllung der Verpflichtungen, die sich aus diesem Vertrag oder aus Handlungen der Organe der Gemeinschaft ergeben. Sie erleichtern dieser die Erfüllung ihrer Aufgabe.

Sie unterlassen alle Maßnahmen, welche die Verwirklichung der Ziele dieses Vertrags gefährden könnten.

Artikel 6

(1) Die Mitgliedstaaten koordinieren in enger Zusammenarbeit mit den Organen der Gemeinschaft ihre Wirtschaftspolitik, soweit dies zur Erreichung der Ziele dieses Vertrags erforderlich ist.

(2) Die Organe der Gemeinschaft achten darauf, die innere und äußere finanzielle Stabilität der Mitgliedstaaten nicht zu gefährden.

Artikel 7

Unbeschadet besonderer Bestimmungen dieses Vertrags ist in seinem Anwendungsbereich jede Diskriminierung aus Gründen der Staatsangehörigkeit verboten.

Der Rat kann mit qualifizierter Mehrheit auf Vorschlag der Kommission und nach Anhörung der Versammlung Regelungen für das Verbot solcher Diskriminierungen treffen.

Artikel 8

(1) Der Gemeinsame Markt wird während einer Übergangszeit von zwölf Jahren schrittweise verwirklicht.

[. . .]

(Aus: 2. Deutscher Bundestag, Drucksache Nr. 3434, 1957, Anlage B)

(Nr. 86)

Die Straßburger Konsultativversammlung vor den Grundfragen der Europäischen Einigung

Politische Ergebnisse des Ersten Abschnitts der zweiten Sitzungsperiode vom 7. August bis 20. August 1950.

Die Sicherheitsdebatte

André Philip führte die Sicherheitsfrage weiter und verflocht sie mit seiner vernichtenden Kritik an der bisherigen Arbeit des Ministerausschusses. Bis jetzt habe man es sich vielleicht noch erlauben können, die Einigung Europas als Aufgabe der nächsten dreißig Jahre zu betrachten. Heute sei es aber keineswegs mehr sicher, daß man dafür noch dreißig Monate zur Verfügung habe. „Wir sind es leid, befreit zu werden", rief Philip aus. „Wir müssen uns jetzt eine Streitmacht schaffen, die stark genug ist, um uns an unseren Grenzen zu verteidigen, und nicht nur, um ein Gebiet zu befreien, das vorher dezimiert und versklavt wurde." Daher forderte Philip die Schaffung einer europäischen Armee, die aus europäischen Steuern finanziert werden müsse. Zu dem neben ihm sitzenden deutschen Abgeordneten Dr. Hermann Pünder gewandt, sagte Philip: „Wir sind gegen die Aufstellung einer deutschen Armee. Wenn wir eine europäische Armee haben, würde es allerdings in dieser Frage keine nationalen Probleme geben." Damit sprach sich Philip für eine gemeinsame europäische Armee unter Einschluß Deutschlands aus. Er unterstrich die soziale und wirtschaftliche Seite der europäischen Sicherheit und forderte die Schaffung gemeinsamer europäischer Institutionen, wie sie der Schuman-Plan für die Grundstoffindustrie vorbereitet. Darüber hinaus forderte er europäische Organisationen für die Koordinierung des Verkehrs, des Außenhandels, des Arbeitsmarktes, der Rohstoffwirtschaft und des landwirtschaftlichen Marktes. Diese Körperschaften müßten aber unter demokratischer Kontrolle stehen, wenn Europa der Demokratie treu bleiben wolle. [. . .]

Eugen Gerstenmaier (CDU), der als erster deutscher Sprecher in die Debatte eingriff, erklärte, daß die überwiegende Mehrheit der Deutschen zur Zeit gegen eine Remilitarisierung sei. Nicht die Wiederbewaffnung Deutschlands, sondern die friedliche Vereinigung der freien Völker werde die Zukunft sichern. Trotzdem seien die Deutschen bereit, sich an einer gemeinsamen Verteidigung zu beteiligen, Voraussetzung dafür sei allerdings die Gleichheit der Rechte und Pflichten aller Teilnehmer. Als nächster deutscher Sprecher ging Willi Eichler (SPD) auf die Sicherheitsfrage ein. Bevor man endgültige Entscheidungen treffen könne, müsse erst einmal die Einigung Europas vollzogen werden. Dafür brauche man ein Parlament und eine Regierung. Die Versammlung solle in dieser Richtung Druck auf die Regierungen ausüben und die öffentliche Meinung wachrütteln. Gerade weil der Europarat in seiner gegenwärtigen Form nicht genügend europäisch sei, hätte die Deutsche Sozialdemokratische Partei die Arbeit der Versammlung kritisiert. Ein Teil der Unvollkommenheiten könne aber beseitigt werden. Man solle eine europäische Exekutive schaffen, deren Entscheidungen auf mehrheitlicher Basis getroffen werden. Nur eine solche Exekutive könne Entscheidungen auf lange Sicht treffen. Die Schaffung der europäischen Einheit sei daher das vordringlichste Problem. „Hic Rhodus, hic salta."

Professor Carlo Schmid (SPD) ging von allen deutschen Sprechern am ausführlichsten auf die Sicherheitsfrage ein. Europa müsse sich davor hüten, Beiträge zu seiner Verteidigung zu verlangen, die die Kriegsgefahr erhöhen würden. Es sei ein Irrtum, anzunehmen, man brauche nur Kanonen für die Verteidigung. Eine Fünfte Kolonne könne so gefährlich sein wie Tanks. Zur Teilnahme Deutschlands an der europäischen Verteidigung führte Professor Schmid aus, er könne im Namen der Deutschen Sozialdemokratischen Partei leider nicht mit den Sprechern übereinstimmen, die eine Wiederbewaffnung Deutschlands vor der Schaffung einer übernationalen Autorität ins Auge fassen. Diese Haltung der deutschen Sozialisten sei weder auf nationalen Egoismus noch auf Angst vor den Gefahren der Schlachten zurückzuführen noch auf die Zumutung, daß die Nationen, die unter Hitlers Angriffskrieg gelitten haben, nun Deutschland verteidigen sollten. Ganz abgesehen davon, daß die Bonner Regierung im Augenblick noch gar nicht bevollmächtigt sei, internationale Verpflichtungen zu übernehmen, sei eine deutsche Wiederaufrüstung aus den folgenden Gründen für den Frieden und die europäische Einheit nicht richtig: Wie wolle man deutsche Divisionen ausrüsten, wenn es den Alliierten selbst an Waffen fehle? Die Schaffung deutscher Divisionen würde außerdem den Russen einen Vorwand geben, und könne sie leicht aus Angst vor einem Kriege dazu bringen, einen Krieg zu provozieren. Man solle doch nicht vergessen, auf welchen Weg Deutschland durch das Schreckgespenst der Einkreisung geraten sei. Außerdem würden die Nachbarn Deutschlands dem Wiedererstehen einer deutschen Armee fünf Jahre nach ihrer eigenen Befreiung keinesfalls zustimmen. Schließlich sei in einem schwachen Staat das Heer der eigentliche Herr der Regierung. Die deutsche Bundesrepublik sei zur Zeit kein starker Staat, und man solle nicht die Rolle deutscher Generale in der Weimarer Zeit vergessen. Ohne eine oberste europäische Autorität wäre eine europäische Armee nur ein Koalitionsheer. Man müsse daher erst eine solche Autorität schaffen und erst dann die europäische Armee. Man wisse in Deutschland, daß die anderen Nationen auf militärischem Gebiet äußerste Anstrengungen unternehmen und daß man von den Deutschen eine gleich große Leistung erwarten könne. Die Deutschen hätten auch schon einiges geleistet. In Berlin sei eine Schlacht für Europa gewonnen worden, und an der Ruhr gäbe es weniger Kommunisten als je zuvor. Man solle daher einen Beitrag der deutschen Arbeitskraft fordern, Lieferungen der Industrie, wirtschaftliche und politische Leistungen, aber keine deutschen Soldaten, solange es noch keine übernationale europäische Autorität gäbe.

(Zitiert nach: Europa-Archiv, 5. Jg. [1950] S. 3348—3349)

(Nr. 87)

W. Churchill zur Frage der Schaffung einer europäischen Armee vor dem Europarat in Straßburg am 11. August 1950

[...]

Ich bitte die Versammlung, unseren deutschen Freunden zu versichern, daß wir ihre Sicherheit und Freiheit ebenso heilig wie unsere eigene halten werden.

Ich habe sagen hören, daß es ein Vorwand für einen Präventivkrieg von seiten Rußlands sein könnte, wenn alle Deutschen mit Ausnahme der Kommunisten bewaffnet würden. Glauben Sie mir, die auf lange Sicht berechneten Absichten der Sowjetregierung werden durch Ereignisse dieser Art weder zeitlich beeinflußt noch abgelenkt werden. Es steht außer Zweifel, daß wir uns alle in großer Gefahr befinden. Die Freiheit der Zivilisation Westeuropas liegt im Schatten einer russisch-kommunistischen Aggression, hinter der enorme Rüstungen stehen.

Die sowjetischen Streitkräfte in Europa sind denen der Westlichen Union, gemessen an stehenden Divisionen, Flugzeugen und Panzerfahrzeugen, mindestens sechs- oder siebenfach überlegen. Dies sind furchtbare Tatsachen. Und es ist ein Wunder, daß wir hier in unserem neuen Europahaus sitzen und in aller Ruhe unsere Pläne für das künftige Wohlergehen und die künftige Einigkeit unserer Völker sowie ihre moralischen und kulturellen Ideale erörtern. Es ist ein Wunder. Aber zumindest ist dies besser, als in eine Panik zu geraten.

Die Gefahr ist selbstverständlich nicht neu. Sie lag in der Tatsache begründet, daß die freien Demokratien des Westens nach dem Kriege ihre Streitkräfte entwaffneten und auflösten, während die Diktatur im Kreml riesige Armeen aufrechterhielt und sich auf jede Weise anstrengte, diese neu auszurüsten.

Vor zwei Jahren wurde der Westunion-Pakt unterzeichnet und eine Reihe von Ausschüssen errichtet, die, wie M. Reynaud und andere sich ausdrücken, seither ununterbrochen geredet haben. Eindrucksvolle Konferenzen sind von hohen Militärs und Fachleuten gehalten worden. Und eine prätentiöse Fassade ist von den Regierungen, die für unsere Sicherheit verantwortlich sind, aufgebaut worden.

In Wirklichkeit jedoch ist, abgesehen von der Errichtung eines amerikanischen Bomberstützpunktes in England, nichts getan worden, um unsere Völker wirksam davor zu schützen, von den russischen kommunistischen Armeen mit ihren Massen von Panzern und Flugzeugen unterjocht oder zerstört zu werden. Ich selbst und andere haben jede nur mögliche Warnung ausgesprochen. Aber, wie in der Vergangenheit, sind sie auf taube Ohren gefallen oder wurden dazu benutzt, die falsche Anschuldigung der Kriegshetzerei zu stützen.

Nunmehr haben jedoch plötzlich der Blitzschlag in Korea und der auf ihn folgende umsichgreifende Brand die gesamte freie Welt zu einer durchdringenden und aufrüttelnden Erkenntnis der Gefahr gebracht, in welcher sie schwebt. Viele Maßnahmen werden jetzt vorgeschlagen, die, wenn sie vor zwei Jahren getroffen worden wären, bis heute mindestens einige Früchte getragen haben würden. Was heute vorgeschlagen wird und vor zwei Jahren hätte getan werden sollen, könnte gut halbwegs unseren Bedürfnissen entsprechen. Ich zweifle nicht daran, daß die tiefere Erkenntnis der tödlichen Gefahr, in der wir uns befinden, in uns jenen Trieb der Selbsterhaltung wachrufen wird, der die Grundlage menschlichen Daseins ist.

Dies geschieht jetzt. Mr. Edelman hat uns an die ungeheure Überlegenheit auf dem Gebiet des Stahls, des Öls, des Aluminiums und anderer Materialien, worauf das Verteidigungspotential der freien Nationen beruht, erinnert. Vieles davon aber könnte zur Beute des Angreifers werden, wenn wir zuerst niedergeworfen würden.

M. André Philip erklärte am Dienstag, daß „Frankreich nicht den Wunsch hätte, noch einmal befreit zu werden". Nach einer Zeit russisch-kommunistischer Besetzung würde es, wie M. Reynaud betont hat, nicht viel zu befreien geben. Die systematische Liquidierung aller kommunistenfeindlichen Elemente würde wenig übriglassen, was von den Rettern oder Überlebenden wiedererkannt werden könnte.

Wir in dieser Versammlung besitzen keine Verantwortung und keine Exekutivgewalt. Aber wir sind verpflichtet, zu warnen und zu raten. In der kürzestmöglichen Zeit muß eine echte Verteidigungsfront in Europa geschaffen werden. Großbritannien und die Vereinigten Staaten müssen starke Verbände nach dem Kontinent entsenden. Frankreich muß seine berühmte Armee wiedererstehen lassen, unsere italienischen Kameraden willkommen heißen. Alle — Griechenland, die Türkei, Holland, Belgien und Skandinavien — müssen ihren Anteil tragen.* Mut und Einigkeit müssen uns beschwingen und die mächtigen Energien, die unseren Regierungen zur Verfügung stehen, auf solide und angemessene Verteidigungsmaßnahmen richten.

Wer höchsten Zielen dient, bedenkt nicht, was sein Lohn sein wird, sondern was er geben kann. Laßt Geben unser Vorrecht sein! Laßt uns darin wetteifern in den Jahren, die vor uns liegen!

Die uns herausfordernde Frage ist: „Werden wir die Zeit dazu haben?" Niemand kann diese Frage mit Sicherheit beantworten. Anzunehmen, daß wir zu spät kämen, wäre reinster Wahnsinn der Verzweiflung. Wir stehen noch unter dem Schutzschild der Atombombe, die allein die Vereinigten Staaten in achtunggebietender Menge besitzen.

Der Einsatz dieser Waffe würde die Grundlagen des Sowjetregimes im gesamten riesigen Raum Rußlands erschüttern. Und der Zusammenbruch der Verkehrsverbindungen und der zentralen Kontrolle könnte sehr wohl die tapferen russischen Völker in die Lage versetzen, sich von einer Tyrannei zu befreien, die weit schlimmer ist als die der Zaren. Es ist sehr wahrscheinlich, daß eine derartige Möglichkeit ein wirksames Abschreckungsmittel gegen eine sowjetische Aggression darstellt, wenigstens so lange, bis die Sowjets durch einen langwierigen Prozeß einen ausreichenden Vorrat von eigenen Atombomben geschaffen haben.

Es gibt einen weiteren Grund, weshalb der allgemeine bewaffnete Ansturm des Kommunismus auf die westlichen Demokratien sich verzögern mag. Der sowjetische Diktator hat keinen Anlaß, mit der Art und Weise unzufrieden zu sein, wie sich die Dinge entwickelt haben. Seit Ende des Weltkrieges im Jahre 1945 haben sie die Kontrolle über halb Europa und ganz China gewonnen, ohne einen einzigen russischen Soldaten zu verlieren. Sie haben auf diese Weise ihrer eigenen ungeheuren Bevölkerung nahezu 500 Millionen Menschen hinzugefügt.

Sie haben überreichlich Gelegenheit, Unruhe zu stiften und uns zu veranlassen, durch das Vorgehen ihrer Satelliten unsere Kräfte unnötig zu verzetteln. Es hat den Anschein, als ob Tibet das nächste Opfer sein soll. Im Zuge dieser Ablenkungsmanöver sind sie fähig, Frieden zu predigen, während sie einen aggressiven Krieg planen und ihren Atombombenvorrat vergrößern.

Aber meiner Überzeugung nach ist uns eine Atempause vergönnt. Wenn wir diese klug und geschickt benutzen, und sie nicht nutzlos vergeuden — wie wir bereits so vieles vergeudet haben —, dann dürften wir die Abschreckungsmittel gegen eine größere kommunistische Aggression noch stark vermehren können. Durch ein Schließen der Lücke in der Verteidigung der Westmächte in Europa werden wir die sichersten Mittel dafür finden, nicht nur unser

Leben und unsere Freiheiten zu retten, sondern auch einen dritten Weltkrieg zu verhindern.

Wenn wir in der Lage sind, im Verlauf von ungefähr zwei Jahren ein verläßliches Verteidigungssystem gegen eine kommunistische Invasion zu schaffen, so werden wir zumindest die greifbarste Versuchung für jene beseitigt haben, die danach trachten, den freien Demokratien ihren Willen mit Gewalt aufzuzwingen. [...]

* Anmerkung der Redaktion: Es erregte starkes Aufsehen, daß Churchill an dieser Stelle Deutschland nicht erwähnte. In einer nachträglich an die Presse abgegebenen Erklärung stellte Churchill jedoch ausdrücklich fest, daß es sich hierbei nur um ein Versehen handelte und daß er selbstverständlich hierbei auch an Deutschland gedacht habe.

(Zitiert nach: Europa-Archiv, 5. Jg. [1950], S. 3374—3376)

(Nr. 88)

Der EVG-Vertrag

Die Begründung der Bundesregierung zum Vertrag über die Gründung der Europäischen Verteidigungsgemeinschaft und zum Vertrag zwischen dem Vereinigten Königreich und den Mitgliedstaaten der Europäischen Verteidigungsgemeinschaft vom 27. Mai 1952 (Auszüge).

I. Vorgeschichte

Maßgebende Überlegungen

Die Verhandlungen, die zum Abschluß des Vertrages über die Verteidigungsgemeinschaft geführt haben, gehen auf zwei Erwägungen zurück, auf eine militär-politische und eine allgemein-politische.

Die militär-politische Erwägung war die Überlegung, daß es notwendig sei, die Verteidigung der westlichen Welt zu sichern und hierzu auch die deutsche Verteidigungskraft einzubeziehen. Die allgemein-politische Erwägung entsprang den Bemühungen um eine Integration Europas, die es nahelegten, die Verteidigungsbestrebungen als Element in die Bemühungen um die Herbeiführung einer solchen Integration einzubeziehen.

Vorverhandlungen

Der erste Anstoß kam aus militärischen Überlegungen.

Die Ereignisse in Korea im Jahre 1950 ließen die Notwendigkeit einer gemeinschaftlichen Organisation der Verteidigung des Westens erkennen. An dieser Verteidigung sollte sich nach allgemeiner Ansicht auch die Bundesrepublik Deutschland beteiligen können. [...]

2. *Grundgehalt*

a) Verfassung

Die überstaatliche Gemeinschaft

Die Europäische Verteidigungsgemeinschaft ist, ebenso wie die Europäische Montangemeinschaft, eine mit eigenen Hoheitsbefugnissen ausgestattete überstaatliche Gemeinschaft.

Auch dem Aufbau der Verteidigungsgemeinschaft liegt die Überzeugung zugrunde, daß die angestrebten Ziele nicht mit den hergebrachten Mitteln zwischenstaatlicher Verknüpfung, sondern nur durch eine solche überstaatliche Gemeinschaft verwirklicht werden können. Der Vertrag regelt nicht, wie frühere Militärbündnisse, Rechte und Pflichten der Staaten zu militärischem Beistand und Zusammenwirken, sondern er schafft auf dem Gebiet der Verteidigung, in ähnlicher Weise, wie es die Montangemeinschaft auf dem Gebiet der Grundstoffindustrien getan hat, ein europäisches Gebilde mit eigenen Organen, eigenen Streitkräften und eigenem Haushalt.

Insbesondere sind die Streitkräfte europäisch, nicht national. Die Verteidigungsgemeinschaft steht damit im Gegensatz zu den Koalitionsarmeen alten Stils. Bei diesen verbleiben die Truppen im nationalen Status, sie sind nach wie vor Truppen der Einzelstaaten, nur unter gemeinsamem Oberbefehl. Demgegenüber gibt es bei der integrierten Armee der Verteidigungsgemeinschaft eine grundsätzliche neue Lösung, Es gibt bei ihr keine nationalen Truppen mehr; nicht nur der Oberbefehl ist gemeinsam, sondern die gesamte Armee mit sämtlichen Kontingenten hat europäischen Status.

Die Europäische Verteidigungsgemeinschaft zeigt hiernach, ähnlich wie die Montangemeinschaft, starke Ähnlichkeit mit bundesstaatlichen Begriffen und Einrichtungen. Sie ist aufgebaut auf der unbedingten Gleichstellung aller Mitgliedstaaten, und ihre Normen binden nicht nur die beteiligten Staaten, sondern unmittelbar die Bürger dieser Staaten.

Hierbei greift die Verteidigungsgemeinschaft weit stärker als die Montangemeinschaft in die nationalen Hoheitsrechte ein. Eines der wesentlichsten Hoheitsrechte, das Recht der Selbstverteidigung, geht mit ihrer Errichtung der Ausübung nach auf die Gemeinschaft über,

Das wirkt weit über das Militärische hinaus auf die Finanz- und Wirtschaftspolitik.
So drängt die Verteidigungsgemeinschaft überall zur politischen Föderation Europas. Sie ist nicht nur die Vorbereitung einer solchen Föderation, sondern schon ein entscheidender Teil davon.
Demgemäß ist der Versammlung der Verteidigungsgemeinschaft die Aufgabe anvertraut, gleich nach ihrem Zusammentritt die Vollendung dieser politischen Föderation Europas in die Wege zu leiten. Und schon jetzt sind die Vorschriften des Vertrages darauf abgestellt, diese Föderation zu ermöglichen. [...]

(Aus: 1. Deutscher Bundestag, Anlage 2 zur Drucksache Nr. 3501, S. 1 ff.)

(Nr. 89)

Auszüge aus der Schlußakte der Londoner Neun-Mächte-Konferenz über die Aufnahme der Bundesrepublik Deutschland in das westliche Verteidigungssystem, 3. Oktober 1954

Die Konferenz der neun Mächte, Belgien, Kanada, Frankreich, Bundesrepublik Deutschland, Italien, Luxemburg, Niederlande, Vereinigtes Königreich von Großbritannien und Nordirland und die Vereinigten Staaten, tagte von Dienstag, dem 28. September, bis Sonntag, dem 3. Oktober. Sie behandelte die wichtigsten Probleme der westlichen Welt, Sicherheit und europäische Integration im Rahmen einer dem Frieden und der Freiheit ergebenen atlantischen Gemeinschaft, die im Entstehen begriffen ist. In diesem Zusammenhang prüfte die Konferenz die Frage, wie die volle Assoziierung der Bundesrepublik Deutschland mit dem Westen sowie der deutsche Verteidigungsbeitrag gewährleistet werden könnten.
[...]

II. Brüsseler Vertrag

Der Brüsseler Vertrag wird verstärkt und ausgebaut, um ihn zu einem wirksameren Kern der europäischen Integration zu gestalten. Zu diesem Zwecke sind folgende Abmachungen vereinbart worden:

a) Die Bundesrepublik Deutschland und Italien werden aufgefordert werden, dem Vertrag beizutreten, der in geeigneter Weise geändert wird, um dem Ziel der europäischen Einheit Nachdruck zu verleihen; die beiden Staaten haben sich zu diesem Beitritt bereit erklärt. Das System der gegenseitigen automatischen Beistandsleistung im Angriffsfalle wird damit auf die Bundesrepublik Deutschland und Italien ausgedehnt.

b) Die Struktur des Brüsseler Vertrages wird verstärkt werden. Insbesondere wird der in dem Vertrag vorgesehene Konsultativrat ein Rat mit Entscheidungsbefugnissen werden.

c) Der Aufgabenbereich der Brüsseler Vertragsorganisation wird erweitert, um weitere wichtige Funktionen einzuschließen:
— Der Umfang und die allgemeine Beschaffenheit des deutschen Verteidigungsbeitrags werden dem für die EVG festgesetzten Beitrag entsprechen.
— Der maximale Verteidigungsbeitrag, den alle Mitglieder der Brüsseler Vertragsorganisation zur NATO leisten, wird durch ein besonderes Abkommen festgesetzt, das die zahlenmäßigen Stärken bestimmt, welche nur mit einstimmiger Zustimmung erhöht werden können.
— Die Stärke und Bewaffnung der Heimatverteidigungskräfte und der Polizei auf dem Kontinent der Mitgliedstaaten der Brüsseler Vertragsorganisation werden durch Abmachungen innerhalb der Organisation bestimmt unter Berücksichtigung ihrer eigentlichen Aufgabe und auf der Grundlage der bestehenden Stärke und des Bedarfs.
Die Mächte des Brüsseler Vertrages vereinbaren, als Teil der Organisation des Brüsseler Vertrages eine Dienststelle für die Kontrolle der auf dem europäischen Kontinent befindlichen Waffen der kontinentalen Mitglieder der Organisation des Brüsseler Vertrages zu errichten. [...]

15. Die Brüsseler Vertragsmächte haben die nachstehende Erklärung des Bundeskanzlers der Bundesrepublik Deutschland zur Kenntnis genommen und bekunden ihr Einverständnis damit:
Der Bundeskanzler erklärt, daß sich die Bundesrepublik verpflichtet, auf ihrem Gebiet keine Atomwaffen, chemische Waffen oder biologische Waffen herzustellen. [...]

(Aus: Bulletin vom 6.10.1954, Nr. 188, S. 1663—1666)

Nr. 90

Beendigung des Kriegszustandes

„Ich wollte nur fragen, ob Sie nicht zeitgemäßer firmieren wollen?"

(Aus: H. E. Köhler u. W. E. Süskind a. a. O., S. 21)

(Nr. 91)

Erklärung des Bundeskanzlers Dr. Konrad Adenauer vom 5. Oktober 1954 vor dem Deutschen Bundestag zum Abschluß der Londoner Neun-Mächte-Konferenz (Auszüge)

Die Bundesregierung hat den Wunsch, das Hohe Haus unmittelbar nach dem Abschluß der Londoner Konferenz über den Verlauf und die Ergebnisse der Verhandlungen zwischen der Bundesrepublik Deutschland und den weiteren acht an der Konferenz beteiligten Mächten zu unterrichten . . .

Zusammenfassend können wir feststellen:

Das Bonner Vertragswerk wird also überprüft und umgeformt. Diejenigen Vertragsteile, die überholt oder der neuen Situation nicht mehr angemessen sind, werden gestrichen. Es ist nicht daran gedacht, alle Gegenstände neu zu verhandeln. Es wird in aller Deutlichkeit klargestellt werden können, daß die Bundesrepublik die volle Macht eines souveränen Staates über ihre inneren und äußeren Angelegenheiten haben wird. Die Notstandsklausel entfällt. Bis zu dem Augenblick, in dem sich die Bundesrepublik aus eigenem Recht die Möglichkeit schafft, bei einem Notstand die erforderlichen Maßnahmen zu treffen, können die drei Regierungen noch eigene Maßnahmen für den Schutz ihrer Truppen treffen — auch dies jedoch nur unter der Voraussetzung, daß auch die Bundesregierung solche Maßnahmen für erforderlich hält. Ein neuer Truppenvertrag nach dem Modell des NATO-Truppenstatuts wird ausgehandelt werden, um den Truppenvertrag des Bonner Vertragswerks abzulösen.

Auf finanziellem Gebiet ist es gelungen, zu einer Gesamtvereinbarung zu kommen, die das Auslaufen des Besatzungskostenrechts, die Stationierungsverhältnisse während der Interimszeit und gewisse Finanzfragen für die Zeit nach dem NATO-Eintritt regelt. Die Bundesrepublik wird schnell auch finanziell den Status aller übrigen NATO-Staaten erhalten. Es ist Sorge getragen, daß über alle Verpflichtungen neu verhandelt wird, wenn der Eintritt in die NATO nicht bis zum 30. Juni 1955 vollzogen sein sollte. [. . .] Das Ergebnis von London erfüllt uns mit Genugtuung und Hoffnung. Die Tatsache, daß unsere Außenpolitik eine Zeit schwerer Erschütterungen überwinden konnte, scheint mir ein sicherer Beweis zu sein, daß ihre Grundkonzeption richtig war und ist. Ich halte es für notwendig, daß wir uns in dieser Stunde noch einmal vergegenwärtigen, welche Ziele unser außenpolitisches Handeln in den letzten Jahren bestimmt haben.

Als die Bundesregierung ihre Arbeit aufnahm, ergaben sich folgende zentrale Probleme:

1. Die Herstellung der Unabhängigkeit und Selbstbestimmung der Bundesrepublik.
2. Die Wiedervereinigung Deutschlands.
3. Der Zusammenschluß des freien Europas und die Eingliederung Deutschlands in die europäische Gemeinschaft.

So ungewiß es damals war, ob es gelingen würde, diese Ziele in naher, ja selbst in ferner Zukunft zu erreichen, so sicher war es, daß nur ein gangbarer Weg zu ihnen führen würde, nämlich die Zusammenarbeit Deutschlands mit den freien Nationen. Die Politik der Zusammenarbeit konnte deshalb zu einem bestimmenden Faktor für das Verhalten der Bundesregierung werden, weil in allen Kreisen und Schichten des deutschen Volkes nach den Leiden zweier Kriege die Überzeugung tief Wurzel geschlagen hatte, daß nur die Einigung der europäischen Nationen Deutschland und Europa eine Zukunft sichern würde, in der ein Leben in Freiheit und Würde möglich war. Diese Einsicht ist der beste Besitz, den die Europäer aus den Erfahrungen der Vergangenheit gewonnen haben. Wenn diese Einsicht verlorengeht oder abnimmt, wachsen die Gefahren, die eine noch immer unruhige und unsichere Welt für Deutschland und Europa in sich birgt. Der europäische Gedanke hat unser nationales Leben tiefgehend und in der glücklichsten Weise beeinflußt. Die Deutschen haben dem reaktionären Nationalismus abgesagt. Sie haben in vielen Wahlen die extremen politischen Auffassungen zur Bedeutungslosigkeit verurteilt. Das deutsche Volk ist auch der Bundesregierung gefolgt, als sie sich mit aller Kraft für das Zustandekommen der EVG eingesetzt hat. Es gibt keinen besseren Beweis als das Wahlergebnis vom 3. September 1953. Die EVG sollte durch die Übertragung souveräner Rechte auf eine supranationale Gemeinschaft die europäischen Völker zu einer Einheit zusammenfügen. Wenn wir Europa wirklich wollen, muß diese Einheit unser Ziel bleiben. Ich wiederhole deshalb die Erklärung, die ich den neun Mächten gegenüber abgegeben habe, daß die Bundesregierung bereit ist, ihre Streitkräfte in eine integrierte europäische Organisation zu überführen, sobald eine solche geschaffen wird.

Es erfüllt uns mit Genugtuung, daß auch der Brüsseler Pakt eine Reihe von Ansätzen zur supranationalen Weiterentwicklung enthält. Auch wenn die Form in diesem oder jenem wechselt, die Einheit Europas bleibt unser unverrückbares Ziel. Ich hoffe, daß es uns gelingen wird, die Organisation des Brüsseler Pakts durch den Beitritt weiterer Staaten auszudehnen und sie tatsächlich, wie es in der Londoner Schlußakte heißt, zu einem Kernpunkt der europäischen Integration zu machen.

(Aus: Bulletin vom 6.10.1954, Nr. 188, S. 1657—1662)

(Nr. 92)

Vertrag über die Beziehungen zwischen der Bundesrepublik Deutschland und den Drei Mächten (Deutschlandvertrag) in der geänderten Fassung vom 23. Oktober 1954

Die Bundesrepublik Deutschland,
Die Vereinigten Staaten von Amerika,
Das Vereinigte Königreich von Großbritannien und Nordirland
und
Die Französische Republik
haben zur Festlegung der Grundlagen ihres neuen Verhältnisses den folgenden Vertrag geschlossen:

Artikel 1

(1) Mit dem Inkrafttreten dieses Vertrags werden die Vereinigten Staaten von Amerika, das Vereinigte Königreich von Großbritannien und Nordirland und die Französiche Republik (in diesem Vertrag und in den Zusatzverträgen auch als „Drei Mächte" bezeichnet) das Besatzungsregime in der Bundesrepublik beenden, das Besatzungsstatut aufheben und die Alliierte Hohe Kommission sowie die Dienststellen der Landeskommissare in der Bundesrepublik auflösen.

(2) Die Bundesrepublik wird demgemäß die volle Macht eines souveränen Staates über ihre inneren und äußeren Angelegenheiten haben.

Artikel 2

Im Hinblick auf die internationale Lage, die bisher die Wiedervereinigung Deutschlands und den Abschluß eines Friedensvertrags verhindert hat, behalten die Drei Mächte die bisher von ihnen ausgeübten oder innegehabten Rechte und Verantwortlichkeiten in bezug auf Berlin und auf Deutschland als Ganzes einschließlich der Wiedervereinigung Deutschlands und einer friedensvertraglichen Regelung. Die von den Drei Mächten beibehaltenen Rechte und Verantwortlichkeiten in bezug auf die Stationierung von Streitkräften in Deutschland und der Schutz der Sicherheit dieser Streitkräfte bestimmen sich nach den Artikeln 4 und 5 dieses Vertrags.

Artikel 3

(1) Die Bundesrepublik wird ihre Politik in Einklang mit den Prinzipien der Satzung der Ver-

einten Nationen und mit den im Statut des Europarates aufgestellten Zielen halten.

(2) Die Bundesrepublik bekräftigt ihre Absicht, sich durch ihre Mitgliedschaft in internationalen Organisationen, die zur Erreichung der gemeinsamen Ziele der freien Welt beitragen, mit der Gemeinschaft der freien Nationen völlig zu verbinden. Die drei Mächte werden zu gegebener Zeit Anträge der Bundesrepublik unterstützen, die Mitgliedschaft in solchen Organisationen zu erlangen.

(3) Bei Verhandlungen mit Staaten, mit denen die Bundesrepublik keine Beziehungen unterhält, werden die Drei Mächte die Bundesrepublik in Fragen konsultieren, die deren politische Interessen unmittelbar berühren.

(4) Auf Ersuchen der Bundesregierung werden die Drei Mächte die erforderlichen Vorkehrungen treffen, die Interessen der Bundesrepublik in ihren Beziehungen zu anderen Staaten und in gewissen internationalen Organisationen oder Konferenzen zu vertreten, soweit die Bundesrepublik dazu nicht selbst in der Lage ist.

Artikel 4

(1) Bis zum Inkrafttreten der Abmachungen über den deutschen Verteidigungsbeitrag behalten die Drei Mächte weiterhin ihre bisher ausgeübten oder innegehabten Rechte in bezug auf die Stationierung von Streitkräften in der Bundesrepublik. Die Aufgabe dieser Streitkräfte wird die Verteidigung der freien Welt sein, zu der die Bundesrepublik und Berlin gehören. Vorbehaltlich der Bestimmungen des Artikels 5 Absatz (2) dieses Vertrags bestimmen sich die Rechte und Pflichten dieser Streitkräfte nach dem Vertrag über die Rechte und Pflichten ausländischer Streitkräfte und ihrer Mitglieder in der Bundesrepublik Deutschland (im folgenden als „Truppenvertrag" bezeichnet), auf den in Artikel 8 Absatz (1) dieses Vertrags Bezug genommen ist.

(2) Die von den Drei Mächten bisher ausgeübten oder innegehabten und weiterhin beizubehaltenden Rechte in bezug auf die Stationierung von Streitkräften in Deutschland werden von den Bestimmungen dieses Artikels nicht berührt, soweit sie für die Ausübung der im ersten Satz des Artikels 2 dieses Vertrags genannten Rechte erforderlich sind. Die Bundesrepublik ist damit einverstanden, daß vom Inkrafttreten der Abmachungen über den deutschen Verteidigungsbeitrag an Streitkräfte der gleichen Nationalität und Effektivstärke wie zur Zeit dieses Inkrafttretens in der Bundesrepublik stationiert werden dürfen. Im Hinblick auf die in Artikel 1 Absatz (2) dieses Vertrags umschriebene Rechtsstellung der Bundesrepublik und im Hinblick darauf, daß die Drei Mächte gewillt sind, ihre Rechte betreffend die Stationierung von Streitkräften in der Bundesrepublik, soweit diese betroffen ist, nur in vollem Einvernehmen mit der Bundesrepublik auszuüben, wird diese Frage in einem besonderen Vertrag geregelt. [. . .]

(2) Die von den Drei Mächten bisher innegehabten oder ausgeübten Rechte in bezug auf den Schutz der Sicherheit von in der Bundesrepublik stationierten Streitkräften, die zeitweilig von den Drei Mächten beibehalten werden, erlöschen, sobald die zuständigen deutschen Behörden entsprechende Vollmachten durch die deutsche Gesetzgebung erhalten haben und dadurch in Stand gesetzt sind, wirksame Maßnahmen zum Schutz der Sicherheit dieser Streitkräfte zu treffen, einschließlich der Fähigkeit, einer ernstlichen Störung der öffentlichen Sicherheit und Ordnung zu begegnen. [. . .]

Artikel 7

(1) Die Unterzeichnerstaaten sind darüber einig, daß ein wesentliches Ziel ihrer gemeinsamen Politik eine zwischen Deutschland und seinen ehemaligen Gegnern frei vereinbarte friedensvertragliche Regelung für ganz Deutschland ist, welche die Grundlage für einen dauerhaften Frieden bilden soll. Sie sind weiterhin darüber einig, daß die endgültige Festlegung der Grenzen Deutschlands bis zu dieser Regelung aufgeschoben werden muß.

(2) Bis zum Abschluß der friedensvertraglichen Regelung werden die Unterzeichnerstaaten zusammenwirken, um mit friedlichen Mitteln ihr gemeinsames Ziel zu verwirklichen: Ein wiedervereinigtes Deutschland, das eine freiheitlich-demokratische Verfassung, ähnlich wie die Bundesrepublik, besitzt und das in die europäische Gemeinschaft integriert ist.

(3) (gestrichen)

(4) Die Drei Mächte werden die Bundesrepublik in allen Angelegenheiten konsultieren, welche die Ausübung ihrer Rechte in bezug auf Deutschland als Ganzes berühren.

[. . .]

(Aus: Bundesgesetzblatt 1955, II, S. 306—320)

Nr. 93 Günstige Aussichten

„Well, Sie geben Ihren Teil zu dem und ich gebe das Ganze dann dort hinein — wollen wir uns darüber in Lugano unterhalten?"

(Aus: H. E. Köhler und W. E. Süskind, a.a.O., S. 67)

Nr. 94

Bundeskanzler K. Adenauer: Die Einwirkung der Vorgänge in Korea auf die deutschen Verhältnisse

Auf einer Konferenz in Kairo im November 1943 war es zwischen dem amerikanischen Präsidenten Roosevelt und dem britischen Premierminister Churchill einerseits und dem chinesischen Ministerpräsidenten Tschiang Kai-schek andererseits zu einer Vereinbarung gekommen, daß nach dem Sieg über Japan Korea selbständig werden sollte. Die Sowjets schlossen sich später dieser Vereinbarung an. Zunächst war eine Besetzung Koreas vorgesehen. Die Besetzung Koreas erfolgte, in Übereinstimmung mit den Kairoer Bestimmungen, im Laufe des August und September 1945. Nordkorea wurde von der Sowjetunion und Südkorea von den Vereinigten Staaten besetzt. Der 38. Breitengrad bildete die Demarkationslinie. Es fanden zwischen den Besatzungsmächten Verhandlungen statt über freie demokratische Wahlen, aus denen eine Regierung hervorgehen sollte. Diese Verhandlungen scheiterten im Mai 1946. Im Mai 1948 wurden unter Aufsicht der Vereinten Nationen in Südkorea Wahlen durchgeführt. Im Laufe des gleichen Jahres zogen die Vereinigten Staaten ihre Besatzungstruppen aus Südkorea zurück. Eine Beruhigung Südkoreas trat nicht ein, da Banden ein normales demokratisches Leben behinderten. Die Banden wurden zum großen Teil von nordkoreanischen Kommunisten unterstützt. Am 25. Juni 1950 überschritten nordkoreanische Truppen die Demarkationslinie unter der Parole, Südkorea von den Imperialisten zu befreien. Damit war die bisher ständig schwelende Koreakrise zu einem offenen Krieg ausgeweitet. Der Sicherheitsrat der Vereinten Nationen trat zusammen. Der Vertreter der Sowjetunion nahm an der Sitzung nicht teil. Dadurch kam ein Beschluß des Sicherheitsrates zustande, durch den die Vereinten Nationen Südkorea ihre Unterstützung zusagten. Am 7. Juli 1950 wurden die Hilfstruppen der Vereinten Nationen unter das Kommando der Vereinigten Staaten von Amerika gestellt. Zahlreiche Staaten sicherten Südkorea wirtschaftliche Hilfe zu.

Die militärische Unterstützung kam sehr spät, und Südkorea wurde daher von den Kommunisten fast völlig überrannt. Bis zum August 1950 konnte lediglich Pusan gehalten werden. Im September 1950 begann eine Gegenoffensive der Truppen der Vereinten Nationen. Nach wechselvollen Kämpfen gelang es schließlich im Mai 1951, die Front zwischen Nord- und Südkorea in der Nähe des 38. Breitengrades zu stabilisieren.

Der Überfall der nordkoreanischen Kommunisten auf Südkorea und die Kampfhandlungen dort erfüllten die deutsche Bevölkerung mit großer Unruhe. Die Lage Deutschlands hatte Ähnlichkeit mit der Koreas. Auch Deutschland war zweigeteilt: die eine Hälfte befand sich unter kommunistischer Diktatur, und die Bevölkerung des anderen Teiles Deutschlands lebte unter staatlichen Verhältnissen freier demokratischer Prägung. Im sowjetisch besetzten Teil Deutschlands lagen starke sowjetische Truppenverbände: dazu kam, daß die sowjetzonale sogenannte Volkspolizei militärisch ausgebildet war. Im Westen Deutschlands standen nur verhältnismäßig geringe Truppenteile der Besatzungsmächte. Die Abwehrbereitschaft der freien deutschen Bevölkerung gegen den Kommunismus hatte sich sehr deutlich in Berlin gezeigt, und diese Abwehrbereitschaft war auch in der Bundesrepublik Deutschland spürbar. Es bestand aber die Gefahr, daß der Widerstandswille der westdeutschen Bevölkerung gegen einen drohenden Angriff aus dem Osten, ähnlich wie in Korea, erlahmen könnte, wenn sich die Überzeugung ausbreiten würde, daß die Verteidigung des freien westdeutschen Gebietes aussichtslos sei.

Militärisch gesehen waren wir Deutsche vollkommen wehrlos; wir waren auf die Hilfe und Unterstützung der westlichen Besatzungsmächte angewiesen. Es war unbedingt notwendig, daß von diesen eine Erklärung abgegeben wurde, die die Bereitschaft und den festen Willen zur Verteidigung der Bundesrepublik Deutschland einschließlich Berlins erkennen ließ. Ein sichtbares Zeichen dieser Verteidigungsbereitschaft mußte erfolgen.

Wenn bisher das Thema einer Sicherheitsgarantie zur Sprache kam, war von den westlichen Regierungen stets darauf hingewiesen worden, daß der Schutz des Atlantikpaktes automatisch für die Dauer der Besatzung auch für die deutschen Gebiete gelte, die von den Westmächten besetzt waren. Mir schienen diese Hinweise jedoch nicht ausreichend.

Ich hielt es für notwendig, daß die deutsche Länderpolizei verstärkt, eine Hilfspolizei auf kommunaler Basis geschaffen werde und eine Verstärkung des Zollgrenzschutzes und der Bahnpolizei erfolgte. Mein erstrebtes Ziel war die Bildung einer Bundespolizei. Nach Ausbruch der Koreakrise ließ ich eine entsprechende Denkschrift verfassen und sie Ende Juni 1950 den Hohen Kommissaren überreichen. Ich wies auf das erhöhte Sicherheitsbedürfnis der Bundesrepublik hin.

Die offizielle Antwort der Hohen Kommissare auf die Denkschrift war zunächst ein Hinweis auf die in der Vergangenheit abgegebenen Erklärungen, die völkerrechtlich eine eindeutige Lage geschaffen hätten. Auf meinen Wunsch nach Bildung einer Bundespolizei ging man in der Antwort nicht näher ein.

In Korea war es zu einem offenen militärischen Konflikt gekommen. In anderen Teilen der Welt hielt der Nervenkrieg an. Durch Flüsterpropaganda und Verbreitung wilder Gerüchte versuchten die Kommunisten die Bevölkerung der westlichen Welt in Unruhe zu versetzen.

Mir war bekannt geworden, daß die Sowjets in der von ihnen besetzten Zone über 30 Divisionen stationiert hatten. Diese Divisionen waren nach meinen Informationen mit voller Kriegsausrüstung ausgestattet. Düsenflugzeuge waren aus dem Inneren Rußlands nach dem Westen vorgezogen worden. Neben diesem Ausbau der sowjetischen militärischen Kräfte, der einen offensiven Charakter trug, ging Hand in Hand die Militarisierung der sowjetzonalen Volkspolizei. Diese Volkspolizei war aus der allgemeinen Polizei herausgelöst worden und erhielt eine besondere Ausbildung. Nach zuverlässigen Angaben waren bis Mitte August 1950 etwa 60000 Mann ausgebildet. 15 Waffenschulen waren zur Ausbildung von Offizieren und Unteroffizieren eingerichtet worden. Weitere waren im Aufbau.

Meine Überzeugung, daß Stalin von jeher die Absicht gehabt hatte, Westdeutschland möglichst unzerstört in seine Hände zu bekommen, hatte sich immer mehr gefestigt. Seine Politik der ersten Nachkriegsjahre hatte ihm die Erreichung dieses Zieles nicht gebracht. Aber die Sowjetunion hatte es nicht aufgegeben. Wenn es Stalin gelang, die Bundesrepublik möglichst unversehrt in seine Hand zu bekommen, würde er damit auch bestimmenden Einfluß auf Frankreich und Italien ausüben können. In diesen Ländern war die politische Ordnung nicht gefestigt, und es gab dort starke kommunistische Parteien. Bestimmender Einfluß der Sowjetunion auf die Bundesrepublik, Frankreich und Italien würde die Sowjetunion zur stärksten wirtschaftlichen, militärischen und politischen Macht der Erde machen. Das würde den Sieg des Kommunismus in der Welt, auch über die Vereinigten Staaten, bedeuten. Die Überzeugung, daß dies das Ziel der sowjetrussischen Politik sei, bestimmte immer meine Politik. [. . .]

(Aus: K. Adenauer, Erinnerungen 1945—1953, Deutsche Verlagsanstalt, Stuttgart 1965, S. 346—349)

(Nr. 95)

Zum sog. Sicherheitsmemorandum des Bundeskanzlers K. Adenauer vom 29. August 1950

Um den drei westlichen Außenministern meine Ansichten über einen möglichen deutschen Verteidigungsbeitrag darzulegen, verfaßte ich ein Memorandum und übersandte dieses mit Schreiben vom 29. August 1950 an den damals Geschäftsführenden Vorsitzenden der Alliierten Hohen Kommission, McCloy.

Ich wies in dem Memorandum darauf hin, daß die Entwicklung im Fernen Osten innerhalb der deutschen Bevölkerung Unruhe und Unsicherheit ausgelöst habe. Das Vertrauen, daß die westliche Welt in der Lage sein würde, Angriffshandlungen gegen Westeuropa rasch und wirksam zu begegnen, sei in einem besorgniserregenden Ausmaß im Schwanken begriffen und habe zu einer gefährlichen Lethargie der deutschen Bevölkerung geführt. Der ganze Ernst der Situation ergebe sich aus der Betrachtung der in der Sowjetzone versammelten sowjetischen Kräfte und der dort in beschleunigtem Aufbau befindlichen Volkspolizei. Als Gegenkräfte stünden in Westdeutschland den sehr starken Truppeneinheiten in Ostdeutschland, die ich im einzelnen aufführte, je zwei amerikanische und britische Divisionen und einige französische Verbände gegenüber. Die Bundesrepublik besitze, wenn man von den schwachen Kräften des Zollgrenzdienstes absehe, keine Abwehreinheiten. In der britischen Zone gebe es eine Polizei, die auf kommunaler Basis organisiert, jedoch weder einheitlich ausgebildet noch einheitlich ausgerüstet sei und auch nicht über angemessene Waffen verfüge. Für einen Einsatz gegen einen Angriff der Volkspolizei der Sowjetzone seien die Polizeikräfte der Bundesrepublik völlig unzureichend, da sie, zahlenmäßig schwach, weder über eine entsprechende Waffenausbildung noch über eine Ausbildung in geschlossenem Einsatz verfügten. Sie seien auch nicht in der Lage, einen wirksamen Schutz an der Sowjetzonengrenze zu bilden, die in ihrer außerordentlichen Länge besondere Anforderungen stelle. Die Verteidigung des Bundes nach außen liege in erster Linie in den Händen der Besatzungstruppen. Ich hätte wiederholt um Verstärkung dieser Besatzungstruppen gebeten und erneuere diese Bitten hiermit in dringendster Form, denn die Verstärkung der alliierten Besatzungstruppen in Westeuropa allein könne der Bevölkerung sichtbar den Willen der Westmächte demonstrieren, daß Westdeutschland im Ernstfall auch wirklich verteidigt werde.

Ich habe in dem Memorandum ferner unsere Bereitschaft erklärt, im Falle der Bildung einer internationalen westeuropäischen Armee einen Beitrag in Form eines deutschen Kontingentes zu leisten. Es heißt in dem Memorandum hierzu wörtlich: „Damit ist eindeutig zum Ausdruck gebracht, daß der Bundeskanzler eine Remilitarisierung Deutschlands durch Aufstellung einer eigenen nationalen militärischen Macht ablehnt."

Ich schlug in dem Memorandum vor, umgehend auf Bundesebene eine Schutzpolizei in einer Stärke aufzustellen, die eine ausreichende Gewähr für die innere Sicherheit bieten könnte. Die Bundesregierung sei sich darüber im klaren, daß eine solche Schutzpolizei nur im Wege eines verfassungsändernden Gesetzes geschaffen werden könne. Sie sei bereit, einen entsprechenden Entwurf sofort den gesetzgebenden Körperschaften vorzulegen.

Gleichzeitig mit diesem Memorandum, das sich mit der Sicherheitsfrage der Bundesrepublik befaßte, übersandte ich der Hohen Kommission noch ein weiteres Memorandum. Ich bat, auch dieses Memorandum der bevorstehenden Außenministerkonferenz in New York vorzulegen. Es betraf die Frage der Neuordnung der Beziehungen der Bundesrepublik zu den Besatzungsmächten.

(Aus: K. Adenauer, a.a.O., S. 357—359)

Nr. 96

G. Heinemann (nach seinem Rücktritt als Bundesinnenminister): Memorandum über die deutsche Sicherheit

Die Sicherheitsgarantie

Sicherheit gegen Umsturz im Inneren und gegen Angriff von außen ist ein Anliegen jeden Volkes. Für die Sicherheit gegen inneren Umsturz haben wir selbst zu sorgen. Die Sicherheit gegen Angriffe von außen liegt nicht in unserer Hand. Sie ist Sache der Besatzungsmächte. Seit dem Konflikt der Besatzungsmächte untereinander und dem Kampf um Berlin ist die Sicherheit der Bundesrepublik gegen einen Angriff von außen ein Gegenstand besonderer Sorge geworden,

Auch sie kann heute nur von den Besatzungsmächten der Bundesrepublik, das heißt den Westmächten, gewährleistet werden. Die Westmächte haben sich im Kommuniqué der Außenminister vom 19. September 1950 zu ihrer Schutzpflicht bekannt und gesagt: „Sie werden jeglichen Angriff gegen die Bundesrepublik und Berlin, von welcher Seite er auch kommt, als einen gegen sich selbst gerichteten Angriff behandeln." Damit ist das, was gegenwärtig zur psychologischen Beruhigung getan werden kann, getan. Nachzuholen bleibt die militärische Fundierung dieser Erklärung. Die Westmächte sagen darüber in dem gleichen Kommuniqué, daß sie ihre Streitkräfte in Westdeutschland „vermehren und verstärken" werden.

Das Gebot der Zurückhaltung

Es ist nicht unsere Sache, eine deutsche Beteiligung an militärischen Maßnahmen nachzusuchen oder anzubieten. Wenn die Westmächte unserer Mitwirkung zu bedürfen glauben, so mögen sie an uns herantreten und dabei verbindlich sagen, welches die Grundlagen einer etwa von ihnen gewünschten deutschen Mitwirkung sein sollen. Nachdem es eines der vornehmsten Kriegsziele der Alliierten gewesen ist, uns zu entwaffnen und auch für die Zukunft waffenlos zu halten, nachdem die Alliierten in fünfjähriger Besatzungszeit alles darauf angelegt haben, das deutsche Militär verächtlich zu machen, unsere Wehrmöglichkeiten unter Einschluß sogar von Luftschutzbunkern zu zerstören und das deutsche Volk zu einer jedem Militärwesen abholden Geisteshaltung zu erziehen, haben wir allen Anlaß, auf gegenteilige Aufforderungen so zurückaltend wie nur möglich zu reagieren. Dies wird für unsere Nachbarvölker im Westen wie im Osten der eindrücklichste und immer noch notwendige Beweis für die doch unleugbare Gesinnungsänderung des deutschen Volkes sein. Wenn wir anders handeln, kann nur der alte Verdacht gegen unseren Militarismus und die aus ihm folgende Mißachtung unseres Volkes verhängnisvoll belebt werden.

Für diejenigen, die eine solche Zurückhaltung — vielleicht aus Unkenntnis dessen, was im Ausland über uns gedacht wird — nicht mehr für geboten erachten, sollte vielleicht erwogen werden, ob sie nicht im voraus die auf uns zukommende Frage der Westmächte nach unserer militärischen Beteiligung hinsichtlich der dann zu klärenden näheren Bedingungen ungünstig beeinflussen. Eilfertige deutsche Stimmen können nur dazu dienen, daß das, was diese selben Stimmen an Aufgeschlossenheit der Westmächte für deutsche Wünsche erwarten, anders ausfallen wird, als sie annehmen.

Die Aufstellung deutscher Truppen bedeutet eine schwere Belastung unserer sozialen Gestaltungsmöglichkeiten. Wenn es bisher nicht gelangt hat, den Ostvertriebenen und Kriegsbeschädigten, den Wohnungslosen und Sozialrentnern, der Jugend und manchen anderen Gruppen unseres Volkes zu geben, was ihnen zusteht, so werden Rüstungsausgaben ihre Situation nicht erleichtern. Wo ist die soziale Generalstabsarbeit, die hier eine Antwort vorbereitet?

Die andere Belastung erwächst unserer jungen Demokratie. Die militärische Macht wird nahezu unvermeidlich wieder eine eigene politische Willensbildung entfalten. Wenn wir diese Gefahr dadurch für gebannt halten, daß die deutschen Kontingente in einer internationalen Armee stehen, so bleibt zu fragen, ob unsere Abhängigkeit von einem internationalen Generalstab erträglicher sein wird und wer diesen internationalen Generalstab politisch in der Hand hat.

Besonders bedeutungsvoll ist die Frage, ob eine westdeutsche militärische Beteiligung auf Rußland provozierend wirken würde. Der Marxist glaubt ohnehin an kapitalistische Einkreisung. Er glaubt andererseits an den Endsieg des Kommunismus, den er dadurch heraufziehen sieht, daß der Kapitalismus sich in seinen Krisen selbst zerstören wird. Der Marxist ist geneigt, diese Krisenentwicklung zu fördern, das heißt er ist Revolutionär und nicht primär ein Krieger. Deshalb ist ihm gegenüber die inneren Immunisierung durch beispielhafte Ordnung der Gerechtigkeit und Freiheit mindestens ebenso wichtig wie äußere Panzerung. Wenn das Wiedererstehen des deutschen Soldaten in Frankreich ein tiefes Mißbehagen auslöst, was wird es in Rußland auslösen, das den furor teutonicus in besonderem Maße erlebt und ebenfalls nicht vergessen hat?

Ich versuche nicht, auf diese Fragen heute eine Antwort zu geben. Sie werden aber vor uns stehen, wenn wir unseren Weg von der Parole bestimmen lassen wollen, daß wir uns doch zur Verteidigung bereitmachen müssen.

Die deutsche Situation

Es gibt viele Überlegungen, die wir mit den Westmächten gemeinsam anzustellen haben, wenn man uns zur militärischen Beteiligung am Schutze Westeuropas auffordern wird. Es gibt darüber hinaus aber auch noch einige Überlegungen, die uns Deutschen besonders obliegen werden.

Ein europäischer Krieg unter unserer Beteiligung wird für uns nicht nur ein nationaler Krieg sein, wie für die anderen betroffenen Völker, sondern obendrein ein Krieg von Deutschen gegen Deutsche. Er wird sich, so wie die Dinge liegen, auf deutschem Boden abspielen. Wer auch immer die erste Schlacht gewinnt — der Stoß geht in deutsches Land, im Westen oder im Osten. Wenn der erste Stoß sich nicht zu einem endgültigen entwickelt, kann dasselbe deutsche Land im Westen oder im Osten abermals der Schauplatz des Krieges sein.

Angesichts dieser Situation haben wir wahrlich bis zum Äußersten ein Lebensinteresse daran, daß eine friedliche Lösung gefunden wird. Was für Rußland und seine Satelliten auf der einen Seite und für die Westmächte auf der anderen Seite zwar ein todernstes Spiel um die Existenz ist, aber immerhin noch eine Chance des Gewinnens oder doch des Überlebens in sich schließt, ist für uns mit höchster Wahrscheinlichkeit der Tod, weil wir das Schlachtfeld eines beiderseitigen totalen Vernichtungswillens sind. Natürlich kann Deutschland jederzeit von den anderen zum Schlachtfeld gemacht werden. Aber wir legitimieren unser Deutschland selbst als Schlachtfeld, wenn wir uns in die Aufrüstung einbeziehen. Ich weiß, daß es zur Zeit irreal ist, an eine Verständigung unter den Weltmächten über Deutschland oder an eine UNO-Lösung für Deutschland zu denken. Wer aber vermöchte zu sagen, daß es auch morgen irreal sein wird? Es kommt darauf an, daß die Chance für eine friedliche Lösung nicht verlorengeht. Unsere Beteiligung an der Aufrüstung würde das Aufkommen einer solchen Chance kaum mehr offenlassen.

Was wird zu geschehen haben, um diesen Erwägungen gerecht zu werden? Auch diese Frage wird vor uns stehen, wenn es soweit ist.

Gandhi-Apostel?

Einige leichtfertige Leute haben mich einen Gandhi-Apostel genannt. Ich schmähe Gandhi durchaus nicht, wenn ich bündig sage, daß ich nicht sein Apostel bin. Es ist Gottes Wille, daß weltliche Obrigkeit regiert und daß sie das Schwert führt. Sie hat es auch gegen äußere Feinde zu führen — sofern sie überhaupt eins besitzt. Wir besitzen keins. Hier erhebt sich, zumal für Politiker, die aus christlicher Verantwortung zu handeln erklären, die Frage, ob es nicht etwa so ist, daß wir durch Gottes Gericht waffenlos gemacht worden sind, um deswillen, was wir mit der Waffe angerichtet haben. Auch dann würden wir nicht für alle Zeit waffenlos bleiben müssen. Aber wir sollten uns gefragt wissen, ob es denn wirklich wieder soweit ist oder ob Gott uns heute nicht noch die Geduld und den Mut beibringen will, auch in gefahrvollster Situation seinem von uns nicht vorher zu berechnenden Weltregiment zu vertrauen. Er hat Möglichkeiten die Fülle. Diese Frage kann indessen nur derjenige recht hören, der Gott nicht als Idee versteht, sondern in ihm den Schöpfer und Erhalter der Welt und ihrer Völker weiß. Ich bitte, diese Frage stehen zu lassen und nicht mit billigen Reden abzutun. Gott läßt sich nicht spotten. Das hat unser deutsches Volk wahrlich gerade erlebt. Wer nur aus Angst handelt, fällt erst recht in die Grube. Neben allem Aufruf zur Tat ist uns je und dann auch gesagt: „Wenn ihr umkehrtet und stille bliebet, so würde euch geholfen. Durch Stillesein und Hoffen würdet ihr stark sein, aber ihr wollt nicht."
(Jes. 30, Vers 15.)
Wiederum sage ich in diesem Augenblick nichts anderes, als daß diese Frage vor uns stehen wird.

(Zitiert nach: Europa-Archiv, 5. Jg. [1950], S. 3594—3596)

Nr. 97

Bundeskanzler K. Adenauer über die Europäische Verteidigungsgemeinschaft am 9. Juli 1952

Der Vertrag über die Europäische Verteidigungsgemeinschaft ist nach meinem Dafürhalten der wichtigere der beiden Verträge, die Ihnen vorgelegt worden sind. Er ist deswegen der wichtigere,
(Zuruf von der KPD)
weil er ganz losgelöst von den Problemen, die die Niederlage Deutschlands und die bedingungslose Kapitulation mit sich gebracht haben, in allererster Linie dazu bestimmt ist, für 50 Jahre in Westeuropa einen Krieg unter den europäischen Völkern unmöglich zu machen.

(Beifall bei den Regierungsparteien.)

Der Vertrag über die Europäische Verteidigungsgemeinschaft wird viel zu sehr nur unter dem Gesichtspunkt der Abwehr einer etwaigen sowjetrussischen Aggressionsabsicht angesehen. Er dient bei weitem, in erster Linie

(Abg. Frau Thiele: Der Aggression!)

und in der Hauptsache dem eben von mir gekennzeichneten Zweck der *Befriedung Europas.*

(Abg. Fisch: Sagen Sie doch mal was über die Grenzen Europas!)

Er ist ein Instrument des Friedens von denkbar größter Bedeutung.

Der Vertrag über die Europäische Verteidigungsgemeinschaft sieht den Verzicht der Teilnehmerstaaten auf ihr wichtigstes Souveränitätsrecht, nämlich die Aufstellung eigener Streitkräfte, vor. Er sieht weiter die Übertragung dieses Rechts auf eine supranationale Stelle vor.

(Abg. Frau Thiele: Auf Ridgeway!)

Er wird von weittragendsten Konsequenzen für die *Schaffung eines vereinten Europas* sein. Durch ihn wird gleichsam automatisch eine Angleichung der Teilnehmerstaaten in außenpolitischen und in wirtschaftlichen Fragen herbeigeführt, die zusammen mit dem Schumanplan und anderen im Stadium der Beratung befindlichen Projekten sehr bald zu einer europäischen Föderation oder Konföderation führen wird. Dieser Vertrag über den Abschluß der Europäischen Verteidigungsgemeinschaft ist ein Akt, der einzig ist in der langen Geschichte Europas,

(Sehr richtig! bei der KPD — Abg. Niebergall: Und von kurzer Dauer!)

dieses Europas, das immer wieder von kriegerischen Wirren erschüttert wurde, dem aber jetzt, nachdem es durch die beiden letzten Kriege an den Rand des Abgrunds gebracht worden ist, ein dauernder Friede und ein neues Leben gegeben werden soll.

Wie ich bereits ausgeführt habe, handelt es sich für Sie um eine *politische Entscheidung*, die zu treffen ist. Lassen Sie mich die *theoretischen Möglichkeiten* klarlegen. Wir können zwischen folgenden Möglichkeiten wählen: erstens Bejahung der Verträge und damit Anschluß an den Westen, zweitens Ablehnung der Verträge, um damit den Anschluß an den Osten oder die Neutralisierung Deutschlands zu erreichen,

(Zuruf von der SPD: Billiger geht's nicht!),

und drittens: Herauszögern einer Entscheidung, um eventuell neu zu verhandeln.

Um eine richtige Entscheidung treffen zu können, muß man zuerst versuchen, die zur Zeit bestehende Lage bei uns, in der Sowjetzone, in Europa und in der ganzen Welt klar zu sehen; denn alle Entwicklungen, die zur gegenwärtigen Lage geführt haben, und die zur Zeit bestehenden *Spannungen in der Welt* hängen eng miteinander zusammen. Man sieht die Probleme nicht richtig und kann daher nicht zu ihrer richtigen Beurteilung kommen, wenn man diesen Zusammenhang nicht berücksichtigt. Auch das Problem Deutschland darf man nicht als ein für sich allein stehendes betrachten; es ist ein sehr wichtiger Teilabschnitt in der großen Spannungslinie Ost-West.

Man muß ferner untersuchen, wie es zur gegenwärtigen Situation gekommen ist, ob und welche Richtungs- und Entwicklungstendenzen zu erkennen sind, um aus ihnen auf die kommende Entwicklung zu schließen. Man muß untersuchen, ob nach Annahme des Vertragswerkes eine Lage eintritt, die eine friedliche Weiterentwicklung und schließlich eine für uns annehmbare Lösung des Deutschlandproblems verspricht. Man muß sich endlich über die Folgen einer Ablehnung der Verträge klarwerden, sei es, daß man damit eine Neutralisierung oder eine Option für den Osten will.

Schließlich muß man sich gewissenhaft prüfen, ob ein *Hinauszögern der Entscheidung* zum Zwecke von neuen Verhandlungen möglich und mit den deutschen Interessen vereinbar ist. Dazu möchte ich eines schon jetzt sagen. Eine sachlich nicht gerechtfertigte Verschiebung einer Entscheidung kommt immer einem Ausweichen gleich.

(Abg. Dr. Wuermeling: Sehr gut!)

Sie ist bei der allgemeinen politischen Lage in der Welt nicht möglich. Man kann nicht erwarten, daß, nachdem nunmehr zwischen den Regierungen von acht Staaten in mühsamster Arbeit eine Einigung erzielt ist, einzelne Teilnehmerstaaten die Ratifizierung auf die lange Bank schieben können. Das gilt verstärkt, nachdem inzwischen der amerikanische Senat seine Zustimmung fast mit Einstimmigkeit beschlossen hat.

(Zurufe von der KPD. — Glocke des Präsidenten.)

Die Welt geht weiter; wir können ihren Gang nicht aufhalten.

(Abg. Fisch: Sie bestimmt nicht, das war mal die Wahrheit!)

Sachlich unbegründete Verzögerung ist nichts anderes als eine in eine andere Form gekleidete Ablehnung, und sie wird auch dementsprechend empfunden werden.

(Sehr richtig! in der Mitte.)

Ich werde nunmehr versuchen, die *Entwicklung*, die *seit 1945* eingetreten ist und die zu der gegenwärtigen Lage geführt hat, durch Wiedergabe der markanten und entscheidenden Tatsachen zu zeichnen. Wir alle haben zwar diese Entwicklung miterlebt; aber sie ist in so stürmischem Tempo erfolgt, daß es sich empfiehlt, sie sich noch einmal vor Augen zu führen, um dann die nötigen Schlüsse daraus zu ziehen.

(Abg. Niebergall: Wie ist das mit dem Omnibus?)

Die wirtschaftliche und politische Entwicklung in der Bundesrepublik sind nicht voneinander zu trennen. Die wirtschaftliche Vernichtung Deutschlands war zuerst von den Alliierten geplant als politisches Instrument. Im *Potsdamer Abkommen* vom 2. August 1945 wurde bestimmt:

> [...] bei der Organisierung der deutschen Wirtschaft das Hauptgewicht auf die Entwicklung der Landwirtschaft und der einheimischen für friedliche Zwecke arbeitenden Industrien zu legen.

Als Richtschnur sollte dienen, daß der *Lebensstand* in *Deutschland* nicht höher sein dürfte als in dem Durchschnitt aller europäischen Länder ausschließlich Großbritanniens und der Sowjetunion,

(Lachen bei den Regierungsparteien)

aber einschließlich der südeuropäischen und osteuropäischen Länder. Deutschland sollte die Produktion aller seetüchtigen Schiffe verboten werden. Die *Produktion* von Metallen, Chemikalien, Maschinen und anderen Gütern, die für eine Kriegswirtschaft unmittelbar notwendig sind, sollte einer strengen *Kontrolle* unterworfen, die Produktionsstätten sollten zum großen Teil demontiert oder zerstört werden. Eine derartige Umänderung und Niederhaltung der deutschen Wirtschaft war und ist natürlich nur möglich durch ein vorgesehenes ausgedehntes und strenges Kontrollsystem. Ich darf in diesem Zusammenhang darauf hinweisen, daß die Sowjetunion in dem zur Zeit laufenden Notenwechsel zwischen ihr und den Westmächten verlangt, daß das Potsdamer Abkommen zur Grundlage des Friedensvertrages mit Deutschland gemacht wird.

(Lebhafte Zurufe von den Regierungsparteien: Hört! Hört!)

Die Beschlüsse von Potsdam wurden zunächst in dem *Industrieplan vom März 1946* im einzelnen ausgearbeitet, und dieser Industrieplan fand die Zustimmung des Viermächtekontrollrats. Nach diesem Plan sollte die Höhe der Industrieproduktion Deutschlands etwa 50 bis 55% der Produktionshöhe von 1938 betragen. Alle darüber hinausgehenden Produktionskapazitäten sollten demontiert und entweder als Reparationsgüter ins Ausland gebracht oder an Ort und Stelle zerstört werden.

Die wichtigsten *Industriebeschränkungen* wurden in folgenden Ziffern festgelegt: Stahlkapazität 7,5 Millionen Tonnen jährlich, chemische Grundstoffe 40% der Kapazität von 1936,

(Hört! Hört! rechts)

Werkzeugmaschinenindustrie 11,4% der Kapazität von 1938,

(Hört! Hört! bei den Regierungsparteien — Zuruf rechts: Wahnsinn ist das!)

Elektrofabrikation 50% von 1938. Es war eine bis in die kleinsten Einzelheiten gehende Beschränkung in der Produktion von Transportmitteln vorgesehen. Ja, meine Damen und Herren, sogar die Zahl der Telefone in Deutschland war genau festgelegt und in den engsten Grenzen gehalten.

Nach dem Scheitern der Moskauer Friedenskonferenz im März 1947 begannen die drei westlichen Besatzungsmächte — jetzt für sich allein handelnd — einen neuen und etwas liberaleren Industrieplan für ihre Besatzungszonen auszuarbeiten. Dieser Plan wurde am 27. August 1947 veröffentlicht. Nach diesem Plan sollte die deutsche *Industrieproduktion in den Westzonen* auf 90 bis 95% des Standes von 1936 gehoben werden. Im einzelnen wurde festgelegt: Stahlproduktion 10,7 Millionen Tonnen jährlich, schwere Maschinen 80% der Vorkriegserzeugung, wovon aber 35% als Reparationen abgeführt werden sollten. Trotzdem sollten nach diesem Plan noch 918 *Industriewerke demontiert* werden, und zwar 338 als sogenannte Kriegsindustrien und

580 Werke als sogenannte überschüssige Betriebe. Der größte Teil der zu demontierenden Werke — nämlich 496 — lag in der britischen Zone, darunter Walzwerke, Eisenbahnzulieferungswerke, Röhrenwerke, Bergbauzulieferungswerke.

Im Juli 1947 kam eine Wendung. Damals machte der amerikanische Außenminister General *Marshall* in einer Rede in Harvard den Vorschlag, daß die Völker Europas sich zu einem gegenseitigen wirtschaftlichen *Hilfs- und Wiederaufbauprogramm* zusammenschließen müßten. Die Vereinigten Staaten seien bereit, die hierzu nötige Wirtschaftshilfe zu leisten. Deutschland sollte in dem Programm eingeschlossen sein.

Auf der bald darauf in Paris zusammengetretenen Konferenz der europäischen Länder versagte der damalige sowjetische Außenminister Molotow schon nach den ersten Verhandlungstagen die Mitarbeit der *Sowjetunion* und verließ Paris.

(Hört! Hört! bei den Regierungsparteien.)

Die Satellitenstaaten Polen und Tschechoslowakei wurden gezwungen, ebenfalls ihre Mitarbeit zu versagen.

(Abg. Reimann: Wie der kleine Moritz das sieht!)

Der Marshallplan wurde dadurch praktisch auf Westeuropa begrenzt.

Präsident Dr. Ehlers: Darf ich unterbrechen, Herr Bundeskanzler! — Stammt der Zuruf „der kleine Moritz“ von Ihnen, Herr Abgeordneter Niebergall?

(Abg. Niebergall: Nein! Das hätte ich genauso gerufen! — Abg. Reimann: Von mir!)

— Herr Abgeordneter Reimann, ich rufe Sie zur Ordnung.

(Weitere Zurufe von der KPD.)

Dr. Adenauer, Bundeskanzler: Im Frühsommer 1948 waren die Vorbereitungen so weit gediehen, daß die Marshallplanorganisation in Paris ins Leben gerufen werden konnte. Deutschland hat bis jetzt unter dem *Marshallplanprogramm* insgesamt 1 Milliarde 372 Millionen Dollar, das sind 5,7 Milliarden DM an wirtschaftlicher Hilfe erhalten. Hierzu kommen 1,6 Milliarden Dollar — das sind 6,8 Milliarden DM — Wirtschaftshilfe durch die GARIOA. Zusammen hat Deutschland an Wirtschaftshilfe 12,5 Milliarden D-Mark erhalten.

(Zuruf von der KPD: Und wieviel Kohle und Stahl wurde gestohlen?!)

Das *Washingtoner Abkommen* vom 8. April 1949, durch das das Besatzungsstatut und die Vereinigung der drei Westzonen gebilligt wurde, enthielt gleichzeitig eine *Revision* des bisherigen *Demontageprogramms.* Von der Demontageliste wurden 159 Fabriken in den Westzonen ganz oder zum größten Teil abgesetzt, darunter 32 Stahlwerke, 88 Metallbearbeitungsfabriken, 32 chemische Werke. Die deutsche Stahlkapazität sollte auf 13,3 Millionen Tonnen pro Jahr, die Produktion auf 11,1 Millionen Tonnen pro Jahr erhöht werden.

(Zuruf von der KPD: Für die amerikanische Rüstung! — Abg. Niebergall: „Kanonen statt Butter“!)

Gleichzeitig wurde die *Liste der verbotenen und beschränkten Industrien* nicht unwesentlich *revidiert.* Zum Beispiel wurde das Verbot der Aluminiumerzeugung aufgehoben, die Produktion jedoch auf 88000 t im Jahr beschränkt.

(Abg. Niebergall: Für Flugzeuge!)

Die Fabrikation von Kugellagern wurde bis zur Höhe von 33 Millionen Einheiten zugelassen, der Bau von Seeschiffen bis zu einer Größenordnung von 7200 BRT mit nicht mehr als 12 Knoten Schnelligkeit. Erleichterungen wurden auch für die Maschinenindustrie eingeführt.

Durch das *Petersberger Abkommen* vom 22. November 1949

(Abg. Niebergall: Ja, Präambel!)

wurde erreicht, daß der *Bau von Schiffen* in der im Washingtoner Abkommen vorgesehenen Größenordnung nunmehr tatsächlich genehmigt wurde. Außerdem wurden zusätzliche Erleichterungen für den Schiffsbau gewährt, insbesondere wurde der Bau von Seeschiffen für Exportzwecke, allerdings innerhalb der der deutschen Schiffahrt auferlegten Grenzen, genehmigt.

(Abg. Fisch: Wie war das mit der Vereinbarung, daß es keine Remilitarisierung geben darf?)

Eine größere Anzahl von Stahlwerken und synthetischen Treibstoff- und Gummiwerken

(Abg. Reimann: Herr Dr. Adenauer, ich denke Sie sprechen über den Generalvertrag?!)

wurden mit sofortiger Wirkung von der Demontageliste gestrichen.

(Abg. Reimann: Sprechen Sie über den Generalvertrag!)

Präsident Dr. Ehlers: Herr Abgeordneter Reimann, ich rufe Sie zur Ordnung wegen dauernder Störung.

(Lebhafter Beifall bei den Regierungsparteien. — Abg. Reimann: Wieso? Ich störe doch nicht! Ist das eine Störung? — Abg. Niebergall: Unerhört! — Abg. Niebergall klappt mit dem Pultdeckel.)

— Herr Abgeordneter Niebergall, ich rufe Sie wegen des Zurufs „Unerhört" gegenüber meiner Maßnahme zur Ordnung.

Dr. Adenauer, Bundeskanzler: Die Demontagen in Berlin wurden völlig eingestellt. Durch das Petersberger Abkommen ist es gelungen,

(Unruhe — Glocke des Präsidenten)

den größten Teil der wichtigsten deutschen Werke

(Abg. Reimann: Es ist allerhand, daß jemand einen Ordnungsruf bekommt, der einen Zwischenruf macht! — Glocke des Präsidenten — Abg. Niebergall: Wie auf dem Kasernenhof! — erneutes Glockenzeichen — Abg. Frau Thiele: Wir wollen etwas über den Generalvertrag hören! — weitere Zurufe von der KPD)

vor der Demontage zu retten.

(Beifall bei den Regierungsparteien. — Abg. Dr. Wuermeling: Schumacher war dagegen!)

Es gelang dann, noch weitere Erleichterungen zu erreichen,

(Zurufe von der KPD)

insbesondere wurden die Werke *Watenstedt-Salzgitter* fast ganz gerettet.

(Zuruf von der KPD: Das ist auch nicht die ganze Wahrheit!)

Und nun, meine Damen und Herren, durch den am 26. Mai 1952 unterzeichneten *Deutschland-Vertrag* fallen sämtliche Begrenzungen und Einschränkungen der deutschen Produktion und des deutschen Handels fort.

(Beifall bei den Regierungsparteien.)

Es handelt sich nur noch um zwei Ausnahmen: den Bau von Flugzeugen und die Herstellung von Atomwaffen. Die Forschungstätigkeit auf dem Gebiet der Atomenergie ist nicht mehr verboten.

(Hört! Hört! bei der KPD. — Zuruf von der KPD: Bakterienkrieg! — Lachen bei den Regierungsparteien. — Abg. Niebergall: Lacht ihr nur, es geht ja weiter! — Abg. Strauß: Hört! Hört!)

Es ist nämlich nötig, meine Damen und Herren, daß man sich die ganze Situation und die ganze Entwicklung an diesem Scheidewege der deutschen Geschichte, an dem wir stehen, einmal vor Augen hält.

(Beifall bei den Regierungsparteien.)

Es handelt sich bei der Entscheidung, die der Bundestag zu treffen hat, nicht um eine Entscheidung wie über irgendein anderes Gesetz, sondern — ich wiederhole nochmals — die deutsche Geschichte steht an einer Wende. Es ist nötig, daß man sich klarmacht, welchen Weg wir zurückgelegt haben, damit man dadurch in die Lage versetzt wird, zu sehen, ob der Weg, den wir eingeschlagen haben, richtig ist und ob es richtig ist, diesen Weg auch fortzusetzen.

(Sehr gut! bei den Regierungsparteien. — Abg. Niebergall: Das ist der Weg in die Katastrophe! — Abg. Strauß: Für euch! — Gegenruf von der KPD: Für Sie steht der Omnibus schon bereit! — Unruhe. — Glocke des Präsidenten.)

Ich glaube, meine Damen und Herren, auch einige Ausführungen machen zu sollen über die *politische Entwicklung* bei uns und später über die politische Entwicklung in der Sowjetzone.

(Aha-Rufe bei der KPD.)

Auf politischem Gebiet war der Zustand in der Bundesrepublik bei der bedingungslosen *Kapitulation* doch so, daß nur noch Gemeindebehörden wenigstens einigermaßen funktionierten. Der ganze übrige staatliche Apparat war zerschlagen. Am 5. Juni 1945 übernahmen die Alliierten die oberste Regierungsgewalt in Deutschland. Der *Wiederaufbau der Verwaltungs- und staatlichen Organisationen* erfolgte in den drei Zonen in verschiedenem Tempo, aber im wesentlichen nach dem gleichen Schema. Sowohl in den Gemeinden wie in den neugeschaffenen Ländern wurden *Parlamente* eingesetzt, in die ernannte Mitglieder berufen wurden. Nach verhältnismäßig kurzer Zeit wurden freie Wahlen sowohl für die Gemeindeverwaltungen wie für die Landtage gestattet. Die zunächst ziemlich schroffe Überwachung der Gemeinde- und Länderverwaltungen wurde fortschreitend gelockert.

Im Dezember 1946 vereinbarten die amerikanischen und britischen Behörden die *Zusammenlegung* ihrer *Besatzungszonen* in wirtschaftspolitischer Hinsicht. In Frankfurt wurde der *Zweizonenwirtschaftsrat* gebildet.

(Abg. Frau Thiele: Was soll denn das? Das wissen wir doch alles viel besser!)

Gleichzeitig erfolgte die Errichtung des deutschen Obergerichts. Auf Grund des *Londoner Deutschlandkommuniqués* wurde am 1. Juli 1948

(Zuruf von der KPD: Erzählen Sie doch etwas über die Verträge! — Zuruf rechts: Mund halten!)

die Bildung einer verfassunggebenden Versammlung und einer zentralen Regierung vorgeschlagen. Die elf Regierungschefs der Länder des westlichen Besatzungsgebiets arbeiteten Gegenvorschläge aus, in denen zum erstenmal vom Parlamentarischen Rat und vom Grundgesetz gesprochen wurde. Dann trat der *Ausschuß in Herrenchiemsee* zusammen. Der *Parlamentarische Rat* konstituierte sich, das *Grundgesetz* wurde beschlossen und am 14. August 1949 fanden die *Wahlen zum ersten Deutschen Bundestag* statt.

(Zuruf von der KPD.)

Nach der *Bildung der Bundesregierung* erfolgte der erste Besuch des Bundeskanzlers und von Mitgliedern des Kabinetts auf dem Petersberg

(Aha-Rufe von der KPD.)

am 21. September 1949. $2\frac{3}{4}$ Jahre später wurde der *Petersberg geräumt*,

(Beifall bei den Regierungsparteien — Zurufe von der KPD.)

und am 26. Mai 1952 wurde hier bei uns in Bonn der *Deutschland-Vertrag* unterzeichnet, der die Aufhebung aller politischen Beschränkungen vorsieht.

(Erneuter Beifall bei den Regierungsparteien.)

Meine Damen und Herren! Lassen Sie mich nun einen Blick werfen auf die *Entwicklung in der Sowjetzone*.

(Sehr gut! in der Mitte. — Zurufe von der KPD.)

Im Juli 1945 wurde dort der Antifaschistische Block gebildet.

(Lachen in der Mitte. — Abg. Strauß: Wer lacht da?)

Im April 1946 bildete sich die Sozialistische Einheitspartei. Im September 1946 gab der Sowjetrussische Außenminister Molotow eine Erklärung über die deutsche Ostgrenze ab.

(Hört! Hört! bei den Regierungsparteien. — Zurufe von der KPD.)

Die einzige *Konferenz aller deutschen Ministerpräsidenten in München* scheiterte im Juni 1947 infolge Abreise der Sowjetzonenvertreter.

(Hört! Hört! in der Mitte. — Zuruf von der KPD: Ach, wie schön!)

Im März 1948 verließ die sowjetische Delegation den Alliierten Kontrollrat. Im April 1948 begann die *Abschnürung Berlins*, und im November 1948 wurde die Spaltung der Stadt durch die *Einsetzung eines Ost-Magistrats* vollzogen.

(Hört! Hört! bei den Regierungsparteien. — Zuruf von der Mitte: Hört! Hört!, Herr Reimann!)

Im Oktober 1949 konstituierte sich die *provisorische Volkskammer*. Im Juni 1950 erkannte die Sowjetzonenregierung in einem Abkommen mit Polen die *Oder-Neiße-Linie als endgültige Grenze* an,

(lebhafte Pfui-Rufe von den Regierungsparteien. — Abg. Niebergall: Was ist mit dem Saargebiet, Herr Adenauer? Wie ist es im Westen?)

und im Oktober 1950 fanden die Wahlen zur Volkskammer statt.

Im Gegensatz zu den finanziellen Hilfeleistungen an die Bundesrepublik im Rahmen des Marshallplans wurden in der sowjetischen Zone an die Besatzungsmacht in verschiedenster Gestalt in der Zeit von 1945 bis 1951 Werte in Höhe von insgesamt 31 Milliarden DM abgeführt.

(Hört! Hört! bei den Regierungsparteien. — Abg. Frau Strohbach: Was ist bei uns herausgeschleppt worden? Das möchten wir auch gern hören! — Abg. Fisch: Machen Sie mal die Rechung für hier auf!)

Das wirtschaftliche Leben ist in der Sowjetzone aufs schwerste beeinträchtigt. Die Bevölkerung leidet Not.

(Zuruf von der KPD: Das ist die alte Walze!)

Sie muß schwerste Arbeit leisten.

(Erneuter Zuruf von der KPD: Das glauben Sie doch selber nicht!)

Freie Wahlen gibt es nicht, ebensowenig freie Parteien,

(Zuruf von der KPD: Sie machen Agitation!)

Freiheit der Meinung, der Presse, der Versammlungen. Es gibt dort keine Grundrechte, wie wir sie besitzen.

(Abg. Dr. Wuermeling: Dafür Menschenraub! — Abg. Fisch: Die haben große Sehnsucht nach der „Ordnung" des Herrn Lehr! — Glocke des Präsidenten.)

Präsident Dr. Ehlers: Herr Abgeordneter Fisch, ich rufe Sie wegen dauernder Störung zur Ordnung.

(Beifall bei den Regierungsparteien.)

Dr. Adenauer, Bundeskanzler: Die Entwicklung der politischen Lage in der Welt, meine Damen und Herren, wird bestimmt durch den allmählich immer stärker werdenden *Gegensatz zwischen Sowjetrußland* einerseits *und den Westmächten* andererseits. Nach 1945 rüsteten die Vereinigten Staaten, Großbritannien und Frankreich ab, und zwar in einem geradezu überhasteten Tempo. Im Gegensatz zu ihnen behielt die *Sowjetunion* nicht nur ihre *Rüstung* bei, sondern sie baute sie fortgesetzt aus. Sie schritt schon 1945 zu aggressiven Handlungen gegenüber *Griechenland*. Die Kämpfe in Griechenland dauerten bis 1947. Sie wurden beendet zugunsten Griechenlands durch die Unterstützung der Vereinigten Staaten und Großbritanniens. Die Sowjetunion versuchte ferner im Jahre 1946, in *Persien* einen Aufstand zu erregen. Hier wurde sie durch die UNO zum Rückzug gezwungen. Dann versuchte sie, durch die *Berlin-Blockade Berlin* auszuhungern,

(Hört! Hört! rechts)

um die Übergabe Berlins an Sowjetrußland herbeizuführen. In den gleichen Jahren vernichtete Sowjetrußland die Selbständigkeit der jetzt zu Satellitenstaaten gewordenen Länder. Unter Bruch der zwischen den Alliierten und diesen Staaten geschlossenen Friedensverträge ging die Sowjetunion überall nach der gleichen Methode des Kalten Krieges vor.

(Zuruf von der KPD: Das ist doch nur Hetze!)

Am Ende der Aktion stehen überall *sogenannte freie Wahlen*, die unter dem Gebrauch demokratischer Nomenklatur den Völkern den letzten Rest von Freiheit nehmen.

(Sehr richtig! bei den Regierungsparteien. — Zuruf von der KPD: „Völkischer Beobachter"!)

Von den Vorgängen, die im Ostblock als „freie Wahlen" bezeichnet werden, geben die Zahlen, die ich Ihnen jetzt mitteilen werde, ein überzeugendes Bild. In *Albanien* siegte im Dezember 1945 die Einheitsliste der Nationalen Demokratischen Front mit 95 Prozent.

(Lachen bei den Regierungsparteien. — Zuruf rechts: Waren es nicht 99,9 Prozent? — Abg. Strauß: „Völkischer Beobachter"!)

In *Bulgarien* siegte die Vaterländische Front im November 1945 mit 80 Prozent, im Dezember 1949 mit 97 Prozent.

(Lachen bei den Regierungsparteien. — Zurufe von der KPD.)

In *Polen* siegte der Block der Nationalen Einheit im Januar 1949 mit 89 Prozent. In *Rumänien* siegte der Regierungsblock im März 1948 mit 97 Prozent.

(Erneutes Gelächter. — Zuruf rechts: Anna Pauker!)

In der *Tschechoslowakei* siegte die Einheitsliste der Nationalen Front im Mai 1948 mit 90 Prozent.

(Zuruf von der KPD: Das tut weh! — Abg. Dr. von Brentano: Nirgends über hundert Prozent?)

In *Ungarn* siegte die Unabhängigkeitsfront im Mai 1949 mit 98 Prozent.

Und Sie wissen alle, meine Damen und Herren, wie die Einheitsliste in der *Sowjetzone* bei den „freiesten aller Wahlen", wie sie dort genannt wurden, mit fast 100 Prozent gesiegt hat.

(Abg. Fisch: Und Sie wollen ein Wahlgesetz, das Ihnen 65 Prozent sichert!)

Überall, meine Damen und Herren, dieselbe Methode: Einheitsliste, Terror, Zwang zur Wahl — und dann diese glänzenden, für eine „freie demokratische Wahl" sprechenden Wahlergebnisse.

(Sehr richtig!)

Der *Krieg in Korea* im Sommer 1950 führte einen neuen Abschnitt in dem Verhältnis der Westmächte gegenüber der Sowjetunion herauf. Während vorher die Westmächte, insbesondere die Vereinigten Staaten, geglaubt hatten, sich gegenüber dem Vordringen des Kommunismus unter Sowjetrußlands Führung lediglich durch wirtschaftliche Unterstützungsmaßnahmen zu Wehr setzen zu können, während sie sich bi dahin mit papierenen Protesten gegenüber de Unterwerfung der Satellitenstaaten begnügt hat ten, schritten die *Westalliierten* nach Beginn de Koreakrieges zur *Wiederaufrüstung*. In Kennt nis der Gefahren, die ihnen aus der von Sowjet rußland verfolgten Politik drohten, schlossen sich nunmehr eine Reihe von Mächten im April 1949 im *Atlantikpakt* zusammen. Im

Februar 1952 traten Griechenland und die Türkei bei, so daß jetzt im Nordatlantikpakt 14 Staaten vereinigt sind. Der Nordatlantikpakt — und wir haben deswegen ein solches Interesse an ihm, weil wir nach Genehmigung der Verträge über die Europäische Verteidigungsgemeinschaft in ihn eingegliedert werden —,

(Zuruf: Korporativ oder einzeln?)

der Nordatlantikpakt ist in seinen wesentlichen Bestimmungen ein in den Rahmen der Vereinten Nationen eingebauter Konsultativ- und Beistandspakt, der vor allem auf dem in Art. 51 der Charta bestätigten natürlichen Recht der Staaten auf individuelle und kollektive Selbstverteidigung gegen jeden bewaffneten Angriff beruht. Ein Angriff auf ein Mitglied gilt als Angriff gegen alle. Der Pakt ist aber nicht rein militärischer Art, sondern er verpflichtet die Mitglieder auch zur Förderung der Voraussetzungen für Stabilität und Wohlfahrt der *wirtschaftlichen Zusammenarbeit* und zur Beseitigung von Konflikten in ihrer internationalen Wirtschaftspolitik.

Das Ergebnis dieser *Entwicklung seit 1945* fasse ich in folgenden Feststellungen zusammen: Es haben sich zwei gewaltige Machtsysteme aufgebaut: das von Sowjetrußland geführte und das westliche, in dem als stärkste Macht die Vereinigten Staaten hervortreten.

(Zuruf von der KPD: Klingt wie ein großer Politiker!)

In dem von *Sowjetrußland* geführten Machtsystem

(Zuruf von der KPD: Das ist aber eine schöne Wahlrede!)

sind, wie zahlreiche Vorkommnisse klar erkennen lassen, starke *Expansions- und Aggressionskräfte* wirksam. Die Auswirkung dieser Kräfte erstreckt sich im Wege des Kalten Krieges weit über die Grenzen des Ostblocks hinaus, insbesondere auch in das Gebiet der Bundesrepublik Deutschland, Frankreichs und Italiens, und zwar getarnt und ungetarnt. Das *westliche Machtsystem* hat seinen Ausdruck gefunden im *Atlantikpakt*

(Zuruf von der KPD: Nehmen Sie doch Herrn Lehr nicht alles vorweg!)

und in einer Reihe von ebenso ausgesprochen *defensiven* Bündnissen und Abmachungen.

(Zuruf von der KPD: Wers glaubt!)

Ich betone nochmals: alle diese Pakte und Bündnisse sind nicht nur nach ihrem Wortlaut, sondern auch nach ihrer Konstruktion

(Abg. Niebergall: Angriffsverträge!)

rein defensiver Natur!

(Zuruf von der KPD: Kriegspakte!)

Meine Damen und Herren, lassen Sie mich hier feststellen, daß in keinem einzigen Falle seit 1945 die Westmächte sich irgendeinen Akt des Angriffs haben zuschulden kommen lassen!

(Lebhafter Beifall bei den Regierungsparteien. — Lachen bei der KPD. — Abg. Frau Strohbach: Überfall auf Korea! — Gelächter bei den Regierungsparteien.)

Wenn wir das *Wirken dieser beiden Machtsysteme in Deutschland* betrachten, dann ergibt sich folgendes. In dem im Bereiche des *Ostblocks* liegenden Teil Deutschlands gibt es keine persönliche, keine wirtschaftliche, keine politische Freiheit;

(Zuruf von der KPD: Das ist doch unwahr! — Abg. Harig: Hör schon auf!)

die Bevölkerung ist verelendet, die Wirtschaft ausgeplündert.

(Abg. Harig: Da kennst du nichts von! — (Glocke des Präsidenten.)

Präsident Dr. Ehlers: Herr Abgeordneter Harig, wir haben das allgemeine Du für den Bundestag noch nicht eingeführt!

(Sehr gut! in der Mitte.)

Dr. Adenauer, Bundeskanzler: In dem Teile Deutschlands, meine Damen und Herren, der in der *Sphäre des westlichen Machtsystems* liegt, herrscht persönliche, wirtschaftliche und politische Freiheit.

(Zuruf von der KPD: Herrscht Militärdiktatur und Terror! — Lachen und Gegenrufe bei den Regierungsparteien. — Zuruf von der Mitte: Dann würden wir hier nicht so ruhig sitzen!)

Nun, meine Damen und Herren, die kommunistischen Zwischenrufer allein von heute beweisen zur Genüge, daß hier persönliche und politische Freiheit herrscht.

(Lebhafter Beifall bei den Regierungsparteien und rechts. — Gegenrufe von der KPD. — Glocke des Präsidenten. — Zuruf von der KPD: Und die Ordnungsrufe?!)

Können Sie sich etwa vorstellen, meine Damen und Herren, daß in der Volkskammer ein Nichtkommunist solche Zwischenrufe machen dürfte?

(Lebhafte Zustimmung bei den Regierungsparteien. — Abg. Frau Thiele: Dort redet auch niemand so dumm!) (Glocke des Präsidenten.)

Präsident Dr. Ehlers: Darf ich unterbrechen, Herr Bundeskanzler. Frau Abgeordnete Thiele, Ihre Beurteilungen sind natürlich höchst interessant; aber der Vorwurf der Dummheit geht über den Rahmen der parlamentarischen Ordnung hinaus. Ich rufe Sie zur Ordnung.

Dr. Adenauer, Bundeskanzler: Die wirtschaftliche Kraft im Westteil Deutschlands ist schnell gestiegen. Sie ist gestiegen auch dank der finanziellen Hilfe, die wir in starkem Maße bekommen haben, so daß es möglich war, die Kriegsschäden weitgehend zu beseitigen und den wirtschaftlichen, den politischen und den sozialen Wiederaufbau zu fördern. Die dem Hohen Hause vorliegenden Verträge führen die bisher von den Westmächten gegenüber der Bundesrepublik Deutschland angewandte Politik fort und führen die Bundesrepublik als gleichberechtigtes Mitglied in den Kreis der freien Völker zurück. Dadurch wird auch die soziale Lage der Bevölkerung erneut gefördert.

(Zurufe von der KPD: Erschwert!)

Wie schnell, meine Damen und Herren, die Entwicklung infolge der Einsicht der Westmächte und infolge des Drucks, der von Osten her auf sie ausgeübt wurde,

(Zuruf von der KPD: Ja, der Schwarze Mann!)

wie schnell die *Entwicklung des Verhältnisses der Bundesrepublik zu den Mächten Westeuropas* und die Entwicklung in Westeuropa selbst sich geändert haben, ergibt sich aus folgendem. Am 10. Dezember 1944 schloß die französische Regierung mit der Sowjetunion einen auf 20 Jahre berechneten Bündnisvertrag, der sich ausdrücklich und ausschließlich gegen Deutschland richtete. Am 4. März 1947 schlossen Frankreich und das Vereinigte Königreich in Dünkirchen ein 50jähriges Bündnis, das ausdrücklich gegen Deutschland gerichtet war. Am 12. März 1948 schlossen Großbritannien, Frankreich, Belgien, die Niederlande und Luxemburg in Brüssel ein 50jähriges Bündnis, das laut seiner Präambel für den Fall der Erneuerung einer deutschen Aggressionspolitik gedacht war.

(Zuruf von der KPD.)

Und, meine Damen und Herren, am 26. Mai 1952, wurde in Bonn der Deutschlandvertrag und am 27. Mai in Paris der EVG-Vertrag unterzeichnet, Verträge, durch die nach ihrer Genehmigung Deutschland zum Verbündeten der Westmächte wird.

(Zurufe von der KPD.)

Auch die *Integration Westeuropas*, meine Damen und Herren, schreitet fort. Sie begann mit dem Europarat, sie erhielt den ersten kräftigen Anstoß durch den Abschluß des Vertrags über die Gründung der Europäischen Gemeinschaft für Kohle und Stahl, den *Schumanplan.* Dieser Vertrag ist von den beteiligten sechs Staaten in der Zwischenzeit ratifiziert worden. Die Hinterlegung der Ratifizierungsurkunden wird in diesem Monat in Paris erfolgen; der Vertrag tritt damit in Kraft. Er wird die Integration Europas in kräftiger Weise fördern. Der Vertrag über die Europäische Verteidigungsgemeinschaft wird, wie ich schon ausführte, die Integration Westeuropas ein großes Stück vorwärts bringen. Leider können wir infolge der gesamten internationalen Lage zur Zeit immer nur von der Integration Westeuropas sprechen. Aber alle diese Pakte, die die Integration fördern, und diejenigen, die noch zu schließen sind, um sie zu vollenden, sehen den Beitrag auch der anderen europäischen Länder vor und werden ihn vorsehen, so daß wir mit Bestimmtheit hoffen können, im Laufe der Zeit zu einer Integration ganz Europas zu kommen.

(Sehr gut! in der Mitte. — Zurufe von der KPD: Bis zum Ural! — Ja, ja! — Monaco!)

Lassen Sie mich jetzt noch die *Lage der Bundesrepublik* infolge der seit 1945 eingetretenen Entwicklung skizzieren. Die Bundesrepublik steht noch unter Besatzungsstatut. Sie ist unbewaffnet. Sie ist nicht in der Lage, sich zu verteidigen. Sie ist — und darauf lassen Sie mich besonders hinweisen — zur Zeit rechtlich gesehen nur Objekt politischer und strategischer Überlegungen. Ich habe gesagt: „rechtlich gesehen“, weil sie bei Genehmigung der Verträge vom Objekt zum Mithandelnden würde und weil die Westmächte in der Annahme, daß diese Verträge in Kraft treten werden, uns jetzt schon nicht mehr lediglich als Objekt politischer und strategischer Überlegungen betrachten. Deutschland ist zudem noch geteilt. So liegt es zwischen den beiden großen Machtsystemen, die ich eben geschildert habe. Es liegt mitten in einem Spannungsfeld zwischen Ost und West, und zwar an einer besonders gefährdeten Stelle.

Welche *Fortschritte* werden nun die *Verträge nach ihrem Inkrafttreten* gegenüber dem heutigen Zustand für Deutschland bringen? Das Besatzungsstatut fällt fort. Alle wirtschaftlichen Beschränkungen hören auf. Wir erhalten die Unterstützung der Vereinigten Staaten. Wir erhalten ein Defensivbündnis mit Großbritannien. Die europäische Föderation beginnt auf dem neuralgischsten Gebiet, nämlich dem militärischen. Europäische Kriege sind in Zukunft ausgeschlossen.

(Lachen bei der KPD. — Abg. Gundelach: Glaubt Ihr das?)

Durch den Einbau in das größte Verteidigungssystem der Geschichte erhalten wir die denkbar größte Sicherheit, und, meine Damen und Herren, wir sind nicht mehr Objekt politischer und strategischer Überlegungen, sondern wir werden Mithandelnde.

(Beifall bei den Regierungsparteien. — Abg. Frau Thiele: Und bleiben Protektorat!)

Ich glaube, gerade dieser letzte Punkt verdient noch einige Ausführungen. Die *Spannungen zwischen Ost und West* kennt jeder von uns. Wenn es auch in hohem Grade unwahrscheinlich ist, daß es zu einem heißen Krieg zwischen Ost und West kommt, so muß man doch bei seinen Überlegungen auch entfernte Möglichkeiten mit in den Kreis seiner Betrachtungen ziehen. Solange wir besetztes Land sind, solange wir uns nicht in das westliche Verteidigungssystem eingefügt haben, sind wir ein Niemandsland zwischen zwei großen Mächtegruppen.

(Zustimmung in der Mitte. — Abg. Niebergall: Und morgen Kriegsschauplatz!)

Wie wir in den diplomatischen Auseinandersetzungen Objekt sind, so würden wir auch bei ernsten Auseinandersetzungen Objekt sein. Mit anderen Worten: wir würden Schauplatz dieser Auseinandersetzungen werden mit all den furchtbaren Folgen, die sich daraus für unser Volk ergeben würden.

(Abg. Frau Strohbach: Dazu dient der Generalvertrag! — Abg. Niebergall: Ihre Politik führt dahin!)

Ich bin der Auffassung, meine Damen und Herren, daß diese die Weltlage beherrschenden Spannungen, die wir nicht aus der Welt schaffen können, dringend von uns verlangen, aus dem Zustand der Schwebe, in dem wir uns jetzt befinden, herauszukommen.

(Abg. Frau Strohbach: Ein einiges Deutschland aufbauen!)

Wenn wir Mithandelnde werden, können wir auch unsere ganze Kraft dafür einsetzen, daß die bestehenden Spannungen zwischen Ost und West auf friedlichem Wege gelöst werden.

(Lebhafter Beifall bei den Regierungsparteien. — Zurufe von der KPD.)

Bleiben wir Objekt, so haben wir diese Möglichkeit nicht.

(Sehr richtig! in der Mitte.)

Und welches würden nun die *Folgen der Ablehnung der Verträge* sein?

(Zuruf von der KPD.)

Zunächst ist eines sicher. Es werden keine neuen Verhandlungen auf der gleichen Basis erfolgen,

(Sehr richtig! in der Mitte — Abg. Frau Strohbach: Das wäre gut!)

um Änderungen in dieser oder jener Hinsicht an diesem oder jenem Artikel zu erreichen. Darauf habe ich bereits hingewiesen. Aber, meine Damen und Herren, eine Folge der Ablehnung der Verträge durch die Bundesrepublik würde ein Fiasko der bisherigen Politik

(Abg. Frau Strohbach: Adenauers sein!)

der Westmächte gegenüber der Bundesrepublik bedeuten,

(Zuruf von der KPD: Nee, nee, nee!)

und dieses Fiasko würde in sich schließen einen diplomatischen Erfolg für Sowjetrußland,

(Sehr richtig! in der Mitte.)

der die sowjetische Selbsteinschätzung in unerträglicher Weise erhöhen würde.

(Beifall bei den Regierungsparteien. — Zurufe von der KPD.)

Die diplomatische Lage in der Welt würde sich in starker Weise zugunsten Sowjetrußlands verschieben. Das Scheitern der bisherigen Politik der Westmächte bezüglich Deutschlands in Verbindung mit dem dadurch verursachten diplomatischen Gewinn Sowjetrußlands würde die Westmächte höchstwahrscheinlich zu einer grundlegenden Überprüfung ihrer Politik gegenüber Deutschland, Europa und Sowjetrußland veranlassen.

(Abg. Strauß: Sehr richtig!)

Ich halte es für sehr wohl möglich, daß als Ergebnis einer solchen Verschiebung der diplomatischen Lage das Verlangen Sowjetrußlands auf *Neutralisierung Deutschlands*, das es in seinen Noten gestellt hat, Aussicht auf Erfolg bekommen würde.

(Abg. Reimann: Das ist besser als Krieg!)

Das *Besatzungsstatut* würde bestehen bleiben. Wegen der unsicheren Haltung der Bundesrepublik würde das Vertrauen, das wir uns bisher bei den Westmächten und in der ganzen Welt erworben haben, verlorengehen.

(Sehr gut! in der Mitte. — Zurufe von der KPD.)

Die Handhabung des Besatzungsstatuts würde gegenüber dem jetzigen Zustand eine Wendung zur verschärften Kontrolle nehmen.

(Sehr richtig! in der Mitte.)

Ich habe schon erwähnt, daß eine Ablehnung der Verträge die Möglichkeit heraufbeschwört, daß Sowjetrußland mit seiner Forderung auf Neutralisierung Deutschlands durchdringen würde. Die Integration Europas, meine Damen und Herren, würde in einem solchen Falle ausgeschlossen sein,

(Zuruf von der KPD: Das ist nur ein Kleineuropa!)

da ein Westeuropa sich ohne Deutschland nicht schaffen läßt.

(Sehr richtig! in der Mitte.)

Die Bundesrepublik würde dank der dann in Westeuropa entstehenden Situation und mit Hilfe der jetzt schon in großer Zahl bestehenden sowjetrussischen Tarnorganisationen in die sowjetische Machtsphäre in der einen oder in der andern Form hineingeraten.

(Sehr richtig! in der Mitte.)

Dann würde bei uns die gleiche Entwicklung einsetzen, wie sie sich in den nunmehrigen Satellitenstaaten vollzogen hat,

(Zustimmung in der Mitte)

d. h. ganz Deutschland würde ein Satellitenstaat werden,

(Abg. Dr. Schröder [Düsseldorf]: Sehr richtig!)

und die Hoffnung der Ostzone, daß sie durch unsere politische Arbeit zur Wiedervereinigung mit uns in Freiheit kommen würde, würde sich nicht erfüllen.

(Sehr richtig! in der Mitte.)

Ich möchte noch einige in der Öffentlichkeit aufgeworfene Fragen besprechen, die von besonderer Bedeutung sind. Es ist behauptet worden, die Genehmigung der beiden Verträge mache die *Wiedervereinigung mit der Sowjetzone* unmöglich.

(Abg. Niebergall: Das stimmt auch! — Weiterer Zuruf von der KPD: Das stimmt ganz genau!)

Ich halte diese Behauptung für falsch.

(Abg. Reimann: Das steht doch im Vertrag, Herr Dr. Adenauer!)

Ich, meine Damen und Herren, bin gerade der umgekehrten Ansicht,

(Abg. Reimann: Aber Sie haben das doch unterschrieben!)

daß wir mit dem Abschluß dieser Verträge einen bedeutenden Schritt vorwärts tun auf das Ziel, das seinerzeit der Bundestag fast einstimmig so formuliert hat: Wiedervereinigung Deutschlands in Frieden und Freiheit in einem freien Europa.

(Lebhafter Beifall bei den Regierungsparteien. — Abg. Reimann: Herr Dr. Adenauer, lesen Sie vor, was in § 7 Abs. 2 steht! — Weitere Zurufe und Unruhe bei der KPD.)

Es ist richtig, daß die Wiedervereinigung in Freiheit nur mit Zustimmung der vier Alliierten, also auch mit *Zustimmung Sowjetrußlands*, erfolgen kann.

(Abg. Frau Strohbach: Aha! Das hat sich einmal ganz anders angehört!)

Ich bin der Auffassung, daß es klug ist, wenn man sich für diese Politik die Hilfe von wenigstens drei von den vieren zunächst sichert, wie wir das im Deutschlandvertrag tun.

(Zustimmung bei den Regierungsparteien. — Abg. Niebergall: Das ist auch eine Argumentation!)

Ich glaube, daß es möglich sein wird, im richtigen Augenblick mit Sowjetrußland an den Verhandlungstisch zu kommen,

(Abg. Niebergall: Das soll nun ein Argument sein!)

wenn wir die Hilfe dieser drei Mächte dabei haben.

(Beifall bei den Regierungsparteien. — Abg. Fisch: Das ist doch kein Argument!)

Aber keiner — nicht einmal meine Freunde von der äußersten Linken —

(Heiterkeit)

glauben, daß die Sowjetunion aus sich heraus die Sowjetzone freigeben wird.

(Abg. Niebergall: Jawohl! Das tut sie! — Lachen in der Mitte. — Gegenrufe von der Mitte: Anfragen! — Abg. Dr. Wuermeling: Dann tut es doch! — Abg. Fisch: Lachen ist auch eine Gabe Gottes! — Anhaltende Zurufe von der KPD.)

Ich kann deswegen in keiner Weise einsehen, daß wir die Aussichten für die Wiedervereinigung Deutschlands in Freiheit dadurch, daß wir diese Verträge schließen, verschlechtern.

(Abg. Frau Strohbach: Doch, das tut ihr!)

Ein Gesamtdeutschland, wie es bis jetzt Sowjetrußland in seinen Noten fordert, also ein *neutralisiertes Deutschland*, ein auf dem Boden des *Potsdamer Abkommens* errichtetes Gesamtdeutschland ist für uns nicht möglich.

(Beifall bei den Regierungsparteien.)

Wir werden mit Hilfe der drei Westalliierten versuchen müssen,

(Zuruf von der KPD)

Sowjetrußland von dieser seiner Forderung im Wege der Verhandlung abzubringen. Ich bin überzeugt davon, daß Sowjetrußland, wenn es sieht, daß infolge des Abschlusses der Europäischen Verteidigungsgemeinschaft seine Politik, im Wege des Kalten Krieges im vorliegenden Fall zur Neutralisierung der Bundesrepublik zu kommen, keinen Erfolg mehr verspricht, daß dann Sowjetrußland diese neugeschaffene politische Situation beachten und seine Politik dementsprechend einstellen wird.

(Abg. Niebergall: Säbelrasseln! — Abg. Paul [Düsseldorf]: Das ist Abenteurerpolitik!)

Das eine ist sicher, meine Damen und Herren: Wenn wir die Verträge nicht unterzeichnen, verbessern wir die Aussicht auf Wiedervereinigung Deutschlands in keiner Weise.

(Beifall bei den Regierungsparteien.)

Ich weiß, daß die Männer und die Frauen in der Ostzone diese Ansicht teilen.

(Lebhafte Zustimmung bei den Regierungsparteien und rechts.)

Ich weiß, meine Damen und Herren, daß sie eine Ablehnung der beiden Verträge nicht verstehen würden,

(erneuter lebhafter Beifall bei den Regierungsparteien)

und ich weiß, daß auch sie den von uns eingeschlagenen Weg als den einzigen Weg betrachten, der auch sie aus ihrer Not herausführen wird.

(Zustimmung bei den Regierungsparteien. — Zurufe von der KPD.)

Es ist weiter die Frage aufgeworfen worden, ob nicht die *militärische Stärkung des Westens*, die das Vertragswerk zur Folge haben wird, *Sowjetrußland dazu reizen* würde, *zum heißen Krieg überzugehen*. Auch hier glaube ich, meine Damen und Herren, daß das Gegenteil richtig ist. Ich bin der Überzeugung, daß man einen hochgerüsteten totalitären Staat nicht dadurch von einer Aggression abhält, daß man möglichst schwach bleibt.

(Lebhafte Zustimmung und Beifall bei den Regierungsparteien. — Abg. Reimann: Wie Adolf Hitler! Der hat das auch gesagt!)

Die Geschichte der letzten zwanzig Jahre bietet zwei ausgezeichnete und schlagende Beispiele für die Richtigkeit dieser meiner Auffassung.

(Abg. Fisch: Sehr richtig! Jawohl, mit Drohungen hat's der Hitler auch versucht! — Unruhe. — Glocke des Präsidenten.)

Als *Hitler* aufrüstete, ist zunächst von seiten der anderen europäischen Staaten und von seiten der Vereinigten Staaten von Amerika nichts geschehen.

(Abg. Reimann: Jetzt verteidigt er sogar Hitler!)

Weil Hitler wußte,

(Abg. Reimann: Aha!)

daß diese Länder militärisch schwach waren, hat er in dem Augenblick, als er glaubte,

(Abg. Reimann: Na also!)

er sei stark genug, um einen schnellen Sieg zu erlangen, losgeschlagen.

(Abg. Reimann: Verteidigung für Hitler! — Unruhe.)

Hätte man damals, als Hitler aufzurüsten begann, in den anderen Ländern auch die Verteidigungskräfte vermehrt, so würde Hitler niemals den Krieg gewagt haben.

(Lebhafte Zustimmung bei den Regierungsparteien. — Zurufe von der KPD. — Unruhe.)

Etwas Ähnliches, meine Damen und Herren, gilt auch für die *Zeit nach 1945*. Da *Sowjetrußland* stark gerüstet blieb, während die anderen Länder abrüsteten,

(Zuruf von der KPD: Wer denn?)

machte es von seiner militärischen Überlegenheit durch die *Unterwerfung der jetzigen Satellitenstaaten* rücksichtslosen Gebrauch.

(Sehr richtig! in der Mitte.)

Ich bin überzeugt, daß Sowjetrußland das nicht getan hätte, wenn es hätte befürchten müssen, daß die anderen ihm in den Arm fallen würden.

(Zustimmung in der Mitte.)

Mit jeder Stärkung der westlichen Verteidigungskraft wächst die Wahrscheinlichkeit, daß Sowjetrußland nicht zum heißen Krieg übergehen wird, und die westliche Verteidigungskraft ist jetzt schon so stark, daß Sowjetrußland in einem heißen Kriege kaum etwas zu gewinnen, aber sehr viel zu verlieren hat.

(Aus: Verhandlungen des Deutschen Bundestages, 221. Sitzung vom 9.7.1952, S. 9791—9800)

Nr. 98

H. Wehner (SPD) über die Europäische Verteidigungsgemeinschaft am 10. Juli 1952

Die Sprecher der Regierungsparteien machen es sich allzu leicht, wenn sie der Opposition vorwerfen, die Opposition postuliere einfach absolute Grundsätze, wie es heute das Leitmotiv des Herrn Kollegen Strauß war.

Bei dieser Debatte geht es darum, in welcher Haltung und von welchen Grundlagen aus die Forderungen der deutschen Politik vertreten werden sollen. Es ist also nicht so, daß die eine Seite des Hauses mit anderen Nationen zusammenarbeiten wolle, während sich die andere Seite des Hauses angeblich abseits stelle. Es geht in Wirklichkeit darum, wie die deutschen Anliegen vertreten werden sollen.

Zur Sache! In dieser Debatte ist wiederholt der Versuch gemacht worden, die in den Verträgen niedergelegten Ergebnisse der *Politik des Herrn Bundeskanzlers* und der drei *Besatzungsmächte* als den für Deutschland einzig möglichen Weg hinzustellen. Wer aufgrund anderer Einsicht in die Vertragstexte und in die politischen Zusammenhänge außerstande ist, dieser Politik seine Zustimmung zu erteilen, läuft Gefahr, als ein grundsätzlicher Verneiner bezeichnet oder gar beschuldigt zu werden, dem sowjetischen Expansionsstreben Vorschub zu leisten. Bei dieser Art von Argumentation ist es außerordentlich schwer, der Aufgabe einer parlamentarischen Debatte gerecht zu werden.

(Sehr richtig! bei der SPD.)

Die *Opposition* versucht doch, durch ihre Kritik ihrer Aufgabe gerecht zu werden, die Position des eigenen Landes in der Auseinandersetzung mit den ausländischen Verhandlungspartnern zu verbessern.

(Beifall bei der SPD.)

Hier aber wird uns zugemutet, die bisherigen Ergebnisse der Politik des Herrn Bundeskanzlers und der drei westlichen Besatzungsmächte als unabänderlich anzuerkennen.

Es dürfte, meine Damen und Herren, in diesem Hause keine Meinungsverschiedenheiten darüber geben, daß die Grundlagen der deutschen Politik nicht einfach aus den Spannungsfeldern der großen weltpolitischen Gegensätze — Interessengegensätze! — ausgeklammert werden können.

(Zustimmung bei der SPD.)

Wenn wir nun in die Lesung dieses umfangreichen Vertragswerkes eintreten, so ist doch jede ernsthafte parlamentarische Arbeit von vornherein gehandikapt, wenn man sagt: Es kann dazu nur „Ja" gesagt werden; denn wenn man „Nein" sagt, geht sozusagen die Welt unter! Ich meine, wir sollten die Behandlung dieses Vertragswerkes auch nicht von solchen Schlagworten beeinflussen lassen. Die Bundesregierung trägt meines Erachtens die Hauptschuld an der Unruhe im Volk hinsichtlich dieser *Verträge*. Sie hätte nämlich durch eine angemessene *Publizität* dazu beitragen können, daß die Diskussion im Volk sachlich fundiert und in aller Breite, wie es der Bedeutung dieser Verträge entspricht, in Gang kam.

[. . .]

Der Streit um die Verträge ist ein Streit darüber, ob der Herr Bundeskanzler bei den Verhandlungen das Maximum des zur Zeit Erreichbaren erzielt hat oder nicht.

(Sehr richtig! bei der SPD.)

Dabei spielt eine besondere Rolle die Frage, ob der Herr Bundeskanzler in richtigem Maße der vordringlichen Forderung „Wiedervereinigung in Freiheit mit friedlichen Mitteln" Rechnung getragen hat.

(Sehr richtig! bei der SPD. — Zuruf von der CDU: Wir sind davon überzeugt!)

Der Bundeskanzler mutet uns zu, zu glauben, nur bei Annahme der Verträge, so wie sie sind, könne die Wiedervereinigung Deutschlands erreicht werden. Er bezichtigt seine Kritiker, sie hätten Illusionen über den Charakter der Politik der Sowjetregierung, wenn er sie nicht direkt als Wegbereiter einer Sowjetisierung Deutschlands beschuldigen läßt, wie es in jüngster Zeit im „Rheinischen Merkur“ und im „Echo der Zeit“ am laufenden Band nicht nur gegenüber Sozialdemokraten geschieht.

(Hört! Hört! bei der SPD.)

Andererseits läßt der Herr Bundeskanzler in dem vom Presse- und Informationsamt herausgegebenen „Bulletin“ argumentieren, es sei eigentlich unverständlich, daß die Kritiker der vorliegenden Verträge jetzt, sozusagen fünf Minuten vor dem Ziel, die auch von ihnen — das heißt von Regierung und Opposition gemeinsam — befürwortete Politik der Integration Deutschlands in den Westen verlassen wollen. Nun, wie steht es damit?

Die Differenzen und Gegensätze, die hier und jetzt von Interesse sind, sind doch nicht Differenzen und Gegensätze darüber, ob der Sowjetpolitik zu trauen ist oder nicht, sondern Differenzen und Gegensätze darüber, ob der deutschen Politik Handhaben für die Erreichung der Wiedervereinigung in Freiheit und mit friedlichen Mitteln gegeben werden oder ob die deutsche Politik zu einer Funktion der Mächte gemacht werden und das Initiativrecht bei den Besatzungsmächten liegen soll.

(Beifall bei der SPD.)

Die vom Herrn Bundeskanzler geführte Politik der sogenannten *Integration* ist nicht identisch mit der von der Sozialdemokratischen Partei geforderten Politik der *Zusammenarbeit der Nationen* auf der Grundlage der Gleichberechtigung.

(Beifall bei der SPD.)

Wenn es richtig ist, daß alle Parteien die Wiedervereinigung als Ziel der deutschen Politik wollen, so muß es auch möglich sein, über die Wege zur Erreichung dieses Zieles ernsthaft zu diskutieren.

[. . .]

Ein Auseinanderfallen und ein Gegeneinanderarbeiten der demokratischen Kräfte in der entscheidenden Frage deutscher Politik führt zu verhängnisvollen Konsequenzen.

(Vereinzelter Beifall in der Mitte.)

Denn diejenigen Kräfte des Auslandes, die es vorziehen, ein geteiltes Deutschland zu haben, haben leichteres Spiel, wenn die deutschen Parteien in der fundamentalen Frage der deutschen Politik fundamentale Gegensätze auszutragen haben.

(Zustimmung bei der SPD.)

Der Herr Bundeskanzler hat manches unterlassen, was zu gemeinsamem Handeln von *Koalition und Opposition* in dieser Fundamentalfrage notwendig und möglich gewesen wäre!

(Sehr wahr! bei der SPD.)

[. . .]

Es drängt sich einfach die Frage auf: Was wäre, wenn der Herr Bundeskanzler den Bemühungen um die *Wiederherstellung der deutschen Einheit mindestens* soviel Kraft und Zeit geopfert hätte wie seinen Bemühungen um die sogenannte *Integration?*

(Lebhafter Beifall bei der SPD.)

Die sogenannte Integration führt ja nicht automatisch — das ist nicht mein Wort, das ist in der Debatte von den Befürwortern dieser Integration auch schon gebraucht worden — zur Wiedervereinigung Deutschlands. Der Bundeskanzler begeht in dieser Beziehung zwei Rechenfehler. Erstens: er nimmt an, die Zusammenlegung des Wirtschafts- und Militärpotentials einer Gruppe westeuropäischer Länder werde zu einem gewissen Zeitpunkt die Verhandlungsbereitschaft der Sowjetregierung erzwingen; zweitens: durch die Integrationsverträge seien die westlichen Vertragspartner eindeutig auf eine Politik der Wiedervereinigung Deutschlands festgelegt.

Zunächst zum ersten. Die Annahme des Herrn Kanzlers berücksichtigt nicht das *Risiko einer Ablehnung* eines solchen Ultimatums *durch Sowjetrußland.*

(Sehr richtig! bei der SPD.)

Die deutsche Politik läuft Gefahr, daß die Frage der Wiedervereinigung Deutschlands an so viele weltpolitische Voraussetzungen geknüpft, so vielen weltpolitischen Fragen untergeordnet und zum Gegenstand nationalegoistischer Erwägungen fremder Mächte gemacht wird, daß eine Regelung mit friedlichen Mitteln aus dem Bereich des Möglichen herausrücken könnte.

(Beifall bei der SPD.)

Zum zweiten: Die *westlichen Vertragspartner* erlangen durch die Verträge in Wirklichkeit ein ausgesprochenes *Vetorecht* gegen die Wiedervereinigung Deutschlands.

(Sehr richtig! bei der SPD. — Unruhe in der Mitte.)

Der Bundeskanzler hat keinerlei Sicherheit dagegen, daß z. B. die *französische Politik* die Verträge dem französisch-russischen Pakt von 1944 unterordnet. Schon jetzt machen sich doch Tendenzen bemerkbar, mit *Sowjetrußland* auf der Grundlage der Teilung Deutschlands zu paktieren.

(Hört! Hört! links. — Bewegung bei den Regierungsparteien. — Zuruf von der Mitte: Tolle Behauptung!)

Bei den Verhandlungen im *Senat der Vereinigten Staaten* wurde übrigens — sehr verehrter Herr Kollege, damit Sie sehen können, daß diese, wie Sie sagen, „tollen Behauptungen" nicht aus der Luft gegriffen sind — ausdrücklich darauf hingewiesen, und zwar vom amerikanischen Außenminister, daß in der Frage der Wiedervereinigung „Frankreichs traditionelle Furcht" durch die Verträge verkleinert worden sei.

(Zuruf rechts: Lauter! — Lebhafte Gegenrufe von der SPD. — Unruhe. — Glocke des Präsidenten.)

Es könnte sich sehr bald herausstellen, daß von allen vertragschließenden Partnern nur die Bundesrepublik wirklich gebunden ist.

Die Behauptung, die bisherigen *sowjetischen Angebote* seien schon ein Ergebnis der — wie Sie es jetzt zu nennen belieben — „Politik der Stärke des Westens", und deshalb dürfe man sich nicht beirren lassen, geht von der falschen Voraussetzung aus, man könne mit gewissermaßen arithmetischer Sicherheit den Zeitpunkt errechnen, an dem es sich lohnen werde, mit Sowjetrußland zu verhandeln. Wer aber kann bestreiten, daß an einem bestimmten Punkt dieser Reihe ein Umschwung in entgegengesetzter Richtung vor sich gehen kann? Wenn Sie Wasser über einen bestimmten Punkt hinaus erhitzen, gibt es Dampf! Die deutsche Politik muß nicht nur das Risiko einer Entwicklung nach dem Muster von Prag, sondern sie muß auch das Risiko einer Koreanisierung Deutschlands zu verhindern trachten.

[. . .]

Die Sozialdemokratische Partei sieht in den Möglichkeiten der Handhabung des Vertrages über *die Europäische Verteidigungsgemeinschaft* und in der Beziehung, in die wir dazu gebracht werden sollen, die Gefahr einer Koreanisierung Deutschlands. Die *Gefahr des Wettrüstens* auf deutschem Boden widerlegt das Rechenexempel vom automatisch erreichbaren militärischen Übergewicht

(Abg. Euler: Völlig falsch gesehen!)

und erhöht das Risiko Deutschlands, Kriegsschauplatz zu werden.

(Zustimmung bei der SPD. — Abg. Euler: Völlig falsch gesehen!)

— Herr Euler, Sie legten vorhin so großen Wert darauf, erst nach mir zu sprechen.

(Hört! Hört! bei der SPD.)

Vielleicht lassen Sie mich nun wirklich sprechen. Die *Wiedervereinigung Deutschlands* könnte nach Wortlaut und Sinn der Vertragstexte — das können Sie nachprüfen, und es wird Sache der zweiten Lesung sein, das wirklich gründlich, nach bestem Wissen und Gewissen, nachzuweisen und zu prüfen — nur noch in der Form des Anschlusses der jetzigen sowjetischen Besatzungszone an das *westliche Paktsystem* denkbar sein. Es ist unrichtig, einzelne, in der Präambel oder an anderen Textstellen zu findende Bekenntnisse zur Wiedervereinigung als eines gemeinsamen Zweckes an die Stelle der Gesamtwirkung und der Tendenz der Vertragswerke, die ja für die einzuschlagende Richtung bestimmend sind, zu stellen.

(Zustimmung bei der SPD.)

Aufrichtiger wäre es — ich sage das freimütig —, wenn die Befürworter der Verträge sagten: Jawohl, wir geben zu, für eine geraume Zeit müssen wir die Wiedervereinigung zurückstellen, aber wir haben dafür die und die Begründung. Denn das ist ja der Tatbestand, den Sie mit Kopfschütteln oder mit Ihren Wünschen nicht aus der Welt schaffen können!

(Stürmischer Beifall bei der SPD.)

Die Bundesrepublik unterwirft sich damit in dieser ihrer Lebensfrage einer Strategie, auf deren Ausgestaltung sie ohne Einfluß ist, die aber für die deutschen Lebensinteressen entscheidend ist. Die Auffassungen einzelner westlicher Vertragspartner oder gegebenenfalls ihrer Gesamtheit in den Fragen der Wiedervereinigung Deutschlands haben von vornherein ein viel höheres spezifisches Gewicht als die Absichten der Bundesrepublik; denn die übrigen Vertragspartner gehören zur Organisation des Atlantikpakts, zu der die Bundesrepublik aber nur in einem Leistungsverhältnis steht.

[. . .]

Aus Besatzungsfesseln werden *Bündnisfesseln*, und es ist mehr als fraglich, wie diese Bündnisfesseln, die unter dem Übergewicht der Besatzungsmächte geschmiedet worden sind, bei unseren Bemühungen um die Wiedervereinigung Deutschlands in Freiheit und mit friedlichen Mitteln fördern statt hemmen sollen. Die Verträge bedeuten die Eingliederung des zwischen der Ostgrenze des abgetrennten Saargebiets und der Westgrenze der sowjetischen Besatzungszone liegenden Teiles Deutschlands in ein Vertragssystem, das zwar dem Buchstaben nach auf der Gleichberechtigung beruht, in dem dieser Teil Deutschlands aber infolge der unterschiedlichen Startbedingungen und der Fortdauer von Besatzungsrecht in der Form von Vertragsrecht nicht gleichberechtigt mitwirken kann.

(Sehr richtig! bei der SPD.)

Nach der mehr oder weniger offen ausgesprochenen Ansicht westlicher Vertragspartner und ihrer Publikationsorgane und nach ihren Interessen ist unter Umständen das *Fortbestehen der Teilung Deutschlands* das „kleinere Übel". Nach der Auffassung der Sozialdemokratischen Partei Deutschlands laufen wir Gefahr, die deutschen Möglichkeiten zur Herbeiführung der Einheit mit friedlichen Mitteln ganz erheblich zu erschweren.

[. . .]

Es ist notwendig und es sollte auch möglich sein, sich über einige grundlegende Forderungen zur Wiedervereinigung Deutschlands in Freiheit mit friedlichen Mitteln zu verständigen.

Erstens. Wiedervereinigung bedeutet die *Verwirklichung des Selbstbestimmungsrechts der Deutschen* in den vier Zonen und Berlin ohne Zonenunterschiede.

(Beifall bei der SPD. — Abg. Dr. Gerstenmaier: Ja, wem sagen Sie denn das? Sagen Sie das uns, der CDU? — Weiterer Zuruf von der Mitte: Sagen Sie das doch den Russen! — Abg. Kunze: Vollkommen überflüssig! — Abg. Dr. Gerstenmaier: Wen haben Sie denn eigentlich vor sich dabei?)

— Wenn Sie nervös werden, Herr Gerstenmaier, ich wurde es bei Ihrer gestrigen Rede nicht!

(Heiterkeit bei der SPD. — Abg. Dr. Gerstenmaier: Ich werde gar nicht nervös!)

Das wird auch dem Vorspruch des Grundgesetzes gerecht, in dem gefordert wird — und darauf haben sich alle verpflichtet, die zu diesem Grundgesetz stehen —, dafür zu sorgen, daß das ganze deutsche Volk in freier Selbstbestimmung die Einheit und Freiheit Deutschlands zu vollenden fähig wird.

(Zuruf von der Mitte: Darüber sind wir doch alle einig!)

— Da Sie vorhin gefragt haben, wem ich das sage: Ich sage es denen, die bereit sind, ja zu diesen Verträgen zu sagen, weil dann diese Möglichkeit nicht mehr gegeben sein wird.

(Lebhafter Beifall bei der SPD. — Abg. Dr. Gerstenmaier: Das stimmt doch gar nicht, zum Donnerwetter noch einmal! Sind Sie ein Hellseher? — Abg. Dr. Wuermeling: Sagen Sie den Weg! — Zuruf des Abg. Euler.)

— Herr Euler, ich sage Ihnen noch einmal: Sie haben vorhin Wert darauf gelegt, nach Wehner zu sprechen; sprechen Sie nach ihm und nicht zwischendurch!

(Erneuter lebhafter Beifall bei der SPD. — Gegenrufe von der CDU. — Abg. Dr. Gerstenmaier: Das lassen wir uns nicht gefallen!)

Zweitens. Die zentralen deutschen Forderungen auf *freie Wahlen* unter internationaler Kontrolle *in den vier Zonen und Berlin* sollten nicht durch erschwerende Bedingungen belastet werden. Es sollte also nicht die Anerkennung etwa einer Kommission der Vereinten Nationen oder irgendwelcher anderer *Kommissionen* zur Voraussetzung des Eintritts in Viermächteverhandlungen gemacht werden.

(Abg. Dr. Gerstenmaier: Ja, wollen Sie Garantien für freie Wahlen oder wollen Sie sie nicht? — Abg. Lücke: Das könnte ja eine russische Kommission sein!)

— Wir sind nicht für russische Kommissionen, wir sind überhaupt weder russisch noch amerikanisch noch britisch noch französisch, sondern versuchen, das deutsche Interesse zum Ausdruck zu bringen!

(Lebhafter Beifall bei der SPD. — Abg. Dr. Wuermeling: Der billige Jakob! — Abg. Majonica: Wir brauchen uns nicht Ihre Lektionen in Patriotismus anzuhören! — Abg. Lücke: Was sagen Sie denn gegen die Uno-Kommission? — Anhaltende lebhafte Zurufe von den Regierungsparteien.)

Drittens. Über die *Rechte einer deutschen Regierung*, die von der aus freien Wahlen hervorgegangenen Nationalversammlung gebildet wird, müßten zwischen allen Beteiligten klare Abmachungen getroffen werden. Deutscherseits sind meines Erachtens bis zum Abschluß eines Friedensvertrags als Rechte einer Regierung mindestens folgende zu fordern: a) Eine solche Regierung muß die Ordnung im Innern gewährleisten können auf der Basis der Grundrechte; b) sie muß die Sicherheit des freien Verkehrs von Personen und Gütern ungehindert durch Zonengrenzen gewährleisten.

(Abg. Dr. Gerstenmaier: Wem sagen Sie das? — Zuruf von der Mitte: Das wollen wir ja auch!)

— Ich habe es ja nicht deswegen gesagt, weil ich annehme, daß Sie es nicht wollten. Ich mache ja Vorschläge, zu denen Sie ja oder nein sagen können.

(Abg. Majonica: Das sind doch keine Vorschläge! — Abg. Dr. Gerstenmaier: Nein, nein, Sie reden im Ton der Anklage gegen uns, Herr Wehner! Das ist es!)

c) Diese Regierung muß die Justizhoheit haben und die Gleichheit des Rechts in allen Teilen Deutschlands gewährleisten können;

(Abg. Dr. Wuermeling: Sie sollen den Weg weisen! — Abg. Lücke: Wir brauchen keine Rezepte!)

d) Sie braucht die zur Sicherung der Versorgung der Bevölkerung notwendigen Vollmachten nach innen und außen; e) sie muß weiter echter Verhandlungspartner bei den Friedensvertragsverhandlungen sein; f) sie muß schließlich ihre Tätigkeit nicht durch das Vetorecht einer Besatzungsmacht oder des Gremiums der Besatzungsmächte einschränken oder stören lassen. Viertens. Wenn die Möglichkeit

(Unruhe und Zurufe von der Mitte)

— Sie sind sehr „tolerante“ Hörer — besteht, für das vereinigte Deutschland den *Status eines Mitglieds der Vereinten Nationen* zu erwirken, dann sollte diese Möglichkeit, die auch im sowjetischen Entwurf der Grundlinie eines Friedensvertrags vom 10. März enthalten war, erprobt und nicht in den Wind geschlagen werden.

(Beifall bei der SPD. — Zuruf von der Mitte: Wer tut denn das?)

Fünftens. Die Frage der Sicherung Gesamtdeutschlands muß auf der Grundlage der Mitgliedschaft Deutschlands in den Vereinten Nationen durch *Garantieabkommen* geregelt werden und kann nicht durch einseitige Festlegung auf EVG oder ähnliches präjudiziert werden.

Ich will am Schluß noch einige Worte zu dem auf der Tagesordnung stehenden von der sozialdemokratischen Fraktion eingebrachten *Antrag* betreffend *Wiedervereinigung Deutschlands durch freie Wahlen* sagen. Der Antrag lautet:

Der Bundestag wolle beschließen:

Die Bundesregierung wird ersucht, den Besatzungsmächten förmlich mitzuteilen, Bundestag und Bundesregierung erwarten, daß die Regierungen der vier Besatzungsmächte so bald wie möglich in Verhandlungen über die Wiedervereinigung Deutschlands durch freie Wahlen eintreten.

Aus dem, was ich bisher sagte, können Sie entnehmen, wie dringend uns das Anliegen ist, das in diesem Antrag seinen Niederschlag gefunden hat. Es geht um Verhandlungen, möchte ich abschließend betonen, nicht um Demonstrationen oder Entlarvungsversuche, und zu diesen Verhandlungen möchten wir diese Zustimmung haben.

(Abg. Dr. Gerstenmaier: Herr Kollege Wehner, Sie kennen doch nun diese Verhandlungspartner am besten!)

Herr Kollege Strauß hat erklärt, daß es ihm und seinen Freunden darauf ankomme, eine Situation herbeizuführen, in der die vier Mächte sich nicht auf unsere Kosten verständigen können.

(Zustimmung in der Mitte.)

Das greife auch ich auf, meine Damen und Herren, und ich möchte sagen: um eine solche Situation herbeizuführen, dazu gehört die Befolgung einer Politik, wie ich sie in dieser Einzelfrage darzustellen versucht habe, die nun einmal zu den Kernfragen der deutschen Politik gehört. Dazu gehört diese Beharrlichkeit im Verhandelnwollen und dieses Unterbauen und Ausbauen der deutschen Position,

(Abg. Dr. Gerstenmaier: Gut, einverstanden! — Abg. Strauß: Sehr richtig!)

das aber Gefahr läuft, kaputtgemacht zu werden mit einer Politik, die Verträge schließen will, in der unser dringendes Anliegen Funktion anderer wäre und in der eine Hoffnung auf „automatische“ Entwicklung zu einem schrecklichen Schluß führen könnte.

(Langanhaltender lebhafter Beifall bei der SPD.)

(Aus: Verhandlungen des Deutschen Bundestages 222. Sitzung vom 10.7.1952, S. 9871—9876)

Nr. 99

Der Oppositionsführer Kurt Schumacher in der 98. Sitzung des Deutschen Bundestages zur Wiederbewaffnung vom 8.11.1950

Das Problem des deutschen militärischen Beitrages verträgt auch nach innen keine andere Behandlung als die vollständiger und nichts verschweigender Wahrheit und Offenheit. Die *große Auseinandersetzung* vollzieht sich ja nicht zwischen den Remilitarisierern schlechthin und irgendwelchen absoluten Pazifisten mit einer Friedensformel des garantierten Erfolges. Die große Auseinandersetzung vollzieht sich zwischen denjenigen, die unter heutigen Umständen ihren Willen zur Remilitarisierung einfach durchdrücken wollen, und denjenigen, die eine feste nationale und internationale Voraussetzung dafür verlangen, ohne deren Durchführung sie nein sagen werden.

(Lebhafter Beifall bei der SPD.)

Nun bin ich überzeugt, daß alle hier versammelten Damen und Herren den gemeinsamen Wunsch im Herzen tragen, *Deutschland* nicht zum *Vorfeld der Verteidigung anderer Länder* werden zu lassen. Aber ein Jetzt-Hineinschlittern in eine voraussetzungslose Militarisierung kann ja nicht die Fakten erfolgreicher Abwehr schaffen, sondern vergrößert die Gefahren deutscher Vernichtung oder Beeinträchtigung bis ins Gigantische hinein. Nur — das ist die Meinung der Sozialdemokratie — wenn die demokratischen Streitkräfte hier in Deutschland so stark sind, daß sie die Kraft haben, bei einem *Angriff aus dem Osten* im sofortigen Gegenstoß die *Kriegsentscheidung außerhalb der deutschen Grenzen* zu tragen, nur dann kann das deutsche Volk seinen militärischen Beitrag für die Verteidigung der Freiheit in der Welt leisten.

(Beifall bei der SPD. — Unruhe in der Mitte und rechts. — Glocke des Präsidenten.)

Wir haben über die Verantwortung noch anderer Völker hinaus die Verpflichtung der Berücksichtigung der *Schmälerung unserer Volkssubstanz*. Wir preisen andere Völker glücklich, daß sie in der Vergangenheit nur Bruchteile der deutschen Verluste zu erleiden hatten. Aber wir können doch von der Tatsache nicht weg, daß wir mehr als 3 Millionen Tote, rund 1½ Millionen Vermißte und 3 Millionen Kriegsbeschädigte haben. Wir haben über den Rahmen der normalen nationalen Verpflichtung hinaus noch die Auflage besonderer Sorgfalt in der Behandlung dieser Frage.

Der jetzt diskutierte *Beitrag*, der Beitrag, zu dessen Einleitung sich auch der Herr Bundeskanzler bekannt hat, hat *keine abschreckende und damit kriegsverhütende Wirkung* auf den potentiellen Angreifer im Osten. Dieses Ergebnis kann nur bei Erfüllung der von den Sozialdemokraten geforderten Voraussetzung erreicht werden. Es ist nicht die Etablierung der kriegsverhindernden Macht, die jetzt nach dem Wunsch des Bundeskanzlers besprochen werden soll, einfach deswegen nicht, weil es nicht die Etablierung der ausreichenden Macht ist.

(Sehr richtig! bei der SPD.)

Wenn das utopischen Charakter tragen würde, dann, meine Damen und Herren, hätte ja die ganze Verteidigung Europas utopischen Charakter.

(Sehr richtig! bei der SPD.)

Wir glauben aber nicht an die *Utopie*. Wir glauben an die *Erfüllbarkeit*, und wir glauben an die deutsche Verpflichtung, diese Erfüllbarkeit durch Festigkeit des Standpunktes zu erreichen.

(Lebhafter Beifall bei der SPD.)

Nur wenn kein Rückzug der angelsächsischen Mächte oder der demokratischen Mächte schlechthin mehr möglich ist, wenn die Angelsachsen und die andern demokratischen Potenzen der Welt ihr eigenes nationales und militärisches Schicksal mit dem deutschen Schicksal vereinigen, kann diese Frage positiv beantwortet und eine große deutsche Leistung erwartet werden. Ich will nicht zu weit schweifen, aber die Konzeption aller starken Wirtschaftsmächte mit intelligenter und technisch tüchtiger Bevölkerung, die außerdem auch noch die Rohstoffe und die industriellen Produktionsmittel zu vier Fünfteln in den entscheidenden Punkten in der Hand haben, ist doch immer die: Wenn es uns am Anfang auch schlecht geht, zum Schluß kassieren wir kraft unserer ökonomischen, technischen und menschlich-qualitativen Übermacht den Sieg des Ganzen ein. Aber, meine Damen und Herren, die *deutsche Situation* ist eben weder die Situation der letzten Schlacht für die Angelsachsen noch die Situation der letzten Schlacht für die Russen. Die haben ihre militärische Übermacht wohl in erster Linie deswegen nicht ausgenutzt, weil sie die Übermacht des Kriegspotentials und der Intelligenz auf der andern Seite sehen. Zudem ist auch die Entwicklung gewisser kriegsentscheidender Waffen sehr zugunsten der Angelsachsen und nicht zugunsten der Sowjets gegangen. Aber das deutsche Schicksal ist ein anderes, es ist das Schicksal der ersten Auseinandersetzung.

(Sehr richtig! bei der SPD.)

Von diesem Schicksal kann uns kein Versprechen der andern entbinden. Von diesem Schicksal lösen wir uns auch nicht durch bedingungslose Bereitfertigkeit jetzt im Verteidigungskomplex. Dieses Schicksal können wir für unser Volk nur ertragbar machen, wenn die andern ihr eigenes Schicksal mit dem unseren in der Situation der ersten Auseinandersetzung, die für uns die entscheidende ist, verbinden.

(Lebhafter Beifall bei der SPD.)

Meine Damen und Herren! Jede *militärische Abwehr* muß einen realisierbaren Zweck und ein *erreichbares Ziel* haben. Das ist bei dem Divisionstaumel, der heute in Europa diskutiert wird, nicht gegeben. Allein aus der Möglichkeit des Erreichbaren ergibt sich der Sinn von Opfern. Nichts anderes kann diesen Sinn ersetzen als die Schaffung von Voraussetzungen, die eine tatsächliche Solidarität der andern mit uns darstellen.

Davon, meine Damen und Herren, hängt doch auch Wesen und Wert jeder möglichen deutschen Formation ab. Die *Militarisierung* unter den heute gegebenen oder heute versprochenen und diskutierten Voraussetzungen ist auch in der Struktur der militärischen Organisation eine Wiederanknüpfung an Perioden der Vergangenheit. Die Gefahr, die von innen aus ökonomisch sozial und militärisch den Deutschen droht, ist hier wie immer die Gefahr der Restauration und des Nichtbegreifens des Neuen.

(Beifall bei der SPD.)

Gibt man jetzt diesem Drängen nach, so erhält man eine Anzahl militärtechnisch sehr sorgfältig aufgebauter Organisationen, aber man bekommt nicht ein Heer mit den unverzichtbaren Eigenschaften eines Heeres, das für seine Nation oder für eine große Idee einstehen soll.

(Richtig! bei der SPD.)

Man bekommt einen Apparat, und dem Apparat werden sich auch manche zur Verfügung stellen, die wir alle lieber nicht sehen wollten. . . .

Also unter den heutigen Voraussetzungen, unter den Voraussetzungen, wie sie der Herr Bundeskanzler hier definiert hat, sagt die *Sozialdemokratische Partei* Deutschlands zu diesen Bemühungen der *Remilitarisierung* nein. Sie wird auch nein sagen, wenn die halben und matten Versprechungen der Alliierten für die nächsten Monate verwirklicht werden sollten. Sie wird erst ja sagen, wenn die unzweideutige Entscheidung für die *internationale Solidarität der anderen Nationen mit der deutschen Nation* durch militärische und politische Tatsachen geschaffen ist.

(Lebhafter Beifall bei der SPD.)

Deutschland ist ein nicht wegzudenkendes Stück *Europa*. Es ist nicht das Vorfeld der anderen Länder Europas, sondern auch Deutschland ist Europa selbst. Deutschland ist ebenso verteidigungswert und das deutsche Volk ebenso verteidigungswürdig auch für die anderen demokratischen Völker der Welt wie irgendein Land oder Volk in der Demokratie der Welt sonst noch draußen.

(Sehr richtig! bei der SPD.)

Diese Anerkennung erwarten wir durch Tatsachen. Diese Anerkennung werden wir nicht auf dem Wege erreichen, den die Entschließung des Herrn Bundeskanzlers uns zu weisen versuchte.

(Zustimmung bei der SPD.)

Die Erörterung des deutschen Beitrags ist nicht die Erörterung eines isolierten militärischen oder gar militärtechnischen Problems, sie ist der Bestandteil — ein sehr wichtiger Bestandteil — eines großen Komplexes, der von den anderen Faktoren, von den Faktoren der inneren und äußeren Freiheit und der sozialen Fundamentierung der Demokratie, nicht allein gelöst werden kann.

(Sehr richtig! bei der SPD.)

Ich glaube, *China und Korea* sind eine große Warnung — oder sollten es sein — an alle besitzenden Kreise der Welt.

(Lebhafte Zustimmung bei der SPD.)

Das *Problem des Kommunismus* wird nicht durch dogmatische Sterilität in der Verteidigung des Eigentums gelöst werden können.

(Lebhafter Beifall bei der SPD und beim Zentrum.)

Man muß schon etwas Positives setzen: in der menschlichen, in der politischen und in der sozialen Freiheit.

(Sehr gut! bei der SPD.)

Der *Anteil der Arbeitenden und Hilfsbedürftigen am Sozialprodukt* ist eine Frage von zentraler politischer Wichtigkeit bei der Auseinandersetzung mit dem Weltkommunismus. Je stärker der Anteil der Arbeitenden und Hilfsbedürftigen am Sozialprodukt ist, desto stärker ist die soziale Fundierung der Demokratie.

(Sehr wahr! bei der SPD.)

Die stärkste innere Bastion bei den bisherigen Auseinandersetzungen mit dem Kommunismus in Europa ist die höhere *Lebenshaltung* im Vergleich mit der Lebenshaltung in den Ländern der Sowjets und ihrer Satellitenstaaten gewesen. Wer sie mindert, verstärkt — wenn auch ungewollt — die totalitäre Chance. Soziale Gesundheit ist politische Kraft, ist lebendige Demokratie. ...

(Beifall bei der SPD.)

(Aus: Verhandlungen des Deutschen Bundestages, 98. Sitzung vom 18. 11. 1950, S. 3571—3573)

(Nr. 100)

Rundfunkansprache des 1. Vorsitzenden der SPD, Dr. Kurt Schumacher, vom 18. September 1951

Das Washingtoner Abkommen der drei westlichen Außenminister bedeutet eine Einigung der drei Westmächte unter sich in ihrer Deutschland-Politik auf der französischen Linie. Es ist keine Einigung zwischen den westlichen Außenministern und dem deutschen Volk. Dieses Ergebnis von Washington war nur auf der Grundlage möglich, daß der Bundeskanzler den Inhalt des Abkommens vorher zwar nicht mit deutschen Stellen oder Personen, wohl aber mit den drei Hohen Kommissaren vereinbart hatte.

Das bedeutet: Die Entscheidung ist nicht gefallen. Jetzt hat das deutsche Volk das Wort. Jetzt beginnt der Kampf. Es ist keine demokratische Methode, wenn zuerst zwischen der Führung der Bundesregierung und den drei westlichen Alliierten Vereinbarungen getroffen werden und diese vereinte Front erst dann vor das deutsche Volk tritt.

Ein starkes Europa ist nicht möglich durch deutsche Selbstverleugnung, die nur die Selbstüberhebung anderer hervorruft. Schuman-Plan und Pleven-Plan haben beide zum Ziele, Wirtschaftskraft und militärisches Menschenpotential der Deutschen unter alliierte, das heißt konkret französische Verfügungsgewalt zu stellen und Europäer zweiter Klasse aus uns zu machen.

Es geht hier nicht um die Frage eines taktischen Schritt für Schritt, durch kleine Erfolge vorwärtszukommen. Es geht um große Probleme, die für lange Zeit durch einmalige Handlungen geregelt werden. Der Zug der deutschen Politik wird jetzt auf ein Geleise gesetzt. Fährt er erst einmal, sind die Weichen gestellt und hat man sich nicht genügend Mühe um den Unterbau gegeben, dann sind einmal begangene Fehler nicht mehr zu korrigieren. Viel besser hat das Goethe gesagt:

„Wer das erste Knopfloch verfehlt, kommt mit dem Zuknöpfen nicht zurecht."

Sowjetrußland hat ganz kühl auf den Zeitpunkt gewartet, zu dem falsch zugeknöpft wird. Seit Beginn dieses Jahres ist eine Umgruppierung der ganzen kommunistischen Strategie und Taktik sichtbar.

Die neueste und radikalste Variante in dieser Taktik ist der sogenannte Volkskammerappell oder Grotewohl-Brief vom 15. September 1951. In diesem Brief wird alles angebetet, was vorher verbrannt, verhöhnt und verflucht wurde. Keine Rede ist mehr von dem sofortigen Abzug der Besatzungsmächte. Kein Wort ist davon zu hören, daß die Pankow-Regierung und Bonn paritätisch bei Verhandlungen vertreten sein sollten. Nichts hört man mehr von der undemokratischen Einrichtung des „Gesamtdeutschen Konstituierenden Rates". Das Kernstück ist jetzt der Vorschlag freier Wahlen zu einer Nationalversammlung unter gleichen Bedingungen für alle demokratischen Parteien und Organisationen. Die Aufgaben dieser Nationalversammlung sollen sein die Schaffung einer Verfassung und der Abschluß eines Friedensvertrages. Das Ziel eines solchen Friedensvertrages ist die Schaffung Sowjetdeutschlands, die dominierende Rolle der Sowjets bei der internationalen Kontrolle der Ruhr und die Anerkennung der Oder-Neiße-Linie als sogenannte Friedensgrenze.

Mit diesen Angeboten schafft die sowjetische Taktik eine neue Situation, die neue Antworten verlangt. Immer lauter dringt der Ruf der gequälten und geknechteten Deutschen aus der sowjetischen Besatzungszone zu uns: was tut ihr für die deutsche Einheit und damit für uns? Die Entschließung des Deutschen Bundestages vom 9. März 1951 bleibt unverrückbar bestehen: es gibt eine deutsche Einheit nur auf der Grundlage der persönlichen, staatsbürgerlichen und nationalen Freiheit und einer Politik der sozialen Gerechtigkeit. Jetzt hat der Bundestag das Wort.

Wir sind ohne Illusionen. Die letzte und tiefste Loyalität jedes Demokraten und jedes Deutschen gehört dem eigenen Volke. Der Weg zur von uns erstrebten Internationalität führt über das eigene Volk. Das ganze deutsche Volk aber weiß, daß bei den Machthabern in der sowjetischen Besatzungszone die Ergebenheit gegenüber der Besatzungsmacht unendlich viel größer und tiefer ist als die Verbindung zum deutschen Volk.

In der Bundesrepublik kann jede Partei und jeder Staatsbürger jeder Besatzungsmacht so nah- oder so fernstehen, wie sie nach eigenem Ermessen und eigenem Willen wünschen. Die Sozialdemokratie hat genug Beweise ihrer Freiheit, Selbständigkeit und Unabhängigkeit gegenüber jeder Besatzungsmacht gegeben. Sie gibt sie heute wieder, wo sie sich unbeugsam gegen das neue Washingtoner Abkommen sträubt.

Man muß wissen, was steht hinter dem neuesten Schritt Sowjetrußlands? Man kann nicht einfach an der neuen Situation vorbeigehen, wenn man nicht in die Gefahr des Verdachtes geraten will, als wären die momentanen alliierten Bestrebungen zur westeuropäischen Integration wichtiger als die deutsche Einheit, von der plötzlich die Kommunisten sagen, daß sie sie auch in Freiheit wünschen. Es ist nicht so, daß die andere Seite jetzt die deutschen Demokraten allein fragen könnte. Es ist an der anderen Seite, unserem Standpunkt gegenüber zu antworten. Wir sagen klar, was Freiheit für Deutschland ist und die anderen mögen erklären, was sie davon denken.

Das beginnt damit, daß ein Angebot der Männer von Pankow so lange praktisch ohne Bedeutung ist, als sich Sowjetrußland nicht selbst dazu erklärt hat, die Freiheit der Wahlen, die Unverletzlichkeit der Person und die Gleichheit der Bedingungen anzuerkennen. In der Sowjetzone ist die Besatzungsmacht durch Abmachungen der von ihnen beauftragten Deutschen nicht gebunden. Auf die Sowjetmacht aber kommt hier alles an. Sie muß gegenüber den Deutschen und gegenüber den Alliierten die Bindungen eingehen. Sie hat bisher auf die Note der Bundesregierung, durch die westlichen Hohen Kommissare befürwortend übermittelt, sich nicht erklärt. General Tschuikow schweigt, und der Standpunkt der Sowjets bleibt im dunkeln.

Freie Wahlen sind nicht nur ein freier Wahltag. Freie Wahlen bedeuten dieselben Bedingungen und dieselbe Freiheit in der Periode vor den Wahlen und nach den Wahlen. Das bedeutet praktisch, daß die Freiheit der politischen Parteien und der Presse schon vorher ohne Risiko gegeben sein muß. Die Garantie der Freiheit ist aber nicht gegeben bei der Willkürlichkeit des kommunistischen Staatsapparats in der Sowjetzone und der Ungehemmtheit der diktatorischen Besatzungsmacht. Freie Wahlen, das heißt die absolute Verfügungsfreiheit und Kontrolle einer internationalen Organisation, wohl am besten der UN-Organisation, eingesetzt für diese Zwecke.

Eine Nationalversammlung, deren einzige Aufgabe neben dem Friedensvertrag nur die Schaffung einer Verfassung ist, bedeutet Verewigung aller Gefahrenmomente, für die einzelnen Menschen, für die politischen Parteien und für das Schicksal der deutschen Einheit.

Eine Nationalversammlung dieser Art löst kein Problem. Das Parlament darf nicht nur die Verfassung schaffen. Es muß gesetzgebend sein und in alle Bereiche der Gesetzgebung gestaltend eingreifen können. Vor allem aber muß es eine starke Regierung mit machtvoller Exekutive schaffen. Es muß aber auch regierungsbildend, die Politik der Regierung bestimmend und die Regierung kontrollierend sein.

Die Fülle der Voraussetzungen ist groß. Man denke an die politischen Gefangenen, an die Insassen der Konzentrationslager und der Strafanstalten, an die Opfer der Terrorjustiz und der Terrorpolizei. Ohne ihre Freiheit wird es nie eine Freiheit in Deutschland geben. Man schleiche sich drüben auch nicht vorbei an den Ergebnissen der von der sowjetischen Militäradministration erzwungenen sogenannten Vereinigung von KPD und SPD in der sogenannten SED. Man versuche auch nicht, die Folgen der sogenannten Blockpolitik der Kommunisten mit den anderen Parteien zu ignorieren. Zur Klärung dieser und anderer Fragen ist die internationale Kontrolle das stärkste Mittel.

Wir haben eine große Probe auf das Exempel anzubieten. Die heißt Berlin.

Jahrelang hat die SED, während sie in freien Wahlen in ganz Deutschland nur so schwärmte, die Einheit Berlins sabotiert und schließlich zerstört. Jetzt könnte ein Beispiel Berlin erweisen, was die anderen eigentlich für ganz Deutschland wollen.

Man lasse Berlin frei wählen, unter gleichen Voraussetzungen und Chancen für alle Beteiligten. Es darf dabei keines der errungenen Freiheitsrechte angetastet werden. Eine Kommandantura darf nicht wieder erstehen. In Berlin gibt es ja noch alle in Frage kommenden Parteien. In Berlin braucht man nur die eingetrockneten Überbleibsel der politischen Bewegungsfreiheit im Ostsektor neu zu beleben. In Berlin ist auch die Schaffung einer neuen komplizierten internationalen Kontrollorganisation in der Art der UN gar nicht nötig. Hier kann man schnell ans Werk. Die Berliner Stadtverordnetenwahlen vom 20. Oktober 1946 haben gezeigt, daß hier auch eine Viermächtekontrolle bei den Wahlen funktionieren kann. Dasselbe würde man von einer Wahl in der Sowjetzone mit den dort geschaffenen Tatsachen und den dort eingebürgerten Methoden nicht sagen können. Darum ist in der Zone die internationale Kontrolle in der Art der UN bei freien Wahlen und ihrer Vorbereitung notwendig.

Unsere Thesen verlangen eindeutige, präzise und in der Sache verbindliche Antworten. Der Wahrheitsgehalt und damit die Möglichkeiten und die Willensrichtung der anderen Seite müssen ans Licht. Es ist nicht möglich, daß man, während man Einheitspropaganda vom Osten her macht, zur gleichen Zeit die letzten Übergänge über die Zonengrenze sperrt und die internationale Verwaltung und Kontrolle der Autobahnen nach Berlin verweigert. Tatsachen auf den Tisch. Aus ihnen ist die Wahrheit für jeden Deutschen abzulesen.

Das sagen wir deutschen Sozialdemokraten, die stärksten Gegner des kommunistischen Systems und die leidenschaftlichsten Freunde der deutschen Einheit.

(Zitiert nach: Europa Archiv, 6. Jg. [1951], S. 4407 f.)

hinterherlaufen, die eine vollkommene Gesellschaft, frei von Konflikten und Problemen versprechen? Das Streben nach einer konfliktfreien Harmonie sollte nicht verwechselt werden mit dem notwendigen Grundkonsens aller Demokraten. Denn dieser hat ja gerade zum Inhalt, daß jeder aufgrund seiner Menschenwürde das Recht auf eine eigene Meinung hat, und daß jede ernsthafte Meinung das gleiche Recht auf allgemeinen Respekt hat, während jede harmonistische Heilslehre behaupten muß, daß allein sie die Wahrheit verwalte, daß jede andere Meinung notwendig falsch sein müsse. Führt der Grundkonsens der Demokraten zur Auseinandersetzung und zur Klärung der umstrittenen Fragen im Meinungsstreit, so führen alle politischen Heilslehren zu dem Bestreben, den politischen Gegner „auszuschalten", und damit letztlich zu Feindschaft und Haß in der Gesellschaft.

Zum Begriff „Wiedervereinigung"

Warum spreche ich heute darüber? Das Ziel der Einheit Deutschlands wird häufig mit dem Wort „Wiedervereinigung" bezeichnet. Diesem Wort wird zuweilen ein restaurativer Sinn unterlegt, den ich für sehr problematisch halte. Wir wollen ja nicht wieder zurück in einen Zustand politischen Fühlens, Denkens und Handelns, der unser Volk im demokratischen Europa isolierte. Vor dem dieses Europa Furcht empfand, da es sich von ihm stets irrationaler Entscheidungen versehen mußte. Wir wollen ja nicht wieder zurück zu Regierungsformen, zu Staatsverständnissen, wie sie im römisch-deutschen, im wilhelminischen oder gar im sogenannten „Dritten Reich" geherrscht haben.

Es gibt Menschen in unserem Land, die das wünschen, die von einer „Wiedervereinigung" erhoffen, mit ihr werde die „gute, alte Zeit" wiederkehren, womöglich gar ein „Viertes Reich".

Diese Menschen haben aus unserer Geschichte immer noch nichts gelernt. Ich habe einmal gesagt: Erst wenn wir aus unserer Geschichte die Folgerung der Demokratie ziehen, dann haben wir sie richtig verstanden. Und das heißt: Wir müssen Abschied nehmen, endgültig Abschied nehmen, von Denk-, Gefühls- und Verhaltensweisen, wie sie unser Volk dem wilhelminischen und nazistischen „Reich" entgegengebracht hat. Wir müssen erkennen, daß Politik nicht mit einem Glaubenskrieg verwechselt werden darf, sondern daß es in ihr um die Lösung höchst irdischer Probleme geht. Wir müssen erkennen, daß eine Gesellschaft, die von sich behauptet, keine Konflikte zu haben, immer eine unfreie Gesellschaft ist. Man gehe auf der ganzen Welt herum und frage die Länder, ob es Konflikte in ihnen gebe. Antworten sie: nein — dann erübrigt sich die Frage nach der Freiheit. Nur dort, wo Konflikt, Kritik und Meinungsfreiheit zuhause sind, akzeptierter Teil des gesellschaftlichen und politischen Lebens sind, da ist Freiheit. Denn Konflikte gibt es in jeder Gesellschaft. Wo es sie angeblich nicht gibt, da werden sie mit Gewalt unterdrückt — was nichts anderes heißt, als daß Menschen mit Gewalt unterdrückt werden.

In diesen Tagen wird häufig ein „Geschichtsbewußtsein" gefordert. Ich habe es selbst mehrfach getan. Aber es geht nicht an, irgendein Geschichtsbewußtsein zu fordern. Auch die Millionen, die in den Ersten und in den Zweiten Weltkrieg zogen, hatten ein Geschichtsbewußtsein. Man hatte dafür gesorgt, daß sie es hatten. Eine Wiederbelebung des Geschichtsbewußtseins in der falschen Richtung könnte katastrophale Folgen für unser Land haben. Sicher ist es schön, wenn Hunderttausende die Staufer-Ausstellung besuchen und dort vergangener Wirklichkeit begegnen. Aber es wäre schlimm, wenn aus solchen Erlebnissen vergessene Reichsträume zu neuem, gespenstischem Leben erwachten.

Einheit und Freiheit

In der Präambel unseres Grundgesetzes steht der schöne, verpflichtende Satz: „Das gesamte Deutsche Volk bleibt aufgefordert, in freier Selbstbestimmung die Einheit und Freiheit Deutschlands zu vollenden." In diesem Satz ist jedes Wort mit Bedacht und mit tiefem Wissen um den geschichtlichen Ort unseres Volkes gewählt.

Es heißt nicht, „die Einheit Deutschlands wiederherzustellen", es heißt nicht, „die Einheit Deutschlands herbeizuführen" — es heißt: „die Einheit Deutschlands zu vollenden".

Also ist schon ein Anfang mit der Einheit Deutschlands gemacht. Wo ist dieser Anfang zu finden? Hier bei uns, hier in diesem freiheitlichen, demokratischen, sozialen Rechtsstaat. Das ist ein sehr kühner und ein sehr richtiger Gedanke. Der Gedanke der Einheit Deutschlands hat sich mit dem Gedanken der Freiheit verbunden.

Nicht mehr mit den Gedanken der Macht, der Herrschaft, des eingebildeten Rechts, über andere Völker zu herrschen. Und so waren unsere Verfassungsväter auch „von dem Willen beseelt, die nationale und staatliche Einheit zu wahren". Sie wußten, daß der Eckstein der Einheit die Freiheit ist, zu der sie für unseren Staat mit dem Grundgesetz die sichere Grundlage legten. Die Einheit Deutschlands ist kein politisches Ziel, das man wie andere politische Ziele, etwa einen geordneten Bundeshaushalt oder die Sanierung des Gesundheitswesens, betreiben könnte. Unser Streben nach Einheit ist ein Streben nach Freiheit für das ganze deutsche Volk.

Europäisches Friedensziel

Es wird häufig gesagt: die Einheit sei ein unmögliches Ziel; unsere Nachbarn in Ost und West würden sie nicht zulassen. Ein vereinigtes Deutschland sei für sie mit zu vielen Risiken verbunden. Selbst wenn dem heute noch so wäre: Können wir nicht unsere Nachbarn überzeugen, daß von einem freien Deutschland keine Gefahren und Risiken, auf welchem Gebiet auch immer, für sie ausgehen werden? Haben wir Geduld. In der Bundesrepublik Deutschland lebt der größte Teil des deutschen Volkes. Wenn dieser Staat beharrlich der Freiheit nach innen und außen dient, wenn er seine geistigen, politischen und wirtschaftlichen Mittel einsetzt, nicht um zu herrschen, sondern um zu helfen; wenn er konsequent auf der Seite der Gerechtigkeit gegen die Ungerechtigkeit steht — dann wird sich auch die Angst vor einem vereinigten Deutschland verlieren, dann könnte es sein, daß eines Tages unsere Nachbarn ein vereinigtes Deutschland wünschen, weil es, auch in ihrem Interesse, sein größeres Gewicht auf die Waagschale des Friedens legen könnte. Unser Streben nach Einheit ist keine verstaubte, nach rückwärts gewandte Reichsromantik — die Einheit ist ein in die Zukunft gerichtetes europäisches Friedensziel. Wir trachten nach der Einheit, um „als gleichberechtigtes Glied in einem vereinten Europa dem Frieden der Welt zu dienen".

In diesen Worten des Grundgesetzes wird deutlich, daß der eifersüchtig über seine Souveränitätsrechte wachende Nationalstaat alter Prägung nicht das Ziel unseres Einheitsstrebens ist. In welcher Form dieses in der Freiheit einige Deutschland dem Frieden dienen wird, darüber heute zu streiten, scheint mir müßig. Die Einheit Deutschlands wird das Ergebnis eines langen historischen Prozesses sein. Wenn sie realisierbar wird, wird uns die Geschichte auch die Formen anbieten, die dann an der Zeit sind.

Das Beste, was wir bis dahin tun können, ist, dem Frieden zu dienen. Wir wollen den Frieden, weil wir die Einheit Deutschlands wollen! Wir wollen den Frieden, weil er der einzig gangbare Weg zur deutschen Einheit ist.

Natürlich versuchen unsere östlichen Nachbarn gegenwärtig, unser Streben nach Einheit und unsere Bemühungen um Entspannung als widersprüchliche Politik hinzustellen. Wird dieses als friedensfördernde Politik anerkannt, so wird jenes als Revanchismus, als Revisionismus und wie die Worte bis hin zum Imperialismus alle heißen, gebrandmarkt. Wir müssen sie geduldig davon zu überzeugen versuchen, daß unser Streben nach Einheit und unser Bemühen um Entspannung auf lange Sicht eine und dieselbe Sache ist.

Es liegt doch klar auf der Hand, daß die Einheit Deutschlands gegen den Willen der Sowjetunion nicht zu erreichen sein wird. Folglich muß es unser Ziel sein, die Lage in Europa so zu stabilisieren, daß die Sowjetunion die Einheit Deutschlands wollen kann. Das scheint manchem heute absurd. Aber die Zeiten ändern sich schnell. Hätte man am 17. Juni 1953 für möglich gehalten, daß der Generalsekretär der KPdSU im Jahre 1978 zum zweiten Male unserem Lande einen Staatsbesuch abstatten würde? Jedermann hätte einen für verrückt erklärt. Es gibt niemanden, der auch nur irgendetwas darüber weiß, was in 25 Jahren in Europa möglich sein wird.

Der friedliche Wunsch eines großen Volkes, in Einheit und Freiheit zusammenzuleben, ist eine große geschichtsbildende Macht. Denken wir an unser Nachbarland Polen, das vielfach von seinen mächtigeren Nachbarn — ein besonders dunkles Kapitel auch unserer Geschichte — geteilt wurde, ja zeitweilig völlig von der Landkarte verschwunden war. Immer wieder wurde der polnische Staat aus dem Willen der polnischen Nation geboren und wurde er von den mächtigen Nachbarn, die es vorher geteilt hatten, anerkannt und fand er ein nachbarliches Verhältnis zu ihnen.

Warum sollte der Wunsch des deutschen Volks nach Einheit von der Geschichte unbeachtet bleiben? Dieser Wunsch nach Einheit entspringt der einfachen Tatsache, daß sich die Mehrheit der Deutschen in Ost und West als Einheit fühlt und als Einheit seine Zukunft gestalten will. Das ist ein Ergebnis unserer Geschichte. Das lange Zusammenleben in politischen Ordnungen, die man vielleicht heute kritisch betrachten mag, hat doch dazu geführt, daß wir ein tiefes Gefühl der Zusammengehörigkeit entwickelt haben. Dazu hat vieles beigetragen: gemeinsame Leistungen und Erfolge, aber auch gemeinsames Leiden und gemeinsame Schuld.

Die Menschen in der Bundesrepublik Deutschland und in der DDR empfinden sich als deutsche Nation. Aber die Nation ist ein vieldeutiger Begriff, der in jedem europäischen Lande etwas anderes bedeutet. Und dann gibt es auch da wieder Unterscheidungen zwischen Staatsnation, Kulturnation etc., die weitere Verwirrung stiften. Unendlich viele gelehrte Arbeiten sind darüber verfaßt worden, mit welchem Nationbegriff wir unser Streben nach Einheit begründen könnten, beziehungsweise wie vorhandene Nationbegriffe so zu modifizieren seien, daß sie auf uns passen. Ich glaube, es genügt vollauf, wenn wir uns auf unsere Zusammengehörigkeit als deutsches Volk berufen und auf unserem Selbstbestimmungsrecht bestehen. Was das „gesamte deutsche Volk“ ist, von dem das Grundgesetz spricht, dafür gibt es in unserem Lande ein aller Welt sichtbares Zeichen: die Grenze zwischen der Bundesrepublik Deutschland und der DDR. Eine Nation, die nur durch Mauer und Stacheldraht getrennt gehalten werden kann, muß schon ein starkes Gefühl der Zusammengehörigkeit haben.

Es gibt sicher keinen Zweifel daran, daß gerade die Menschen in der DDR an der deutschen Einheit festhalten wollen.

Die Pflicht der Lehrer

Doch wie steht es damit in unserer Jugend? Was wissen sie von Deutschland, seiner Teilung, den Grundgedanken seiner Einheit? Was haben wir, die Älteren, sie gelehrt? Manche Untersuchungen darüber, die hoffentlich nicht repräsentativ sind, haben erschreckende Ergebnisse gebracht: eine weitgehende Unkenntnis. Was geschieht da eigentlich auf unseren Schulen, unseren Universitäten?

Wir haben eine Verfassung, die das gesamte deutsche Volk auffordert, die Einheit Deutschlands zu vollenden — und viele unserer Schüler wissen kaum etwas über Deutschland. Traut man sich auf unseren Schulen nicht mehr, von der Einheit Deutschlands vor seinen Schülern zu sprechen?

Wenn dem so ist — und die genannten Untersuchungen deuten darauf hin — dann ist es an der Zeit, nach den Gründen dieser merkwürdigen Zurückhaltung zu forschen.

Es ist wahr, die Worte Nation, Volk und Vaterland sind fürchterlich mißbraucht worden. Aber darf das ein Grund sein, aus unserer Jugend die Trauer über die Teilung Deutschlands hinauszukritisieren oder die Jugend in Unkenntnis über das zentrale Problem ihres Volkes zu lassen? Will man den Begriff Deutschland denn wirklich den Rechtsextremisten überlassen? Mit allen sich daraus ergebenden möglichen katastrophalen Folgen? Und wenn dann der Begriff Deutschland wieder jene widerlich braune Färbung erhält, vor der sich unsere Nachbarn zu Recht fürchten, dann wird es wieder keiner gewesen sein.

Man kann von Deutschland in einem friedlichen, freiheitlichen Sinn reden. Man braucht dabei nicht in Hitlers Haßgeschrei oder in Kaiser Wilhelms Hurra-Patriotismus zu verfallen. Und wer es noch nicht kann, der sollte es bald lernen.

Die Lehrer dieses Landes haben sich an die Verfassung zu halten, und die Länderregierungen haben die Pflicht, die Voraussetzungen dafür zu schaffen, daß sich die Lehrer an die Verfassung halten können. Es darf nicht geschehen, daß die deutsche Einheit durch unsere eigene Nachlässigkeit und Gedankenlosigkeit verspielt wird.

Wir müssen uns aus unseren Verkrampfungen gegenüber Deutschland lösen. Wir müssen die Einheit Deutschlands zunächst in uns herstellen. In dem Maße, in dem uns das gelingt, werden wir auch freier werden, freier im Verhältnis zu unserer Vergangenheit, zu unserem Staat, zu unseren Nachbarn, zu uns selbst. Wir werden erst dann die Fesseln der Vergangenheit ganz abgestreift haben, wenn wir nicht mehr zu betonen brauchen, daß unser Streben nach der Einheit Deutschlands nichts anderes ist als unser Streben nach Frieden, Recht und Freiheit.

(Zitiert nach: Das Parlament, Nr. 26, vom 1. Juli 1978)